管理学教学的发展研究

郭 鹏◎著

吉林出版集团股份有限公司

图书在版编目（CIP）数据

管理学教学的发展研究/郭鹏著.—长春：吉林出版集团股份有限公司，2023.4

ISBN 978-7-5731-3061-7

Ⅰ.①管… Ⅱ.①郭… Ⅲ.①管理学—教学研究—高等学校 Ⅳ.①C93

中国国家版本馆CIP数据核字（2023）第045690号

管理学教学的发展研究
GUANLIXUE JIAOXUE DE FAZHAN YANJIU

著　者	郭　鹏
责任编辑	曲珊珊
封面设计	林　吉
开　本	787mm×1092mm　1/16
字　数	245千
印　张	11.75
版　次	2023年4月第1版
印　次	2023年4月第1次印刷

出版发行　吉林出版集团股份有限公司

电　话　总编办：010-63109269
　　　　　发行部：010-63109269

印　刷　廊坊市广阳区九洲印刷厂

ISBN 978-7-5731-3061-7　　　　　　　　　　定价：78.00元

版权所有　侵权必究

前　言

　　管理学是一门综合性的学科，在教学中，其是培养管理类人才不可或缺的教学科目。在目前的应用型管理学教学中，为了提升教学质量与效率，实施教学改革已经成为管理学教师的首要教学任务。

　　管理学也是一门应用性学科，教学内容与时代变化紧密相连。管理环境的快速变化与管理技术的飞速发展，要求管理理论与实践要不断创新。本书汲取了管理学的最新思想和成果，涵盖了新概念、新思想、新模式、新方法，充分地反映了当代管理新理论与面临的新问题，具有理论与实践前沿性的特点，体现在新时期管理的发展与实践探索。

　　本书汲取和引用了国内外许多专家学者的大量研究成果，也参考和引用了国内外有关研究的部分成果和文献，在此谨致以诚挚的谢意！书中笔者尽可能标注出相关参考文献及其作者姓名，但由于篇幅有限，书后所列的参考文献未能将笔者参阅的文献全部列出，在此也表示歉意。另外，由于笔者水平有限，书中难免存在许多不尽如人意之处，敬请读者批评指正。

目 录

第一章 管理与管理学 ·· 1

    第一节 管理的含义 ·· 1

    第二节 管理的职能 ·· 9

    第三节 管理学的研究框架 ·· 11

    第四节 管理学的学习方法 ·· 17

第二章 管理者 ·· 22

    第一节 管理者的角色 ·· 22

    第二节 管理者的素质 ·· 32

第三章 管理环境 ·· 38

    第一节 管理环境及其分类 ·· 38

    第二节 外部环境因素分析 ·· 40

    第三节 组织文化 ·· 48

    第四节 社会责任与管理道德 ·· 53

    第五节 全球化环境下的管理 ·· 59

第四章 管理学的基本内容 ·· 61

    第一节 计划 ·· 61

    第二节 组织 ·· 75

    第三节 领导 ·· 99

    第四节 控制 ·· 110

第五章 管理学教学概述 ·· 125

    第一节 管理学教学现状 ·· 125

    第二节 "互联网+"与管理学教学 ·································· 128

第三节　国际学生的管理学教学……………………………………131
　　第四节　管理学教学方法与应用……………………………………136
　　第五节　基于项目的管理学教学……………………………………139
第六章　管理学教学的组织…………………………………………………141
　　第一节　哲学视角下的管理学教学范式……………………………141
　　第二节　管理学教学中的课堂氛围建设……………………………143
　　第三节　管理学教学中的管理活动开展……………………………147
　　第四节　创新创业视域下管理学教学………………………………152
　　第五节　参与式教学法与管理学教学………………………………155
第七章　管理学教学的创新研究……………………………………………159
　　第一节　翻转课堂与管理学教学……………………………………159
　　第二节　DCL模式与管理学教学……………………………………161
　　第三节　双主模式与管理学教学……………………………………163
　　第四节　课程思政与管理学教学……………………………………166
　　第五节　管理人才培养与管理学教学………………………………172
　　第六节　微时代下高等院校管理学教学……………………………175
参考文献………………………………………………………………………179

第一章 管理与管理学

管理是一种人类的社会活动，是任何组织生存与发展所必需的。

第一节 管理的含义

一、管理的基本概念

管理是由人们劳动协作引起的。在远古时代，众人合作完成一件事，从而就产生了管理思想，因此管理的思想和实践可以追溯到远古。埃及的金字塔和中国的万里长城都展示了古人的管理才能。只要有许多人在一起共同劳动就必须对劳动过程进行有效的管理，以协调各个劳动者的活动，使劳动达到预期的目的。人类社会劳动的分工和协作越精细，工作越复杂，科学技术越发达，生产社会化程度越高，管理也就越重要。

"管理"一词的含义较广。不同的学者从不同的角度解释了这一概念。英文的管理——"manage"一词源于意大利文"maneggiare"，原意为"训练马匹""处理"。从中国汉字字义上理解，管理就是管辖和处理，即管人和理事。管辖指权限，处理则是在权限内行使职权。按照《世界大百科全书》的解释，"管理就是对工商企业、政府机关、人民团体，以及其他各种组织的一切活动的指导。它的目的是要使每一行为或决策有助于实现既定的目标"。古典管理学家、科学管理的奠基人泰勒（Frederick W.Taylor）认为，"管理就是确切地了解你希望工人干什么，然后设法让他们用最好、最节约的方法完成它"。古典管理理论代表人之一亨利·法约尔（Henri Fayol）认为，"管理，就是实行计划、组织、指挥、协调和控制"。美国洛杉矶加州大学教授哈罗德·孔茨（Harold Koontz）在其名著《管理学》中指出"人们活动的领域或许没有比管理更为重要的了，因为在不同类型的企业中，各级管理者都担负着创造和保持一种使人们在群体中相互配合工作的环境，从而达成精心选择的任务的目标。"诺贝尔经济学奖得主、决策学派创始人之一赫伯特·西蒙（Herbert A.Simon）在他的著作《管理决策新科学》中认为，"管理就是决策"。在西蒙教授看来，管理者所做的一切工作归根结底是在面对现实与未来，面对环境与员工时不断地做出各种决策，使组织的一切都可以不断运行下去，直到获得满意的结果，实现令人满意的目标要求。1996年，罗宾斯（Robbins）和库尔塔（Coultar）对管理下的定义是："管理这一术语是指和其他人一起并且通过其他人来切实有效地完成活动的过程。"我国的一些管理学教材中也给管理下了定义。如周三多教授认为，"管理是社会组织中，为了实现预期的目标，以人为中心进行的协调活动"。芮明杰教授认为，"管理是对组织的资源进行有效整合以达到既定目标与责任的动态创造性活动"。杨文士教授则认为，"管理是指一定组织中的管理者，通过实施计划、组织、人员配备、指挥与领导、控制等职能来协调他人的活动，使别人和自己一起来实现既定目标的活动过程"。席酉民教授认为，"管理是一种基础国力。管理定义的多样化，既反映了人们研究立场、方法、角度的不同，又反映了管理科学的不成熟性"。

我们认为，管理是管理者设计和保持良好的环境，组织团队科学高效地利用资源以实现组织目标的过程。它包括以下几个特点：（1）目的性，管理为达到一定的目的而进行；（2）运动性，管理是一个动态过程，通过有组织的运动达到目的；（3）适应性，管理是一个合理选择环境和适应环境变化的过程；（4）团队性，管理要求管理者组织一支有活力的团队，通过团队成员的合作与共同努力实现组织目标；（5）高效性，管理能使组织资源得到充分利用，以求用最少的投入得到最大的产出；（6）科学性，管理有许多先进的科学的方法，管理者必须掌握并能灵活运用；（7）协调性，管理需要协调组织内外各种利益相关者群体的力量、资源、利益；（8）创造性，管理的有效性和环境的不确定性要求管理者创造性地、因地制宜地运用管理方法与手段。

二、管理的目标

美国著名管理学者和高级咨询专家彼得·德鲁克（Peter F.Drucker）认为，管理必须完成三项重要而又极其不同的任务：本机构的特殊目的和使命，使工作富有活力并使职工有成就感，处理本机构对社会的影响和对社会的责任。也有学者认为，管理的最终目的都是针对所面临问题本身的特点和所处的环境，通过组织和协调，以最小的资源消耗取得最大限度的目标实现。当然，管理者还需了解和检验达到目标的方法。

我们认为，管理的目标（objective of management）是有效地实现组织的目标。我们可用组织绩效（organization performance）这一指标来衡量管理目标的实现程度。组织绩效与管理的效率（efficiency）与效益（effectiveness）成正比。因此，我们也常将管理目标简述为"做正确的事，正确地做事"（Do the right things. Do the things right.）。首先是要选择正确的事，然后是把事做好。管理的目标根源于人们的价值观，何谓"正确的事"，它与人们的价值观有关。古人云"诸恶莫做，众善奉行""勿以善小而不为，勿以恶小而为之"，就表明了一种做事的道理。我们常用"效益"一词来反映管理实现组织目标的程度及是否"做正确的事"。当管理者选择正确的目标并使之得以实现时，管理是有效益的。如我国希望工程的"一对一助学"项目,在保障失学儿童的受教育权上取得了实质性的进展,获得了良好的效益。人们也常用"价值"（value）、"效用"（use）、"利益"（benefit）、"效果"（effect）等概念,衡量做事的意义或探究事件值不值得做的问题,以保证所选择的行动符合组织既定的目标。正确地做事就要讲究方法、讲究效率。效率是一个经济学的概念、比较的概念,它表示投入与产出之比（效率＝产出/投入）。它要求我们尽可能用最少的资源来达到预定的目的。譬如,有甲、乙两个方案,在完成同样生产任务的条件下,甲方案比乙方案成本要低10%,或时间节约了10%,甲方案就被认为效率高。比如学校在同样的条件下,适当运用措施,可能培养出更多更好的学生,这也是效率高的表现。效率是解决怎么做的问题,是选择行动的方法和途径,以求比较经济地达到既定的目标。"效率"与"效益"相比,效益是第一位的。一种社会禁止销售的商品,即便使用最经济的方法生产出来,也可能只是一种浪费,还有可能产生负面影响。当然,如果认为只要目标选对了,就可以不讲效率、不惜工本地做,那也是不对的,因为资源是有限的。

三、管理的性质

（一）管理的二重性

马克思曾经指出,"凡是直接生产过程具有社会结合过程的形态,而不是表现为独立生产者的孤立劳动的地方,都必然会产生监督劳动和指挥劳动,不过它具有二重性"。"一方面,凡是有许多人进行协作的劳动,过程的联系和统一都必然要表现在一个指挥的意志上,表现在各种与局部劳动无关而与工场全部活动有关的职能上,就像一个乐队要有一个指挥一样。这是一种生产劳动,是每一种结合的生产方式中必须进行的劳动。""另一方面——完全撇开商业部门不说,凡是建立在作为直接生产者和生产资料所有者之间的对立上的生产方式中,都必然会产生这种监督劳动。对立越严重,这种监督劳动所起的作用也就越大。"

所谓管理的二重性（twoness of management）是指管理所具有的合理组织生产力的自然属性和为一定生产关系服务的社会属性。具体的,管理的自然属性是指管理是由许多人进行协作劳动而产生的,是有效组织共同劳动所必需的,具有同生产力和社会化大生产相联系的自然属性,它与具体的生产方式和特定的社会制度无关。管理要处理人与自然的关系,要合理地组织社会生产力,故也称作管理的生产力属性。管理的社会属性是指管理又体现着生产资料所有者指挥劳动、监督劳动的意志,因此,它与生产关系和社会制度相联系,表现在管理是为统治阶级服务的,受一定生产关系、政治制度和意识形态的影响与制约。也就是说,任何管理活动都是在特定的社会生产关系条件下进行的,都必然地要体现一定社会生产关系的特定要求,为特定的社会生产关系服务,从而实现其调节和维护社会生产关系的职能。所以,管理的社会属性也叫作管理的生产关系属性。管理的社会属性既是生产关系的体现,又反映和维护一定的社会生产关系,其性质取决于不同的社会经济关系和社会制度的性质。在不同的社会制度条件下,谁来监督、监督的目的和方式都会不同,因而也必然使管理活动具有不同的性质。

正确理解企业管理二重性原理,具有十分重要的现实意义。自然属性是管理最根本的属性,它反映了管理是对组织共同劳动和协作的一系列科学方法的总结。只有运用这些科学方法,才能促进生产力的发展和社会的进步。它要求我们的管理工作要适应现代化的客观要求,按现代社会的发展规律办事,实现管理组织高效化、管理方法科学化、管理手段现代化、管理人员专业化,不断提高管理的现代化水平。理解这一点,有助于我们及时吸收和借鉴先进的管理经验和管理知识。同时,管理又具有明显的社会属性,它是特定社会形态的产物,为一定的社会关系服务,管理的目标受生产关系和上层建筑的制约与影响。任何一种管理方法、管理技术和手段的出现总是带有时代的社会烙印,其有效性往往同生产力水平及社会历史背景相适应。实践表明,不存在一个适用于古今中外的普遍管理模式。因此,在学习和运用某些管理理论、原理、技术和手段时,必须结合自己本国、本部门、本单位的实际情况,因地制宜,这样才能取得预期的效果。

(二)管理的科学性和艺术性

管理是科学与艺术的结合。科学(science),是反映自然、社会、思维等客观规律的知识体系,包括明确的概念和一般原理,是归纳、总结的体现,是可复制的、可学习的,并有规律可遵循。而艺术(art)则是天赋、潜质和个性的体现,来自个人的经验、直觉和智慧。

管理的科学性在于管理作为一个活动过程,其间存在着一系列基本客观规律,有一套分析问题、解决问题的科学的方法论,并在实践中得到不断的验证和丰富,可复制和学习,并可指导人们实现有效的管理。管理的科学性强调人们必须按照管理科学规律进行管理,强调学习管理专业知识的重要性。许多管理的问题都可以用理性的、逻辑的、客观的和系统的方法来解决,是有章可循的。

管理的艺术性就是强调其实践性和创新性。要有效地实现管理,管理者必须在管理实践中发挥积极性、主动性和创造性,因地制宜地将管理知识与具体管理活动相结合。管理的艺术性强调管理者仅凭停留在书本上的管理理论,或背诵原理和公式来进行管理活动是不能保证其成功的,还要灵活运用管理知识,讲究管理技巧。尽管管理研究者们一直在探索管理的规律性法则,管理的实践者们也总是尽可能地采取科学的管理方法,但人们不得不经常基于直觉、经验、本能和个人观察力做出决策和提出解决问题的方法。例如，管理者也许必须在看上去是同样可行的方法之间进行选择，他们必须高度依赖概念、沟通、人际关系和时间管理等技能。有时在许多人认为是不可能成功或明显错误的决定中，智慧的管理者做出了反常态的、正确的决策，事后才被人们认可。因此，管理者需要将直觉与个人观察力同客观数据和事实相结合才能成功。

如当星巴克计划进入纽约市场开设第一家咖啡店时，市场调查显示纽约人更喜欢中研磨咖啡而不是更具有外国风情的细研磨咖啡。然而，当星巴克在新店中安装了更多的中研磨机而少安装细研磨咖啡机后，却出现了大量买细研磨咖啡的顾客，这迫使经理迅速恢复以细研磨咖啡为主的做法。现在，星巴克为它所有的店制定了统一的装修风格和菜单，包括在中国的，先不考虑可能出现的市场差异，而是在开业后进行必要的调整。

管理既是一门科学，又是一门艺术，是科学与艺术的有机结合体。管理的科学性是管理艺术性的前提与基础，管理的艺术性是管理科学性的补充与提高。有成效的管理艺术是以管理者对它所依据的管理理论的理解为基础，出色的管理者必须通过大量的实践来提高自身的管理水平，创造性地灵活运用科学知识，以保证管理的成功。

四、管理的人性假设

人性是指人区别于动物的所特有的、通过自己的活动所获得的基本属性，是现实生活中的人所具有的全部规定性。人是管理的主体，也是管理的客体。管理的目的是发展人。发展社会，归根到底是发展人，因此管理的特点必然与人性有关。在人类思想史上，人性一直是哲学家、管理学家研究的重要问题之一。人性假设是管理的理论基础，即管理理论的构建和方法的设计，是以对人性的一定看法为基础的。纵观管理历史的发展，不同的管理模式和管理思想有赖于管理者或管理学家对人性的不同假设。要充分发挥人的工作积极性和主动性，实现人力资源的最高价值，真正实现管理目标，就必须正确把握人性，正确运用人性。

中国古代对人性早有研究，并有"性善论"与"性恶论"之争。早在春秋战国时期思想家孔子就提出了"人性"的问题，他在《论语·阳货》中提到"性相近也，习相远也"。法家荀子认为："今之人性，饥而欲饱，寒而欲暖，劳而欲休，此人之情性也。"（《荀子·性恶》）后其弟子韩非及李斯等将其思想推向"人性恶"观点（见《韩非子》等）。道家老子也认为："五色令人目盲，五音令人耳聋，五味令人口爽，驰骋畋猎令人心发狂。"（《老子》十二章）法家人性论与"经济人"假设类似。儒家孟子认为"恻隐之心，仁之端也……"（《孟子·公孙丑上》），与"社会人"假设类似。春秋战国时期思想家告子提出的"性无善恶论"（《孟子·告子》），类似"复杂人"假设。古希腊哲学家也对人性进行了广泛讨论。随着历史的不断发展，人类对人性的研究不断完善和丰富。

回顾人性假设研究的历史，我们这里罗列几种主要的人性假设理论，并说明其与管理的一些关系。

（一）"经济人"假设

经济人假设（hypothesis of economic man）起源于享乐主义哲学和亚当·斯密关于劳动交换的经济理论。18世纪亚当·斯密（Adam Smith）在《国富论》中首次描述经济人的含义，他认为人的行为动机根源于经济诱因，人都要争取最大的经济利益，工作就是为了取得经济报酬，为此，需要用金钱与权力、组织机构的操纵和控制，使员工服从并为此效力。之后，约翰·穆勒（John Stuart mill）依据亚当·斯密对经济人的描述和西尼尔提出的个人经济利益最大化公理，提炼出经济人假设。麦格雷戈（D.McGregor）在《在企业中的人性方面》一书中将这种人性假设概括为X理论。

经济人假设认为，人的一切行为都是为了最大限度地满足自己的利益，工作动机是为了获得经济报酬。人是由经济诱因引发工作动机的；人总是被动地在组织的操纵、激励和控制下从事工作；人总是企图用最小投入取得满意的报酬；大多数人厌恶工作，不愿受指挥，一心想要逃避责任，相对来说无进取心，很容易受别人影响。

持这种假设的管理者认为，管理部门必须抵制人的这种天性。组织应以经济报酬来使人们服从和做出绩效，并应以权力与控制体系来保护组织本身及引导员工，其管理的重点在于提高效率、完成任务。其管理特征是订立各种严格的工作规范，各种法规和管理制度。为了提高士气则用金钱刺激，同时对消极怠工者严厉惩罚。

泰勒的科学管理理论就是建立在经济人假设基础之上的，因此他建议采用"胡萝卜加大棒"的管理方法实施对人的管理。经济人假设只重视物质因素，重视工作任务，轻视人的作用和人际关系。经济人假设的管理是以金钱为主的、机械的管理模式，否认了人的主人翁精神，否认了人的自觉性、主动性、创造性与责任心。

（二）"社会人"假设

随着社会生产力的发展、企业之间竞争的加剧和企业劳资关系的紧张，管理者开始重新认识"人性"问题。社会人假设（hypothesis of social man）是管理学家埃尔顿·梅奥（G.Elton Mayo）于1933年在其出版的《工业文明的人类问题》一书中提出的。梅奥认为，人不是机器和动物，人是有思想、有感情、有人格的活生生的"社会人"，员工最强烈的期望在于领导者能承认并满足他们的社会需要。之后又经英国塔维斯托克学院煤矿研究所再度验证，研究发现，在煤矿采用长壁开采法这一先进技术后，生产力理应提高，但由于破坏了原来的工人之间的社会组合生产反而下降了。他们吸收社会科学知识，重新调整了生产组织，生产就上升。这两项研究的共同结论是，人除了物质需要外，还有社会需要，人们要从社会关系中寻找乐趣。

社会人假设认为，人们在工作中得到的物质利益，对于调动工作积极性只有次要意义，人们最重视在工作中与周围人友好相处，良好的人际关系对于调动人的生产积极性是决定性因素。

持这种假设的管理者认为，要调动员工的工作积极性，管理人员不能只注意完成生产任务，还应把注意的重点放在关心人、满足人的社会心理需求上。管理人员不能只注意指挥、监督、计划、控制和组织等，还应重视员工之间的关系，培养和使员工形成归属感和整体感。实行奖励时，要提倡集体的奖励制度，培养集体精神。管理人员的职能不能只限于制订计划、组织工序、检验产品，还应在员工与上级之间起到联络人作用，提倡员工参与企业的管理。

从"经济人"假设到"社会人"假设是管理发展的一大进步。由此，管理也从以工作任务为中心转移到以人为中心。参与管理满足了工作的社会归属需求，在企业中确实起到了缓和劳资矛盾的作用，收到了显著的管理效果，但社会人假设往往过于重视人的作用和人与人的关系，偏重非正式组织的作用，相对忽视正式组织的作用。

（三）"自我实现人"假设

自我实现人假设（hypothesis of self-actualizing man）是美国管理学家、心理学家马斯洛（Abraham Maslow）在其"需求层次论"中首先提出的。马斯洛认为，人需求的最高层次是自我实现的需求。阿吉里斯（Chris Argyris）的"不成熟—成熟理论"中的所谓成熟个性，也就是自我实现。麦格雷戈在《在企业中的人性方面》一书中将这种人性假设概括为Y理论，麦格雷戈认为，报酬是各种各样的，其中最大的报酬是通过实现组织目标而获得个人自我满足、自我实现。人们将具有强烈的自我实现需要的人，叫作"自我实现人"。

自我实现人假设认为，人类的高级需要是自我实现的需要，每个人都想成为自己所希望的那种人，都需要发挥自己的潜力，表现自己的才能，只有这样，人才会感到最大的满足。

持这种假设的管理者认为，管理的注意力应集中在创造适宜的工作条件，使人们能充分发挥自己的潜力和才能，自觉完成企业目标上。管理者的主要职能既不是生产的指导者，也不是人际关系的调节者，而只是一个采访者。他们的主要任务在于如何为发挥人的智力创造适宜的条件，减少和消除职工自我实现过程中所遇到的障碍。管理的任务只是在于创造一个适当的工作环境———一个可以允许和鼓励每一位职工都能从工作中得到"内在奖励"（人们在工作中获得知识，增长才干，发挥潜力，满足自我实现的需要）的环境。管理制度的改变要保证员工能充分表现自己的才能，使工作更具有挑战性。

自我实现人假设是资本主义高度发展的产物，也是当今管理的一大趋势。机械化生产条件下，工人的工作日益专业化，特别是传送带工艺的普遍运用，把工人束缚在狭窄的工作范围内，工人只是重复简单的动作，看不到自己的工作与整个组织任务的联系，工作的士气很低，影响产量和质量的提高。正是在这种情况下，才提出了自我实现人假设。这一理论对当今处于复杂多变环境需要员工具有极大创造性的组织来说是很有用的，能很好地调动员工的主动性、创造性，发挥员工才干，发挥人力资源的作用。但由于人往往既不是天生懒惰的，也不是天生勤奋的，人的发展与成熟往往是受社会关系影响的结果，因此，自我实现人假设的管理方式虽然先进但在许多场合并不适用。

（四）"复杂人"假设

复杂人假设（hypothesis of complex man）是艾德佳·沙因（Edgar H.Schein）等人在20世纪60年代末70年代初提出来的。他们经过长期研究发现，人的需要与动机甚是复杂，并非如上述3种人性假设那样单一。就个体人而言，其需要和潜力会随着年龄的增长、知识的增加、地位的改变、环境的改变以及人与人之间关系的改变而各不相同；就群体的人而言，人与人是有差异的。因此，无论是"经济人""社会人"，还是"自我实现人"的假设，虽然各有其合理性的一面，但并不适用于一切人。美国管理心理学家约翰·莫尔斯（J.Malse）和杰伊·洛希（J.W.Lsch）于1970年在《哈佛商业评论》杂志上发表的《超Y理论》提出了"超Y理论"，其观点与复杂人假设基本一致。他们认为，X理论并非一无是处，Y理论也不是普遍适用，应该针对不同的情况，选择或交替使用X、Y理论，就是超Y理论。"超Y理论"的观点是：人怀着各种不同的需要和动机加入工作组织，但最主要的需要是实现其胜任感；胜任感人人都有，不同的人可能用不同的方法去获取；当工作性质和组织形态适当配合时，胜任感是能被满足的（工作、组织和人员间的良好配合能引发个人强烈的胜任动机）；当一个目标达到时，胜任感可以继续被激励起来，目标已达到，新的更高的目标又会产生。

复杂人假设认为，人的需要是多样的，每个人的需要都各不相同，需要的层次也因人而异，并随着发展条件的变化而变化；人在同一时间内有各种需要和动机，会发生相互作用，并结合为统一整体，形成错综复杂的动机模式；人在组织中的工作和生活条件是不断变化的，因此会不断产生新的需要和动机；一个人在不同单位工作或同一单位的不同部门工作，会产生不同的需要；由于人的不同，同一管理方式会有不同的反应，所以没有特定的管理方式对任何组织都适用。

持这种假设的管理者认为，管理方法和技巧必须随时、随地、随人、随环境不断变化，强调管理者必备的最重要的能力体现在鉴别情景、分析差异、诊断问题的洞察力上。

复杂人假设是一种权变的理论，较为灵活，但问题的关键在于如何能在合适的时候选择运用合适的方式。

第二节　管理的职能

　　管理职能（management functions），是指管理者为实现有效管理所应具备的管理功能。20世纪初叶，法国工业家亨利·法约尔提出，所有的管理者都履行着5种管理职能：计划（plan）、组织（organize）、指挥（command）、协调（coordinate）和控制（control）。1955年加利福尼亚大学的两位教授哈罗德·孔茨和西里尔·奥唐奈（Cyril O'Donnell）将计划、组织、人事、领导和控制5种职能作为管理教科书的框架，在此后的20年中，他们合著的《管理学原理》一书成为销量最大的管理教科书。时至今日，最普及的管理教科书仍按照管理职能来组织教学内容。在具体的管理活动中，管理表现为许多具体的职能，许多管理学者对之做过各种不同的划分，但大多只是阐述中的表达繁简不同，没有实质性的差异，如本书将职能精简为4个基本职能：计划、组织、领导和控制。作为管理者，无论处于何种级别，也无论其组织的大小及组织的性质如何，都需要履行管理职能。管理者履行这些职能的良好程度决定了其组织的效率和效益。我们下面扼要地阐述一下管理职能的内涵。

　　（1）计划职能（planning）。计划职能是指管理者事先对未来应采取的行动所做的谋划和安排，包括选择合适的组织目标，制订战略方案以实现这些目标，以及将计划逐层展开，形成协调各种资源和活动的具体行动方案。任何管理活动都是从计划开始的，计划是管理的首要职能。

　　（2）组织职能（organizing）。组织职能是指管理者有效组织和调配资源，形成一个有机整体，实施计划任务。它包括决定组织要完成的任务是什么，谁去完成这些任务，这些任务怎么分类组合，谁向谁报告，以及各种决策应在哪一级上制定。管理者建立一个工作关系构架——组织结构来协调和激励组织成员去努力实现组织目标。

　　（3）领导职能（leading）。领导职能是指管理者建立有效的组织指挥体系，指导、激励与协调组织成员。管理者要及时根据外界环境的变化，指示组织内的所有人适应环境，采取适当的措施，完成组织任务。管理者利用权力、影响、愿望、说服力和沟通等技能来协调个体和组织行为，激励、调动组织成员的积极性、创造性，并给予他们发展的机会。管理者应从整体出发，调节组织内部各级各部门工作，调节组织的各项活动，使组织各个子系统建立良好的配合关系，消除工作中的重复、脱节现象和存在的矛盾，选择有效的沟通渠道，解决组织成员之间的冲突，使组织内有一个良好的工作氛围，从而降低内耗，有效地实现组织目标。

　　（4）控制职能（controlling）。控制职能是指管理者按目标计划制定管理标准，对过程和结果进行控制，及时纠偏，保证组织目标的实现。管理者要制定必要的管理标准，进行事前、事中和事后的控制，进行有效的组织绩效监控，督促组织内成员尽自己的努力按照既定的目标与计划做好自己专职范围内的工作，并及时纠正偏差，使组织回到正确的轨道上来。在控制过程中，管理者要评价组织在多大程度上实现了目标以及采取了什么样的行动来保持和提高业绩。例如，管理者要从整体上来监控个人、部门和组织的业绩，从而考察他们是否达到了所要求的业绩标准，如果没有达到标准，管理者要采取措施来努力提高业绩。为了进行控制，管理者必须决定要对哪些目标进行评价——诸如产量、质量或顾客的响应度——然后他们必须设计出信息和控制系统，为绩效评估提供所需的数据。

管理各职能之间是相互联系、相互制约的。管理正是通过计划、组织、领导、控制这些基本过程来展开和实施的。为了达到组织目标，管理者首先要根据组织内外部环境条件，确立组织目标，并制订出相应的工作计划与行动方案；其次，管理者要进行组织工作，落实计划，充分调动组织成员的积极性，加强领导工作；最后，管理者要控制偏差，确保各项工作的顺利进行。

1984年，戴尔计算机公司CEO——19岁的迈克尔·戴尔（Michael Dell）通过组装个人计算机并直接卖给消费者，发现了进入个人计算机市场的机会。戴尔开始计划如何实现他的想法。首先，他确定了他的目标是销售价格便宜的个人计算机，以瓦解诸如IBM、苹果计算机等公司的高价位。继而，他把目标细化，决定绕过租金昂贵的计算机商店而用电话直接向消费者销售计算机，并以低成本获得计算机组件，扩大产品知名度。最后，他分配有限的资金来购买劳动力和其他资源，执行计划，使他制造销售个人计算机的梦想成真。戴尔的理念非常简单，按照客户要求制造计算机，并向客户直接发货，使戴尔公司能够最有效和明确地了解客户需求，继而迅速做出回应。这种直接的商业模式消除了中间商，减少了不必要的成本和时间，让戴尔公司能更好地理解客户的需要。这种直接模式允许戴尔公司能以富有竞争性的价位，为每一位消费者定制并提供具有丰富配置的强大系统。通过平均四天一次的库存更新，戴尔公司能够把最新的相关技术带给消费者，而且远远快于那些运转缓慢、采取分销模式的公司。被业界接受的戴尔直接模式，使信息技术变得更加强大，易于使用，价格更能被接受，从而为客户提供充分利用这些强大的、全新工具的机会，以改善他们的工作和生活。戴尔公司在进入新的标准化产品的领域包括网络服务器、工作站、移动产品、打印机和其他电子部件后也非常成功。今天，在全球销售的5台基于标准技术的计算机产品中就有1台来自戴尔。经过不断的艰苦努力，戴尔公司保持了增长性、利润率、资本流动性的平衡，为股东带来了高额的回报，并在计算机的一些领域一直居于世界领先地位。戴尔公司于1992年进入《财富》杂志500强之列，戴尔因此成为其中最年轻的首席执行官。戴尔公司于2007年名列《财富》杂志美国500强的第48位，全球500强的第154位。

第三节　管理学的研究框架

管理学（management）是一门系统研究管理活动的基本规律和一般方法的科学。它以一般组织为研究对象，探讨和研究管理的基本概念、原理、方法和程序。管理作为一门科学来研究始于近代。近百年来，随着社会的不断进步、科学技术的飞速发展以及管理活动内容的日益丰富，管理在人们的实际生活和生产过程中的作用越来越受到广泛的关注和重视。这就为全面地、系统地研究管理活动过程中的客观规律和一般方法提供了必要的条件和基础，从而使管理学的研究不断得到充实和发展。

一、管理学的特点

一般来说，管理学具有以下几个特点。

（一）一般性

管理学的一般性表现为它的普适性。管理学是以管理学科的基本原理、基本理论作为研究对象的，研究的是管理的一般问题，对各层次、不同组织、不同专业内容的管理具有一定的普遍适用性。不同行业、不同部门、不同性质的组织，其具体管理业务的方法和内容可能并不相同，由此形成了许多专门性的管理学科，如企业管理、学校管理、行政管理、工业管理、农林管理、工程管理、科技管理、财政管理、城市管理、社团管理、国民经济管理、图书管理、档案管理等等。有些是以营利性组织为研究对象的，如工商企业管理；有些是以非营利性组织为研究对象的，如学校管理、社团管理、行政管理等；有些研究宏观经济的管理问题，如国民经济管理学等；有些研究地区与产业组织管理问题，如城市管理、行业管理等；有些研究微观层次单一组织中的管理问题，如营销管理、物流管理、生产运营管理等。尽管不同组织不同层次的管理，其具体的管理问题不尽相同，但其工作中表现出来的管理具有许多一致之处。管理学作为一般管理学，它区别于"企业管理学"等专门的管理学科，是研究所有管理活动中的共性原理的基础理论学科，为各门具体的或专门的管理学科的研究奠定了共同基础。

（二）综合性

管理学的综合性表现为：在内容上，它需要从社会生活的各个领域、各个方面以及各种不同类型组织的管理活动中概括和抽象出对各门具体管理学科都具有普遍指导意义的管理思想、原理和方法；在方法上，它需要综合运用现代社会科学、自然科学和技术科学的成果，来研究管理活动过程中普遍存在的基本规律和一般方法。管理活动是一项很复杂的活动，影响这一活动的因素是多种多样的，除生产力、生产关系的基本因素外，还有一些自然因素，以及政治、法律、社会、心理等社会性因素。因此，要搞好管理工作，必须考虑到组织内部和组织外部的多种错综复杂的因素，利用经济学、数学、生产力经济学、工程技术学、心理学、生理学、仿生学、行为科学等的研究成果和运筹学、系统工程、信息论、控制论、电子计算机等最新成就，对管理进行定性的描述和定量的预测，从中研究出行之有效的管理理论，并用以指导管理实际工作。

（三）实践性

管理学的实践性表现为其理论来源的实践性和应用的实践性。管理学是为管理者提供从事管理的有用的理论、原则和方法的实用性学科。管理学的各种理论都来源于实践，管理学的应用也归于实践。管理学的建立和发展，有其深刻的历史渊源，它是对前人管理实践、经验和管理思想、理论的总结、扬弃和发展。理论的作用在于指导实践，由于管理对象的复杂性和管理环境的多变性，管理知识在运用时具有较大的技巧性、创造性和灵活性，管理学必须通过大量的实践来不断更新、完善，并将随着经济的发展和科技的进步而进一步发展。

二、管理学的研究框架

由于管理学应用目的的不同，管理学者们从不同的角度对管理学进行了研究：

（1）从历史和学派的角度，着重研究管理实践、思想、理论的形成、演变与发展。特点是以管理理论的演变发展为基本框架，以工业工程学、经济学、心理学、社会学、数学、统计学等多种学科对管理的贡献和实际管理经验的理论概括为主要内容，以古典管理学派、行为科学学派、管理科学学派、组织理论学派等的基本理论为基础来组合管理知识。

（2）从管理过程和职能的角度，着重研究管理的过程与职能。特点是以管理的过程与职能为体系建立管理学框架，以管理理论为内容来组合管理知识，这种体系被称为管理过程理论（management process theory）。

（3）从管理者的角度，着重研究管理的职能，管理者面临的问题，管理者应具备的素质，管理者在执行各项职能中的原理、方法与技巧，领导特性与领导艺术。

（4）从管理活动的角度，着重研究管理的目标，管理面临的基本问题，管理的环境、战略与决策、解决问题和实现目标可利用的资源、解决问题的方法，管理活动的组织实施和控制、结果的管理。

（5）从管理对象的角度，着重研究不同组织如营利性组织、非营利性组织、政府机构的组织目标、组织的生存与发展、组织文化、组织运行特点与管理特点，研究管理对象——人的个体与群体需求、行为动机和行为特点，研究激发与发挥个体与群体主动性、积极性和创造性的方法，研究管理对象中信息、物资、资产、资金等资源的管理特点和管理方法。

（6）从管理方法的角度，着重研究管理的各类有效方法、手段及其运用，如目标管理法、专家预测法、头脑风暴法、决策树法、全面质量管理法、全面预算法等。

三、管理学的学科特点

管理学的特点决定了管理学学科具有以下特点。

（一）管理学是一门边缘科学

由于管理学的理论基础包含自然科学和社会科学两大门类的理论知识，管理学的内容十分广泛，渗透了多门学科的知识。因此，管理学是一门地地道道的边缘科学。管理学的研究者在许多学科的交界领域辛勤耕耘，对各相关学科的知识必须兼收并蓄，才能建立起完善的管理科学体系。

（二）管理学是一门应用科学

科学结构学认为，科学可以分为基础科学、技术科学和应用科学3个门类。基础科学是以自然现象和物质运动形式为研究对象探索自然界发展规律的科学，如数学、物理学、化学、天文学、地学、生物学等学科；技术科学是研究技术理论和专业技术的科学，如计算机科学、机电工程学、化学工程学、海洋工程学等学科；而应用科学是指直接服务于生产或其他社会实践的科学，包括研究应用理论和应用技术的科学。管理学是通过研究应用管理理论和管理方法来直接促进生产力发展的科学，属于应用科学的范畴。

（三）管理学是一门软科学

软、硬科学之分是借用了计算机科学中"软件"与"硬件"的术语衍生而来的。计算机的硬件是指运算器、存储器、控制器、输入输出设备等具有物质形态的设备和装备；软件是指操纵、指挥和控制计算机运算的各种算法语言、命令、指令、数据库等智能形态的技术系统。人们将具有物质形态的工程科学称为硬科学，而将具有智能形态的信息科学称为软科学。管理学是研究人、财、物等有形资源对信息、规划、决策、预测等无形资源的合理利用的科学，但研究对象及其成果却不是有形物质的本身，而是合理利用这些资源的原理、原则、战略、方案、程序和方法。因此，管理学是一门软科学。

（四）管理学是一门不精确的科学

在特定条件下能得到确定结果的学科称为精确的学科。如数学就是一门精确的学科，只要给出必要而充分的条件或一定的函数关系，按相应的法则、定理来进行演算，一般就能得出确定的结果。管理学则不同，在完全一致的条件下，却可能产生相差甚远甚至截然相反的结果。

四、管理学与其他学科的关系

从上述管理学研究的对象中可以体会到，管理学是在自然科学和社会科学两大领域的交叉点上建立起来的一门综合性交叉学科，管理学研究涉及面广，涉及数学（概率论、统计学、运筹学等）、社会科学（政治学、经济学、社会学、心理学、人类学、生理学、伦理学、哲学、法学）、技术科学（计算机科学、工业技术等）、新兴科学（系统论、信息科学、控制论、耗散结构论、协同论、突变论），以及领导学、决策科学、未来学、预测学、创造学、战略学、科学学等。下面我们举例简要讲述一下管理学与哲学、经济学、伦理学、系统科学、自然科学、社会学等学科的关系。

哲学是关于世界观的学说，是系统化、理论化的世界观，世界观是人们对整个世界的总体看法和基本观点。在人类社会的发展过程中，人们不断地认识世界和改造世界，对世界的认识由局部到整体、由现象到本质，逐步形成对整个世界的总的看法和根本观点，这就是世界观。人们对世界的看法和观点加以分析、归纳、抽象、论证后形成的理论体系，就是哲学。人们对世界的看法和观点直接决定着人们用什么方法去认识世界、改造世界，也就是说有什么样的世界观就有什么样的方法论，世界观与方法论是统一的。管理学研究的理论基础是哲学，这是因为管理的最主要因素是人，人们的世界观、价值观决定了管理方式与方法的选择。如管理中人性的假设、组织的文化建设、领导方式的选择、决策和激励方式的运用都与价值观等一些哲学问题有关。好与坏的价值判断，来源于人生观、世界观、道德观，没有明确的价值判断就不可能有明确的管理思想。

经济学研究稀缺资源要如何有效配置以达到帕累托最优（Pareto optimality）状态，研究如何利用稀缺资源来满足人类无限制的需要。经济学追求社会的整体效率与公平，以提高社会公共福利为宗旨，为政府制定政策提供依据，甚至可能试图降低某些企业甚至行业的利润率，以实现公众利益的最大化。如在市场经济中，人们根据市场上的价格信号决定自己的行为。当供大于求时，价格要下降，供给量减少，需求量增加，资源退出；当求大于供时，价格要上升，供给量增加，需求量减少，资源进入。价格就像一只"看不见的手"在指挥着资源的流动与配置。亚当·斯密认为，最能满足人类生活需要的经济体制是让人们自由劳动和自由竞争的市场机制。但微观经济学中的"看不见的手"产生效用有赖于以下几大假设：经济信息完全对称，市场充分竞争，规模报酬不变或递减，没有任何外部经济效应，交易成本可忽略不计，经济当事人完全理性。但这几大假设在现实世界中是不完全成立的，所以市场机制这只神奇的手就会失灵。于是凯恩斯（John Mayrard Keynes）提出了要政府伸出"看得见的手"，通过政府行为、政策、法律、制度等对经济社会活动进行一定的干预。但宏观经济学研究的"看得见的手"和"看不见的手"一样也会失灵，因为信息可能不完整，人类认识具有局限性，政府人员不是个个都超凡脱俗，政府要处理问题也存在一定的复杂性。管理学是研究组织效率的提高和组织目标的实现问题，研究组织及组织内部资源配置的构造、过程、方式、方法的学科。管理学以个别企业、组织为研究对象，虽然也要兼顾社会的整体利益，但其重点却是为组织利益服务，为决策提供依据，以提高单个组织竞争力，提高组织业绩。其关心如何面对同样的行业结构和宏观环境建立组织独特的竞争优势。由于管理者是指挥各种资源以实现既定目标的人，决定购买生产产品或服务过程中所使用的投入要素，决定组织资源的配置与利用，负责制定生产价格或质量等要素决策，使厂商的利润最大或组织目标得以最大实现。因此，管理学研究与经济学密切相关。

管理经济学是经济理论与管理实践的桥梁，是研究如何把西方传统的微观经济学的经济理论和分析方法运用于企业管理实践的应用科学。管理经济学能为管理者提供有关决策制定过程的经济思维的概念框架，培养管理者的经济直觉，以在市场经济条件下提高管理决策的能力与水平。

道德与伦理问题和管理问题密切相关，管理学、经济学与伦理学的关系是学术界一直在探讨的问题。1998年诺贝尔经济学奖得主阿马蒂亚·森（Amartya Sen）在《伦理学与经济学》一书中提出，从亚里士多德（Aristotle）开始，经济学就具有两种根源，即两种人类行为的目的：一种是对财富的关注，另一种是更深层次上的目标追求。由此产生两种方法：一种是工程学的方法，也就是数学的、逻辑的方法；另一种是伦理的方法。这两种根源和方法，本来应是平衡的，但不同学者重视的方面有所不同。从亚里士多德到亚当·斯密，比较注重伦理问题，而威廉·配第（William Petty）、大卫·李嘉图（David Ricardo）等更注重工程学方面。现代经济学则大大发展了工程学方面，而忽略了伦理方面。为了使逻辑有效，经济学研究往往假设人们的行为是完全受理性支配的。但具体的人却是活生生的、有情感的、有许多非理性特征的，人们的感情、意志、理想和道德，在行为中也会起巨大作用，用单纯的工程学或逻辑方法往往难以解释清楚。管理学则认为，人们的行为不能摆脱伦理道德的约束，人们的感情、意志、理想、道德、伦理等应考虑在人类行为中，它们会影响人们的决策与行为方式。虽然每个人都有追求合法状态下自身利益的自由，但这并不意味着这种追求就一定是伦理正当的。当这种追求损害他人和社会的利益时，就违背了伦理正当，从而成为应受到谴责的不道德行为。管理学强调运用伦理学的方法，如在企业中，经营者的决策、员工的行为都受到道德、伦理的制约和影响，人们的创造能力不仅取决于知识和技术水平，还取决于是否具有勇于奉献的道德水平。在非营利性组织的管理中，伦理学的应用更为突出。

系统科学以系统及其机理为研究对象，是研究系统的类型、性质和运动规律的科学，是一门高度数学化的学问。系统的基本观点是，一个系统是由许多相互关联又相互作用的部分所组成的不可分割的整体，较复杂的系统可进一步划分成更小、更简单的次系统，许多系统可组织成更复杂的超系统。系统具有以下特征：整体性、相关性、目的性、环境适应性、动态性、有序性等。系统有自然系统和人造系统、实体系统和抽象（概念）系统、静态系统和动态系统之分。系统科学是以系统思想为中心的一类新型的科学群，它包括系统论、信息论、控制论、耗散结构论、协同学以及运筹学、系统工程、信息传播技术、控制管理技术等许多学科，是20世纪中叶以来发展最快的一大类综合性科学。这些学科分别在不同领域中诞生和发展起来，如系统论是在20世纪30年代由贝塔朗菲（Ludwig Von Bertalanffy）在理论生物学中提出来的，信息论则是申农（C.E.Shannon）为解决现代通信问题而创立的，控制论是维纳（Norbert Wiener）在解决自动控制技术问题中建立的，运筹学是一些科学家应用数学和自然科学方法参与第二次世界大战中的军事问题的决策而形成的，系统工程则是为解决现代化大科学工程项目的组织管理问题而诞生的，耗散结构论、协同学等则是理论物理学家为解决自然系统有序发展的控制问题而创立的。它们本来都是独立形成的科学理论，但它们相互紧密联系，互相渗透，在发展中趋向综合、统一，有形成统一学科的趋势。因此国内外许多学者认为，把以系统论为中心的这一大类新兴科学联系起来，可以形成一门有着严密理论体系的系统科学。系统科学为管理学的研究提供了方法，我们把管理中的组织体系视作一个有机的、人造的、动态的系统，管理自身是一个抽象的系统。如美国管理学者彼得·圣吉（Peter M.Senge）于1990年著的《第五项修炼》一书，就将系统动力学与组织学习、创造原理、认知科学、群体深度对话和模拟演练游戏融合，发展出一种新型的组织蓝图——学习型组织。

人类历史每一次的重大进步毫无例外的是由自然科学的突破推动的，自然科学的发展改变了人类的生活、生产方式，也改变了管理的资源和环境。如蒸汽机的发明，带动了冶金、煤矿和纺织业的发展，大大改善了运输条件，提高了工业的用铁量，使生产和市场的规模扩大，也促进了工业生产从工场手工业向机器大工业的发展，促进了科学管理的诞生和发展。又如电话、无线通信、电视、卫星转播、国际互联网、汽车、飞机的发明和应用，掀开了一页页人类社会沟通、信息传播、运输的新篇章，使地球变小，跨地域的管理变得便捷。同样，计算机、信用卡、机器人的发明，改变了生产、交易和管理的方式，全自动流水线、计算机辅助设计、信息管理系统、资源管理系统等先进生产与管理系统被大量利用，一下子便受到零售商的青睐，美国的零售行业因此进入一个高速增长期。

社会学是从社会的整体角度分析研究社会关系的各个层面、各种表现及其变化发展的规律，研究如何使人全面发展，如何使经济社会协调发展的一门学科。企业组织或非营利性组织总是处于一定的社会之中，人也是处于一定的社会之中。因此，研究管理离不开对社会的研究，管理学往往借用社会学的研究成果，同样管理学的研究成果也常常用于社会学中。

第四节　管理学的学习方法

一、学习管理学的重要性

（一）管理对社会发展的重要性

管理是人类不可缺少的重要活动，管理在现代社会中的地位和作用决定了学习管理学的必要性和重要性。科学技术进步决定了社会生产力水平，从而推动了社会发展的进程。但是，仅有先进的科学技术，没有先进的管理水平，没有相应的管理科学的发展，先进的科学技术就无法得到有效的推广和运用，它的作用也得不到充分的发挥。因此，在当代，人们普遍认为，先进的科学技术和先进的管理科学是推动现代社会发展的"两个车轮"，缺一不可。这一点，已被许多国家的发展经验所证明。随着未来社会共同劳动规模的日益扩大，劳动分工协作更加精细，社会化大生产日趋复杂，管理也更加重要。

（二）学习管理学对个人发展的重要性

所有组织的所有层次都需要管理者，无论是政府机构、社会团体，还是企业、医院，都需要具有管理才能的各类人员，任何组织的成功都有赖于有效的管理。为了使组织能有效地达到目标，组织需要各级成员在组织运行中讲究工作的效率与效益。一位优秀的企业首席执行官（CEO）能拯救一个濒临破产的公司，一位出色的将军能挽回战争的败局，一位杰出的市长能使城市繁荣兴旺……而他们成就的取得与其管理才能密切相关。当你要从一位普通的销售代表晋升为销售主管，从一位技术职员晋升为技术开发部经理，从会计师晋升为会计部负责人，从一位文员晋升为办公室主任时，你同样需要掌握管理技能。管理技能能帮助你成就事业，学习管理学将为你的人生发展打下良好的基础。

二、管理学学习的方法

管理学既是一门科学又是一种艺术。学管理，首先要培养自己正确的人生观与价值观，树立正确的观念并将之作为工作及生活的准则；其次要掌握管理学的基本概念与理论；最后要理论联系实际。

（一）管理学的理论学习

理论学习是培养管理人员的重要手段之一。只有掌握扎实的管理理论与方法，才能更好地指导实践，并可缩短或加速管理者的成长过程。管理学发展已有近百年的历史，中外管理学者与企业管理的实践者已积累了大量的经验和理论，研究人员还在不断地根据最新的实践总结推出新的管理理论，其中的许多理论已为实践证明具有广泛的应用面和实用价值，能良好地指导管理工作。

当今社会，人们已意识到大学教育的必要性，大学必要的课程教学如《管理学》《战略管理》《市场营销学》《管理沟通》《运营管理》《人力资源管理》等，都为经营管理打下了必要的理论基础。事实上，具有发展潜力的企业及大公司的CEO基本上都具有大学以上的学历或经过MBA相关课程的培训。对于一个管理者，不断学习新的管理理论吸收新的管理思想是必要的。目前社会上一些针对企业管理开立的专业培训机构也很受欢迎。一些有志向的高层管理者重返校园研读EMBA课程。一些大机构与大企业制订了详细的培训计划，向其管理者提供相关管理课程。作为管理技能的资源，教学的主要好处是可以学习一个得到良好开发的课程，熟悉基本的管理理论和当前研究的新思想与新成果，但其不足之处是大学的管理教学通常过于宽泛，只是提供一些管理的普遍思想与常规方法，很难针对个体进行教育，也缺乏针对解决特定问题的技巧。另外，管理工作中有许多方面的问题尽管在书本中已做解释与讲述，但真正能否理论联系实际并活学活用还依赖于个体的理解能力、掌握水平和经验基础。

（二）管理学的实践提高

管理学是一门实践性很强的学科，由于管理工作的对象包括组织中的人，同时管理问题和管理环境千变万化，因而还应以探讨研究的态度来学习，通过理论与实践的结合，使管理理论在实践中不断地被检验，从而深化认识，发展理论。

在具备基本素质的前提下，实践是培养管理者的最好方式。只有在实践中，管理者才有机会面对生动的情境，运用管理知识和技能，分析、解决各种管理问题；只有在实践中，管理者才有机会面对复杂的情境，发挥人际理解能力、组织理解能力、影响能力，协调、处理和发展内外部关系。实践是管理者最好的老师，也是检验、衡量和评估管理者素质的最好途径。

美国哈佛商学院管理学教授列文斯敦（Livingston），在他担任某研究所所长和管理系统公司总经理期间，通过对大量获得MBA的人在实际管理工作中的情况进行调查发现，这些管理者在学校里的成绩同管理上获得的业绩之间并无直接关系。他认为，如果学术成绩能与事业上的成功挂钩，那么这个受过良好教育的经理便是一位神话人物了。所以，实践活动对管理者的培养非常重要。

在实际工作中,工作轮换是一种很好的实践学习方法。所谓工作轮换是指将管理者从一个岗位调到另一个岗位以扩展其经验的培训方法,以使其全面了解整个组织的不同工作内容,得到各种不同的经验。这种方法可以使管理者逐步学会按照管理原则而不是某一职务方面的技术问题来思考问题,为今后在较高层次上的任职打好基础。

一对一的在职培养方法是另一种很好的实践学习方法,如担任副职、助理等。安排在副职岗位上的人会成为其上级的接替者。训练就是指在副职上的管理者通过与有经验的上级一起工作,观察和学习上级的管理行为,或被授予一定的权限去解决一些实际问题,从而达到学习与培养的目的。

从错误中学习是很重要的,中国有句古语:"人非圣贤,孰能无过?"人在工作和生活中犯错误是正常的。对于一位新的管理者来说,许多事情需要学习,难免会犯些错误,应尽量通过组织的教育与指导及自身的学习,避免犯大错。对于一位老管理者来说,创新就需要去尝试前人没有做过的事,就有可能会犯错。关键在于要善于从错误中分析失败的原因,避免今后犯同样的错误。能从自己的和别人的失败中吸取教训的人是聪明的人,这也是管理的一种学习方法。

在自己的工作岗位上大胆地实践与运用管理理论并开展创新是一种最好的实践学习方法。每一个岗位都包括大量需要管理和改善的地方,只要用心去发现、实践、创新,就能积累管理经验,收获管理成效。

如英国思想家查尔斯·汉迪(Charles Handy)撰写了多部具有影响力的管理学著作,如《理解组织》成为很多管理者的必读书,《管理之神》通过详细的推理揭示了公司的文化。《非理性时代》和《空闲的雨衣》是他两部最重要的著作,在这两部著作中他表示当今企业和管理者在对企业进行管理的过程中,急切需要进行根本性、改革力度的改变。他曾经说:"我的大部分知识都不是通过规规矩矩的课堂学习得出的,而是从失败和意外等实践经验中总结出来的,是从细小问题的解决过程中学习到的。"又如许多企业家,如万向集团董事长鲁冠球、青春宝集团董事长冯根生等,都是从实践中学习的代表。

老子曰:"合抱之木,生于毫末;九层之台,起于累土;千里之行,始于足下。"管理者的培养也是一样,要从小事做起,要靠日常点点滴滴的积累。

(三)案例教学法

案例教学法是通过描述一个具体案例的情景,让学生了解案例的背景资料,引导学生对这些特殊情景进行讨论,用管理理论分析管理中的实际问题,去寻求解决问题方法的一种教学方法。

案例教学法,着眼点在于学生创造能力以及实际解决问题的能力的发展,而不仅仅是获得那些固定的原理、规则,因而不要求学生去寻找绝对正确的、一致的答案,实际上管理方法也不存在绝对正确的答案，存在的只有可能正确处理和解决问题的方法，而解决问题的方法是对还是错，很难简单地论断。案例教学法通过引导学生对具体的特殊的实际案例进行讨论分析，启发学生研究实际问题，提出自己的见解，做出合理的判断和决策，借以提高学生独立思考、分析问题、解决问题的能力，是一种"做中学"的形式，让学生在情境体验中获取知识，提高才干。案例教学法由于经常需要进行团队合作，以团队形式开展，并要求学生上台讲解观点，因此不仅可以让学生获得知识，还有利于培养学生的团队合作能力，提高其表达讨论能力，增强面对困难的自信心。

案例教学法有多种类型，如有描述型案例和分析型案例，有简单案例和复杂案例，有站在当事人立场分析的案例和站在局外人角度分析的案例等。

简单的案例分析，所花时间比较少，一般为描述型案例，多运用在课堂讲解中。老师给学生分发的案例，往往是被简化的，有针对性的，学生往往是站在客观的、局外人的角度来讨论案例发生的事件，运用管理的一般原则和原理，对问题进行分析，提出解决问题的方法。

复杂的案例分析，要花大量的时间，一般是综合性较强的分析型案例，多运用在课后作业，案例一般取材于真实的经营环境，采用相似的组织机构、人员关系和时间，运用同样的资源约束、竞争压力、数据和信息来训练学生。学生在案例中充当管理者角色，设身处地地面对和处理各式各样的管理问题，学生需要发现问题、分析问题和解决问题，这种方法对提高学生的综合管理能力很有帮助。

哈佛大学在管理学案例教学上有非常成功的经验，哈佛商学院的课程是以案例分析为主的。哈佛大学的案例分析教学法，是力图把学生置于一个实际经营者的立场上，从实战环境出发，来学习什么是经营和如何经营。学生在案例课前投入大量的时间进行准备，一般需要花两个小时以上的时间，对老师发给的讲义和资料进行详细的分析，做出笔记，并要搜集与准备相关资料。为了保证这些案例教学的质量，哈佛大学所有案例通常要讲两三节课，每节课80分钟。每节课开始，任课教授首先指定一个学生起来说明案例，分析问题并提出解决问题的手段，或者指出实现公司目标的方法和途径，所给时间一般是10~20分钟。然后其他学生从自己的角度来分析同一个案例，阐述自己的看法、分析、措施，以及在哪些地方自己有比第一个发言者更好的决策。

（四）模拟教学法

模拟教学法有两种形式，一种是采用计算机虚拟现实技术，应用所学知识对现实的商业和企业中复杂的信息流和市场变化进行模拟，做出相应的决策，以此达到培养学生解决实际问题的能力的目的。这是从案例教学中发展出来的，利用计算机模拟一些管理情景用来训练管理者。这种方法的培训速度更快，对教师的依赖性更小；不足之处是硬件和软件费用较高。

　　模拟教学法的另一种形式是角色扮演，即设定一个最接近现在状况的培训环境，指定参加者扮演某种角色，借助角色的演练来理解角色的内容，从而提高主动面对现实和解决问题的能力。管理者不是通过听说如何处理一个问题，甚至也不是通过讨论如何处理问题，而是通过实际去提高技能，提高观察力和解决问题的能力。

第二章 管理者

管理大师彼得·德鲁克曾说:"管理者是事业的最基本的、最稀有的、最昂贵的,而且是最易消逝的资源……"管理者的工作保证了组织的有序运转。古话有"千军易得,一将难求",现代社会没有良好的管理者队伍,就不可能有组织的兴盛和优良的业绩。

第一节 管理者的角色

一、管理者

现代社会是由各种各样的组织构成的,每个组织又是由人组成的。有组织的人类活动离不开管理,我们根据组织成员在组织中工作性质和地位的差异,把组织成员分成两种类型:操作者和管理者。

操作者(operatives),是管理指令的执行人,是管理活动的接受者。他们是这样的组织成员:在组织中直接从事某项具体的工作或任务,不负责监管其他人工作的职责。例如,汽车装配线上的装配工、医院里的医生、超市里的收银员、商场里的营业员、饭店里的厨师、公交司机等等。他们的任务就是做好组织所分派的具体的制造产品或提供服务的操作性事务。

管理者(managers),是指组织中管理指令的发出者,是管理活动的领导者和组织者。管理者与非管理者之间的差别就是,"管理者是指挥别人活动的人","管理者的任务是设计和维护一个环境,使在集体中工作的人员能完成他们的预定目标和任务"。他们是在组织中行使管理职能、指挥和协调他人完成具体任务的人,如企业的总裁和经理、医院的院长、军队的长官等等。一般对管理者的传统定义是,管理者是运用职位权力对人进行统驭和指挥的人。这种概念强调管理者必须拥有下属。

在传统的金字塔组织结构中,如图 2-1 所示,管理者处于操作者之上的组织层次,操作者处于基层。管理者和操作者之间的关系是非常密切的,只有两者共同配合才能实现组织的目标。但在管理中常常可见到:明明管理者让操作者去这样做,他也做了,可是结果却完全不同,不能达到目的。所以,管理者不仅要学会让部下知道做事的方法,还一定要让他知道达到的目的是什么。管理者工作的关键是要让操作者和一条心。当然，某一岗位职务的人往往既是管理者也是操作者，他们除了指挥别人之外，也有可能承担某些作业性的职责。如商场中的班组长，除了有监管班组中的营业员工作的活动外，自己也要承担一些作业性的任务（如售货等）。在现代团队组织中，更为强调团队领导的民主管理和成员的自我管理，管理者与操作者合二为一的现象更为普遍。彼得·德鲁克认为，在一个现代组织里，如果一位员工能够凭借其职位和知识，对该组织负有做出贡献的责任，因而能实质性地影响该组织的经营能力及其达成的成果，那么他就是一位管理者。

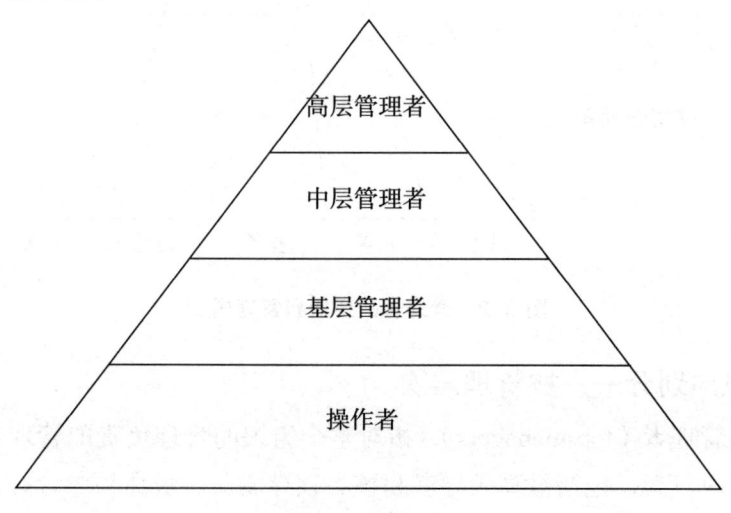

图 2-1 组织的层次

二、管理者的类型

在一个组织中，有各种各样的管理者。每个管理者在组织中的作用和地位都有所不同，拥有的权限和承担的责任也有差异。对管理者的分类可以按其所处的管理层次，纵向划分；也可以按其所从事管理工作的领域宽窄及专业性质，横向划分（见图2-2）。

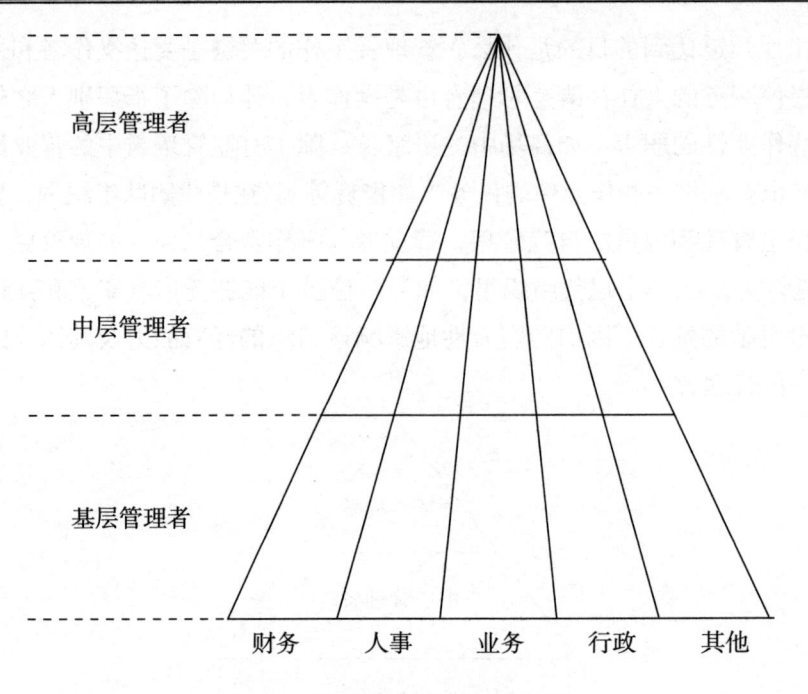

图 2-2　管理者的层次和管理内容

（一）纵向划分——按管理层次

（1）高层管理者（top managers），指对整个组织的管理负责的管理者，是组织管理中的最高层执行者，包括最高领导者和核心领导成员。最高领导者有公司的总裁或总经理、学校的校长、城市的市长等，核心领导成员有副总经理、副校长、副市长等等。他们的主要职责是制定组织的总目标、总战略，掌握组织的大政方针，沟通与其他组织的联系，并评价整个组织的绩效。

高层管理者对外往往代表组织，并以"官方"身份出现，对内拥有最高职位和最高职权，并对组织的总体目标负责。在很多情况下，高层管理者的工作将决定一个组织的成败。

（2）中层管理者（middle managers），是介于高层管理者与基层管理者之间的管理者。例如，公司的部门经理、学校的部门负责人、城市的职能部门负责人等等。他们的主要职责是贯彻执行高层管理人员所制定的重大决策，监督和协调基层管理人员的工作。

与高层管理者相比，中层管理者更注重相关部门的管理事务，他们贯彻、执行高层管理者的意图，负责把任务落实到基层单位，并检查、督促和协调基层管理者的工作，确保任务的完成，他们要完成高层管理者交办的工作，并向他们提供进行决策所需的信息和各种方案。简单地讲，就是上情下达，下情上呈，承上启下。中层管理者一般又可以分为三类：技术性管理者、支持性管理者和行政性管理者。

（3）基层管理者（first-line managers），也称一线管理人员，是指组织中处于最低层次的管理者。例如，企业中的班组长、学校中的教研组长、机关里的科长等等。基层管理者所管辖的仅仅是操作者而不涉及其他管理者。他们的主要职责是：给下属操作人员分派具体工作任务，制订作业计划，直接指挥和监督现场作业活动，保证各项任务的有效完成。

与高层管理者和中层管理者相比，基层管理者所接到的指令更为具体、明确，更接近操作层面，所能调动的资源更为有限。对上他要报告任务的执行情况，反映工作中遇到的问题，并请求支持；对下他是下属的导师、教练和助手。

20世纪70年代末，石油危机造成世界范围内的航空业不景气，瑞典的北欧航空公司濒临倒闭。在这个危急的时刻，杨·卡尔松（Young Karlsson）担任了北欧航空公司的总裁。卡尔松来到北欧航空公司时，公司一片萧条，人心惶惶。卡尔松利用3个月时间，在仔细研究了公司的状况后向所有员工宣布，他要实行一个全新的管理方法。他给它起名字为"pyramid upside down"，我们简称倒金字塔管理法，也有人称之为倒三角管理法。

卡尔松发现要把公司做好关键在于员工，所以他把自己放在这个"倒金字塔"管理法的最下面，他给自己命名为政策的监督者，他认为公司的总目标制定下来之后，总经理的任务就是监督、执行政策，达到这个目标。中层管理人员不变，最上面这一层是一线工作人员，卡尔松称他们为现场决策者。北欧航空公司采用这种方法3个月后，公司的风气就开始转变，卡尔松开始让员工感觉到，我是现场决策者，我可以对我分内负责的事情做出决定，有些决定可以不必报告上司。卡尔松把权力、责任同时下放到员工身上，而他作为政策的监督者，负责对整体进行观察、监督、推进。一年后，北欧航空公司就盈利5400万美元。这一奇迹在欧洲、美洲等地广为传颂。

（二）横向划分——按所从事管理领域和专业

综合管理者（synthesis managers），他们负责管理整个组织或组织中某个部门的全部活动，是该组织或该部门的最高负责人或主管。例如企业总经理、工厂厂长、车间主任都是综合管理者。他们对整个组织或该部门目标的实现负有全部的责任，而不是只对职能负责，拥有该组织或部门所必需的权力，有权指挥和支配该组织或部门的全部资源与职能活动。

职能管理者（function managers），他们只负责组织内某种职能的管理。例如，企业的总工程师、工厂的设备维修部经理、车间的统计组组长，他们只负责组织中具体某项单一职能的管理，只对组织中某一职能或专业领域的工作目标负责，只在本职能或专业领域内行使职权、指导工作。职能管理者大多具有某种专业或技术专长。就一般组织而言，职能管理者主要包括以下类别：

长带领其他企业的来访者参观生产车间、校长在学生的毕业文凭上签名等。这一角色十分重要，可以影响组织的形象。

（2）领导者（leader）。管理者是管理活动的出发者，他们对下属负有管理的责任。这种角色体现于管理者要指挥和激励下属，安排每个人的工作，协调彼此的关系，对下属进行培训，根据考核标准给予奖励或惩罚等。

（3）联络者（liaison）。管理者在管理过程中主要是和人打交道。这种角色体现于管理者对内、对外的联系，特别是同外界的联系。对内，管理者负责和上级、同级、下属有联系；对外，管理者负责和外界联系，通过发展外部的联络来获取所需的信息。

网络技术成为现代管理者进行管理的一项重要手段。通过电子邮件与互联网，各个层次的管理者都可以扮演挂名首脑的角色，并成为组织中树立恰当行为方式的典范。例如，许多领导人建立自己的博客网站，公开自己的邮箱，以便直接与组织内外部的人员沟通，并及时发布信息，扩大影响力。

2. 信息情报方面的角色

信息角色（informational roles）指所有的管理者在某种程度上，都从外部的组织或机构接收和搜集信息。管理者应对组织发展的相关信息具有很高的洞察力与敏感性，能主动积极地捕捉内外部信息。明茨伯格将之细分为3种角色：

（1）监听者（monitor）。组织在运行时，情况总是在不断地变化，这就存在着大量的信息情报。这种角色体现在管理者不仅要接收他人传递的信息，还要去主动发现和搜集信息，以了解组织和环境中究竟发生了一些什么事情。信息的来源可以是调查研究的结果，社会公众的反馈，报纸、杂志、广播、电视、网络上的消息，出台的政策、法规，公布的统计数据、资料，竞争对手或相关组织的动向等。

（2）传播者（disseminator）。管理者在掌握信息上的特殊地位，使他们能担任传播者的重要角色。这种角色体现于管理者要把从下属那里获得的信息、从外部搜集并加工过的信息传播给组织的其他成员，特别是下属。

（3）发言人（spokesperson）。管理者代表本组织对外发布有关组织的计划、政策、行动、结果等方面的信息，如企业总经理在记者招待会上的发言等。

由于获取信息和传递信息与工作内容和工作效率密切相关，信息技术对管理者信息角色的影响巨大。利用互联网技术进行全球范围内的监控、信息传递与交流已是大势所趋，信息技术也使管理者对整个组织的运行情况及时掌握并一目了然。

3. 决策方面的角色

决策角色（decisional roles）指所有的管理者在其管辖的事项上必须进行决策拍板，决定目标、计划与行动方案。决策角色与管理者进行战略规划及利用资源所使用的手段密切相关。明茨伯格将之细分为4种角色：

（1）企业家（entrepreneur）。管理者也是组织的领导人，这就要求他们扮演企业家的角色。这种角色体现于管理者要能捕捉到发展机会，确定组织的发展方向，进行战略决策，并承担责任。他们要不断地提出新的思路和方法来改进目前的组织状况。信息技术为管理者提供更多、更准确的信息，帮助他们更好地利用资源，做出更有效的决策。

（2）调解人（disturbance handler）。组织中经常会产生矛盾和纠纷。这种角色体现于管理者要面对现实，解决矛盾和纠纷，排除障碍。

（3）资源分配者（resource allocator）。组织的高效运转离不开资源的合理运用，但资源是有限的。这种角色体现于管理者要根据计划给有关部门调配各种资源，包括人、财、物、时间等方面。

（4）谈判者（negotiator）。管理者所掌握的信息和在组织中的地位，决定了只有他们才能充当谈判者的角色。这种角色体现于管理者能代表组织的利益与各类人员和集体进行谈判，谈判的对象可以是外部的也可以是内部的。如管理者和企业内工会进行的薪酬谈判等。

管理者在这10项角色中，通过对各种内外关系的协调达到管理的目的。管理者面向内部的角色有领导者、企业家、调解人和资源分配者；面向外部的角色有组织代表（或挂名首脑）、联络者和发言人；兼顾内外协调的角色有监听者、传播者和谈判者。这10种角色表明，经理从组织的角色来看是一位全面负责的人，并且事实上要担任一系列的专业化工作，既是通才又是专家。明茨伯格的理论比德鲁克的更加具体全面，也更加深刻，成为目前管理者角色理论的主流思想。

四、管理者角色的变动

组织是各种各样的，管理者扮演角色的侧重点就有所不同，这就是管理者角色的变动。

（一）组织的规模不同，管理者角色不同

组织规模（organizational sale），即组织的大小。组织的大和小是相对的，划分的标准也是多种多样的，如组织成员的数量、企业的年销售收入、组织的总资产等。大规模的组织是复杂的、标准化的，其对社会的作用是巨大的。小规模的组织虽然规模小，但它们也不是微不足道的。小规模的组织是灵活的，能够迅速地对环境做出反应。组织的这些差异性，使身处其中的管理者扮演角色的侧重点存在着不同，如图2-4所示。

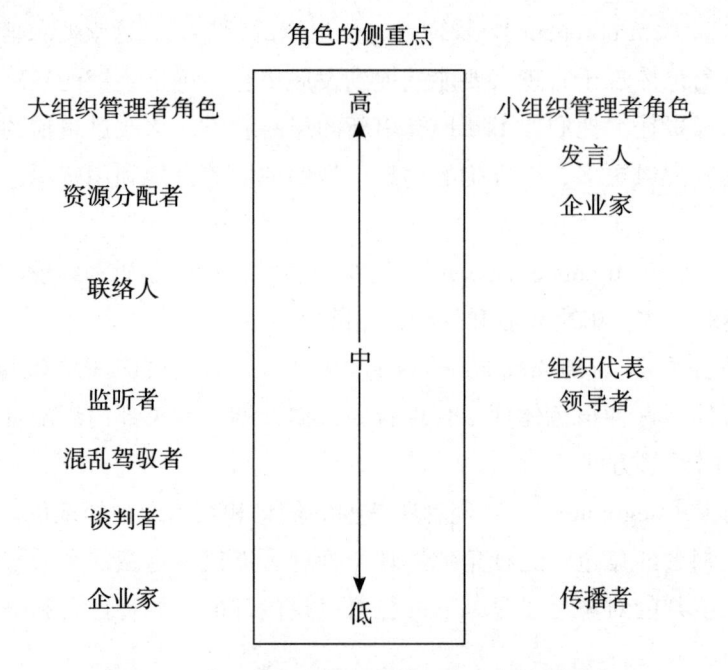

```
                        角色的侧重点
   大组织管理者角色        ↑高         小组织管理者角色
                                    发言人
   资源分配者                         企业家

   联络人
                          中
   监听者                            组织代表
                                    领导者
   混乱驾驭者

   谈判者

   企业家                 ↓低        传播者
```

图 2-4　大组织和小组织中管理者角色的侧重点

从图 2-4 中可以看出，大组织管理者主要处理的是组织的内部事务，他们的首要角色是资源分配者（如怎样在组织单位内部分配现有的资源等）。企业家角色对于大企业的管理者来说处于相对次要的地位。相比之下，小组织管理者的首要角色是发言人，他们需要花大量的时间和精力处理组织的外部事务，如他们要筹集资源，会晤银行家安排融资，寻求新的生意，寻找组织发展的机会，接待消费者，让外界的人了解本组织，促进变革等。不仅如此，大组织管理者处理的是结构化的和正规性的工作，而小组织管理者处理的往往是非正规性的。小组织管理者更可能是一个通才，他们的工作内容综合了大组织上至高层管理者，下至基层管理者的工作，控制则更多地依靠直接巡视。

（二）管理层次不同，管理者角色不同

如前面所述，组织结构通常是金字塔式，可以分成 3 个管理层次。管理者的职责随着其在组织中层次的不同而不同。虽然管理者从事的都是计划、组织、领导和控制工作，但他们在每项工作上花费的时间是不同的。随着组织层次的降低，管理者从事计划、组织和控制工作的时间减少了，但从事领导工作的时间增加了。这种变化体现了不同层次管理者工作的差异性。同样用明茨伯格管理者角色的分类来分析，我们也能得出类似的结论（见图 2-5）。

从图 2-5 中可以看出，随着组织层次的提高，管理者的决策角色变得越来越重要；随着组织层次的降低，管理者的人际关系角色变得越来越重要；中层管理者承上启下的地位使其在 3 种角色方面的分配基本一致。

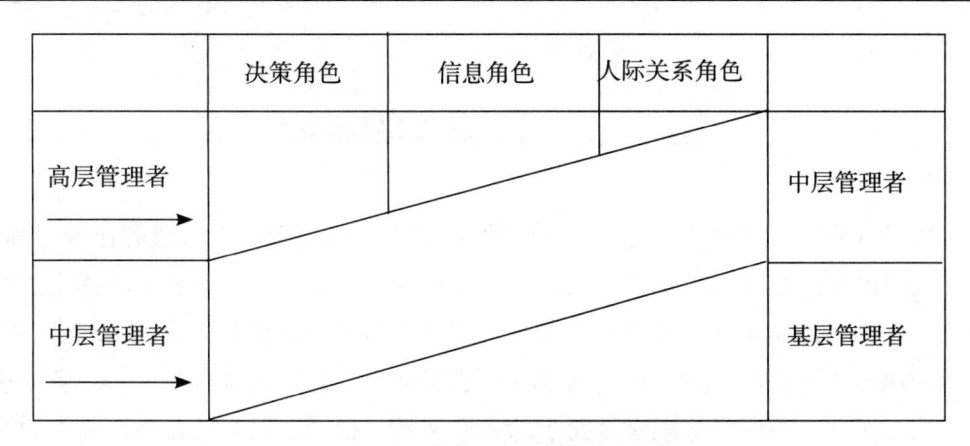

	决策角色	信息角色	人际关系角色	
高层管理者 →				中层管理者
中层管理者 →				基层管理者

图 2-5　不同层次管理者的角色侧重

（三）管理者的价值取向不同，管理者角色不同

价值取向（value orientation）是指某个人或者团体在思考或行动的过程中，不自觉地遵从一组价值标准情况下所表现出的行为倾向。不同管理者价值取向的不同会导致其在工作中的侧重点的差异。

1988年，弗雷德·卢桑斯（Fred Luthans）和他的副手从一个新的角度考察了管理者工作中的侧重点。传统中我们认为，在组织工作中最具成效的管理者，也是在组织中被提升得最快的人。但是卢桑斯却提出了不同的观点，他认为最有成效的管理者并不能获得职位的同等提高，从而提出了有效的管理者和成功的管理者的概念。所谓有效的管理者是指在工作绩效的数量和质量两方面俱佳，并且使下属感到满意并得到下属支持的管理者。所谓成功的管理者是指在组织中提升速度快的管理者。卢桑斯和他的副手研究了450多位管理者，他们发现管理者都是从事以下4种活动的：（1）传统管理：决策、计划和控制；（2）沟通：交换日常的信息和处理文书工作；（3）人力资源管理：激励、惩罚、处理冲突、配备人员和培训；（4）网络联系：社会活动、政治活动以及与外界人事的联系。他们认为管理者的工作内容都是这4种活动，但是侧重点的不同就形成了有效的管理者和成功的管理者。

成功的管理者在时间分配上侧重于网络联系，而在人力资源管理活动上所花费的时间最少，有效的管理者在时间分配上侧重于沟通，所以能取得好的工作绩效并得到下属的支持，但由于在网络联系上花费的时间太少，他们的晋升受阻。这项研究使管理者的提升是根据绩效来决定的观点遇到了挑战，同时也表明，社会交往和政治交往的技能对管理者在组织中得到提升具有重要的作用。

在组织中，管理者工作的价值取向是各种各样的，是倾向于工作绩效还是提升速度，将决定其在不同工作上的投入度。

第二节　管理者的素质

素质是人在先天条件下，通过后天的教育训练和环境影响而形成的比较稳固的，且在比较长时间内起作用的基本品质，它是一个人产生行为的基础和根本因素。管理者素质（stuff of managers）是指一个管理者应具备的各种条件在质量上的综合。管理者的素质决定了组织的成败，任何管理者的成就都离不开其优良素质。管理者应该具备的素质有很多，不同的管理岗位要求的素质又不尽相同，但有些素质是优秀的管理者应该基本具备的。国外对管理者各项素质的权重进行了统计分析，其结果参见表2-1。

表 2-1　管理者的素质

要素类别	得分	累计	要素类别	得分	累计
事业心	20	20	献身精神	7	77
创新精神	15	35	忍受挫折	6	83
责任感	10	45	求知欲	5	88
顽强性	10	55	勤奋	5	93
人际关系	8	63.	作风民主	4	97
自信感	7	70	自我批评	3	100

我们也可将管理者的素质分为5个方面，即品德素质、知识素质、智力和非智力素质、能力素质、体能素质。

一、品德素质

管理者的品德素质是指管理者思想、认识和品性等在行为、作风中的表现，包括：

（1）思想政治品德。管理者要对国家和社会具有高度的责任感和奉献精神，具备一定的政治思想素质，可以使管理者将个人利益同组织利益保持一致，顾全大局，顾全整体。

（2）道德情操。情操是比情感更高层次的一种人类感情，是情感的一种升华。人都是有感情的，当人们把对某一事物的炽烈情感和深刻的思想认识，与坚定的行为实践结合在一起的时候，情感就上升为情操了。所以，通常所说的高尚情操，主要是指道德情操。管理者在生活和工作中形成了各种道德情操，并用它来要求自己的行为，所以道德情操是衡量管理者素质的指标之一。主要的道德情操有明确的是非观念、遵纪守法、廉洁奉公、谦虚的品质等。

（3）理想抱负。没有理想抱负的人是不可能有所作为的，管理者只有树立起一定的理想和抱负，才会有强烈的事业心和责任感，才会有干劲，才会对组织有所贡献。

管理者的理想抱负主要指其对工作的责任感、进取性和坚韧性，在困难、压力和竞争的氛围中要往直前等。

（4）言行作风。管理者的言行作风会影响下属，俗话说的"上梁不正下梁歪"就体现了这一思想。所以管理者在工作中要善于调查研究，注意工作方法，讲求工作实效，要以身作则，言行一致，严于律己，宽以待人，作风民主，深入群众。

二、知识素质

知识是提高管理者素质的根本和源泉。知识素质是指管理者做好工作所必须具备的基础知识与专业知识。管理学是一门综合性很强的学科，这就要求管理者掌握多方面的知识。管理者要提高知识素质，必须设计好自身的知识结构。现代管理者的知识结构应是具有时间概念的"T"形知识结构，或称通才的动态结构，要求管理者的知识不仅要有深度和广度，还要有新度。知识体系参见图2-6。

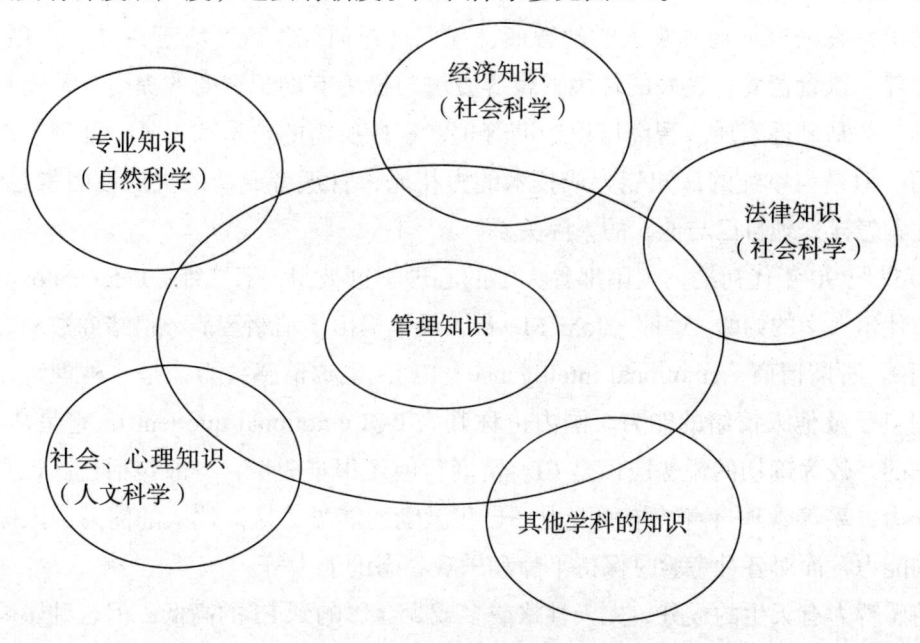

图2-6　管理者的知识体系

掌握必要的管理理论和方法，了解管理理论的新发展，才能让管理者在工作中少走弯路，成为真正的管理者。掌握经济知识可以帮助管理者把握经济发展的规律。掌握专业方面的知识，便于管理者了解经营业务与业务运行规律，了解本行业的科研和技术的发展情况。同样，管理者只有了解相关的政策法规，才能不违反国家的方针政策和法令法规，才能保证组织顺利发展，也才能维护自身合法权益。管理者的工作重心主要是和人打交道，因此掌握心理学方面的知识，可帮助协调上下左右的关系，做好人的工作。

"德才兼备"历来是衡量人的一个基本标准。宋朝司马光在《资治通鉴·周纪二》中论及德才关系时认为"才者，德之资也；德者，才之帅也"，即德才不可分割。"德"靠"才"来发挥、体现，"才"靠"德"来统率、指导。

三、智商和情商

美国著名心理学家桑戴克（E.L.Thorndike）的理论影响造成了智力商数（intellegence quotient，IQ），即智商的观念在20世纪二三十年代的深入普及。智商是个人智力水平的数量化指标，反映的是一个人的智力程度，显示了一个人做事的本领。智商决定了人理解和学习的能力、判断力、思维能力、记忆力和反应能力等。智商对管理者很重要。专家研究表明，智商在一定程度上受先天因素的制约，但后天环境的影响对于智商的提高也非常重要。根据研究，目前人的智慧一般仅启用了10%左右，智商超人的天才也仅用了14%左右。因此人的智商还有90%左右未被启用。目前很多科学家都在研究如何提高人类的智商，他们通过研究发现，心理诱导、专项训练、冥想静养、饮食营养、良好的环境教育等方法与措施有助于智商的提高。智商是管理者应具备的基础性素质。智商可以帮助管理者掌握所需的技术和工具，处理工作的各个方面。但是与单纯的认知能力或技术能力相比，管理者成功的决定性因素是情商，即管理者怎样处理自己与他人的人际关系。

20世纪90年代初期，美国耶鲁大学的心理学家彼得·塞拉维（Peter Salovey）和新罕布什尔大学的约翰·梅耶（John Meyer）最早提出了情绪智能、情绪商数概念（简称情商）。所谓情商（emotional intelligence，EI），也称情感智力，是一种理解、把握和运用自己及他人情绪的能力。国内也称其为EQ（emotional quotient），它是从IQ借用过来的，较为确切的说法应该是EI。情商目前还很难测量，一般包括：认识自身情绪的能力，妥善管理自身情绪的能力，自我激励的能力，认知他人的能力，人际关系管理的能力，面对各种考验时保持平静和乐观心态的能力等。

情感智力有天生的成分，先天性格或多或少会影响到EI的高低，但这种影响并不是绝对的，通过后天有意识的努力，可以从根本上提高对个人情绪进行调节的能力。

1995年10月美国《纽约时报》专栏作家、哈佛大学教授丹尼尔·戈尔曼（Daniel Gorman）博士出版了《情绪智力——划时代的心智革命》一书，将情感智力这个崭新的概念做了更为详尽的论述（见表2-2）。他认为，人有两个大脑，两个中枢，两种不同的智慧形式——理性的和情感的。人生成功与否取决于这两者，不仅仅是智商，还有情商与之并驾齐驱，所以这两方面是人才应当同时具备的两种素质。专家认为，对人一生事业影响最大的是情感智力而不是智商，情感智力的高低会直接影响个人智商的发挥。"人在社会上要获得成功，起主要作用的不是智力因素，而是情绪智能，前者占 20%，后者占 80%。"

在美国，人们流行一句话："智商决定录用，情感智力决定提升。"管理者应着重提高 EI，在提高 EI 的前提下来提高 IQ。如果用一句话来形容，就是：人才就像一朵美丽的花，智商可以使其更娇艳，情商则能使其结出硕果。

表 2-2　戈尔曼提出情商研究的 5 个方面

认识自身的情绪	认识情绪的本质是 EI 的基石
妥善管理情绪	必须建立在自我认知的基础上。这方面能力较差的人常受低落、不良情绪的困扰。而能控制自身情绪的人则能很快走出命运的低谷，重新奔向新的人生目标。
自我激励	通过自我鞭策保持对学习和工作的高度热忱，这是一切成就的动力；通过自我约束以克制冲动和延迟满足，这是获得任何成就的保证。
理解他人情绪	这是了解他人需求和关怀他人的先决条件，戈尔曼用 Empathy(同理心)来来概括这种心理能力。"同理心"是同情、关怀与利他主义的基础，具有同理心的人常能从细微处体察出他人的需求。
人际关系管理	这种能力要以同理心为基础。恰当管理他人的情绪是处理好人际关系的一种艺术。这方面的能力强意味着他的人际关系和谐(人缘好，"会做人"的一方面)，或者适于从事组织领导工作。

四、基本技能

管理者的基本技能是指管理者把各种管理知识和业务知识用于实践中所表现出来的能力。美国管理学者罗伯特·L. 卡茨（Robert L.Katz）在《哈佛商业评论》中发表了一篇名为"能干的管理者应具有的技能"的论文，他指出管理者必须具备 3 种技能，即技术技能、人际技能和概念技能。

（一）技术技能

技术技能（technical skill）是管理者掌握和运用某一专业领域内技术、知识、方法和程序完成组织任务的能力。这是管理者对相应专业领域进行有效管理所必备的技能。管理者虽不能完全做到内行、专家，但必须懂行，必须具备一定的技术技能。特别是一线管理者，更应该如此。管理者如果不具备这一技能，将很难与所主管的组织内的专业技术人员进行有效的沟通，也无法对他们所管辖的业务范围内的各项管理工作进行具体的指导，并且会对他们决策的及时性、有效性造成不利的影响。管理者的技术技能可以通过学校专业教育或组织的在职培训获得。

（二）人际技能

人际技能（human skill），或称"人事技能"，是管理者处理人事关系的技能，主要包括：理解、激励和与他人相处的能力等。管理者除了领导下属人员外，还得与上级领导和同级同事打交道，还得学会说服上级领导，学会同其他部门同事紧密合作等，这些都需要人际技能。在以人为本的今天，人际技能对于现代管理者来说是一项极其重要的基本功。没有人际技能的管理者是不可能做好管理工作的。管理者的人际技能可以通过专业教育、培训以及从经验中获得。

（三）概念技能

概念技能（conceptual skill），或称"构想技能"，是管理者观察、理解和处理各种全局性的复杂关系的抽象能力，包括：感知和发现环境中的机会与威胁的能力；对全局性的、战略性的、长远性的重大问题处理与决断的能力；对突发性紧急处境的应变能力等。其核心是一种洞察力和思维力。这种技能对组织的战略决策和发展具有极为重要的意义，是组织高层管理者所必须具备的，也是最为重要的一种技能。

研究表明，教育和经验有助于管理者获得这3种技能。对任何管理者来说，这3种技能都是应当具备的。一般来说，计划和组织工作需要良好的概念技能，而领导和控制工作需要更多的人际和技术技能。不同层次的管理者，由于所处位置、作用和职责不同，对管理技能的需要有差异性，参见图2-7。

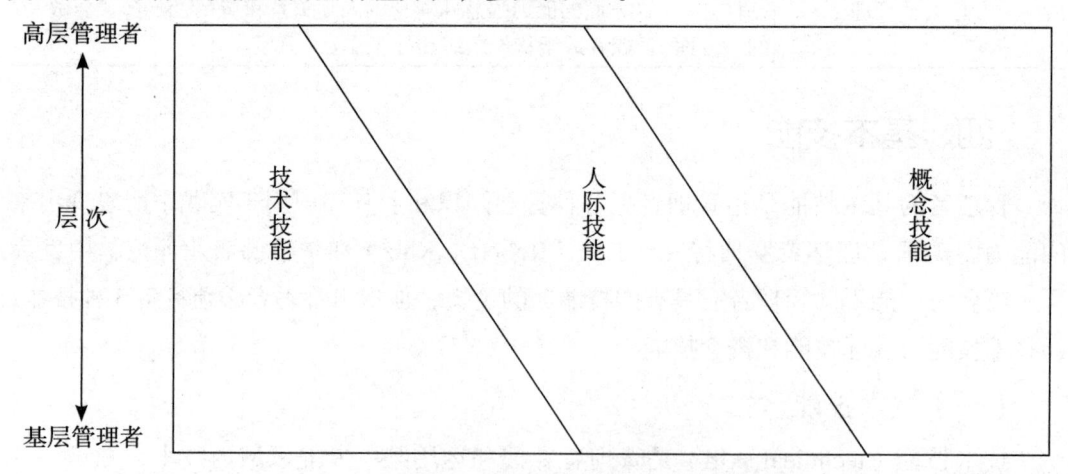

图 2-7 不同层次的管理者需要的管理技能的比例

从图 2-7 中可以看出，高层管理者尤其需要概念技能。因为高层管理者面对的问题是全局的，更具有复杂性，牵扯的因素多、范围广，所以所处层次越高，对概念技能的要求越高。概念技能的高低成为衡量高层管理者素质高低的最重要的尺度。高层管理者可以充分利用其下属人员的技术技能，因而对其自身的技术技能要求不高。但在小企业中，技术技能对高层管理者来说仍是较为重要的。与之相反，基层管理者更重视的却是技术技能。由于他们的主要职责是现场指挥和监督，所以若不掌握熟练的技术技能，就难以胜任管理工作。相比之下，基层管理者对概念技能的要求就不是太高。由于管理者的工作对象都是人，人际技能对于各个层次的管理者来说都是重要的。

特别是作为今天和未来的管理者，必须更加重视人际技能。这是因为现在的管理者和传统的管理者在工作方式上有了很大的区别，见表 2-3。

表 2-3　你是哪种类型的管理者

传统管理者	现代管理者
命令链	与任何可能将工作完成的人交往
接受，做重复性的工作	学习新的方式
要求长时间工作	要求结果
独占信息	分享信息
试图掌握一个重要的领域，如营销、财务	试图掌握更宽系列的管理领域
更多的是单独做决策	邀请别人参加决策
向上看，寻求指令和答案	合作协商以发现解决方案
认为其他人主要是老板和竞争者	在共同目标/相互尊重和信念交换基础上建立关系
认为自己是管理者或老板	认为自己是支持者或内部咨询者

五、体能素质

　　管理者的指挥、协调、组织能力不仅需要足够强大的心智，还需要消耗大量体力，因此，必须有强健的体魄，充沛的精力。

第三章 管理环境

随着社会的发展，人们不断地对管理实践进行研究和总结，形成了各种管理思想。了解管理思想的演变，有助于我们深刻领悟管理的本质、管理的特性和管理的规律。

管理工作是在一定的环境条件下开展的。环境既提供了机会，也构成了威胁。环境是组织生存的土壤，它既为组织活动提供条件，也对组织活动起制约作用。组织所面临的环境会影响管理行为和方式的选择，管理的有效性依赖于管理者对环境的洞察和了解，管理者要去发现机会和规避威胁，管理的方法和技巧必须因环境的变化而变化。

第一节 管理环境及其分类

一、管理环境

管理环境（organizational environment）是指存在于一个组织内外部的影响组织业绩的各种力量和条件因素的总和，包括组织外部环境和内部环境。组织是一个开放的系统，它和环境存在着相互交换、相互渗透、相互影响的关系。管理环境的特点制约和影响管理活动的内容和进行，管理环境的变化要求管理的内容、手段、方式、方法等随之调整。为提高管理效率、达成管理目的，管理者必须了解组织的内外部环境因素，掌握环境变化的信息，拥有掌控环境的能力，趋利避害，抓住机会。

二、管理环境的分类

（一）按影响因素分

管理环境按影响因素可分为组织外部环境和内部环境两大类。

1. 外部环境

外部环境（external environment）是组织之外的客观存在的各种影响因素的总和。根据影响因素对组织业绩影响程度的不同，可分为一般环境因素和特殊环境因素。一般环境因素（general environment），又称宏观环境因素，通常包括政治、法律、经济、文化、科学技术、自然等因素。一方面，这些影响因素往往是不以个别组织的意志为转移的，具有一定的不确定性；另一方面，这些因素的影响虽然不是直接的，但都有可能对组织产生某种重大的影响，从而使组织面临极大的风险。因此，管理者必须加以认真分析和研究，不可掉以轻心。特殊环境因素（specific environment），又称任务环境因素（task environment）或微观环境因素，是指对组织目标的实现有直接影响的那些外部因素，包括资源供应者、竞争者、服务对象（顾客）、政府管理部门及社会上的各种利益代表组织。对任何一个具体的组织，其特殊环境因素会与其他组织不同。一个组织发展的不同时期其特殊环境因素也不同，管理者对本组织特殊环境因素的了解和把握情况往往会直接影响管理效益，管理者对特殊环境因素的变化也更为敏感。外部环境与管理相互作用，一定条件下可能对管理有决定作用。外部环境制约管理活动的方向和内容。无论出于什么样的管理目的，管理活动都必须从客观实际出发。脱离现实环境的管理是不可能成功的。"靠山吃山，靠水吃水"一定程度上反映了外部环境对管理活动的决定作用。同时，外部环境影响管理的决策和方法。当然，管理对外部环境具有能动的反作用。

2. 内部环境

内部环境（internal environment）是指组织内部的各种影响因素的总和。它是随组织的产生而产生的，在一定条件下内部环境是可以控制和调节的，包括组织文化（组织内部气氛）和组织经营条件（组织实力）两大部分。一般而言，每一组织有其独特的组织文化和特有的经营条件，管理者要根据本组织的实际情况，制定相应的组织目标和发展战略。组织内部因素不仅与外部环境因素一样，影响一个组织目标的制定和实现，还将直接影响该组织管理者的管理行为。一方面，管理是对组织内部环境中各个因素的管理；另一方面，已存在的内部环境因素是实施管理的条件，在一定时间范围内，管理只能在内部环境因素确定的条件框架内展开。

（二）按环境变化与复杂程度分

依据企业所面临环境的复杂性（指环境构成要素的类别与数量）和动态性（指环境的变化速度及这种变化的可观察和可预见程度）这两项标准，将管理环境分为四类：（1）低不确定性——简单和稳态的环境；（2）较低不确定性——复杂和稳态的环境；（3）较高不确定性——简单和动态的环境；（4）高不确定性——复杂和动态的环境。

（1）简单和稳态的环境。组织所处的环境影响因素不多且相对稳定，环境因素较长时期内不会有很大的变化，如电力、铁路、橡胶企业的环境。这类组织一般是远离最终消费者和技术变化较慢的企业，具有"垄断"地位的公共服务企业，或给大公司长期配套原料的企业。环境分析的技术和知识相对简单，主要借助历史数据来分析。

（2）复杂和稳态环境。组织所处的环境影响因素多，管理人员很难把握哪些环境变量是最重要的影响因素，但环境变化不大、相对稳定，如零售业、宾馆业、展览业、汽车业等。如汽车制造业，必须与众多的供应商、管理者的消费群体打交道，但汽车的造型和结构并没有发生本质性的改变。这类环境分析的最主要工作是确定一定时间环境的主影响因素，并深入分析其影响度。

（3）简单和动态环境。组织所处的环境影响因素不多，但这些因素会随着时间的变化而变化，且变化明显、幅度较大，如家电行业、保险行业、食品制造业、服装业等。如果环境变量随时间具有明显的规律性，就可以通过简单的技术和方法来加以处理。例如，人口出生率是决定学校、健康保险和医院规模的主要环境变量，但由于我国实行计划生育的基本国策，人口出生率与死亡率、育龄妇女、老龄人口数存在较强的相关性，所以可以通过统计推断来预测未来一段时期内我国人口的增加数。虽然我国的食品总量是可预测的，但由于消费者的口味变化很快，竞争激励，因此食品制造企业常处于这种环境中。当环境变量随时间无规律变化时，管理人员要将重点放在考虑未来的环境状况上，而不仅仅是放在过去的环境状况上。在做类似分析时，虽然没有简单易行的方法可以使用，但管理人员仍然可以通过一些结构化分析方法对环境变量的重大变化做出可能的推断，预测几种可能的状态等。

（4）复杂和动态环境。组织所处的环境影响因素多、变化大、不确定性高、难应付，如期货业、出口贸易行业、IT产业等。如eBay、阿里巴巴和亚马逊网上书店这种基于互联网的企业，其环境是具有很大不确定性的。在这种环境中，影响组织的环境因素错综复杂，而且随着时间不断发生变化。有时某一种因素起主导作用，在另外一些时候其他因素又上升为关键因素，而且这种变化是如此之快，以至组织很难及时分析清楚环境变化。

随着世界经济全球化和一体化过程的加快，以及全球信息网络的建立与不断完善，组织环境的总体变化正在向复杂和动态环境发展。当然，一个组织处于何种环境并不是固定不变的，环境变化会使组织对环境更加难以预测和把握，因而对管理人员提出了更高的要求。组织发展的关键在于精心培育核心能力，保持战略的灵活性，同时建立资源缓冲地带，预防环境急剧变化可能带来的威胁。

第二节 外部环境因素分析

任何一个组织都不是孤立存在的，是整个社会大系统中的一个子系统，总是与社会方方面面有着千丝万缕的联系，总要与它周围的环境发生这样或那样的联系。换句话说，组织的生存和发展要受到其所在环境的影响和制约。而且一般来说，环境的影响力量远远比某一个组织对环境产生的影响要大。正因为如此，对一个组织来说更重要的是认识所在环境的特点且适应它的变化，而不是改变它。大量研究表明，宏观环境变量对企业发展的影响在多数情况下可能比企业的内部管理和行业变量更为广泛和深刻，尽管其中的一些影响可能是间接的，并经过较长时期才显现出来。

一、一般环境因素分析

一般来说，一般环境（宏观环境）因素分析可采用 PEST 分析法。PEST（political, economic, social, technological）分析法是指从政治、法律、经济、社会文化和科学技术等角度，分析环境变化对本组织的影响的一种方法。

（一）政治与法律环境

政治与法律环境是指一个国家或地区的政治制度、体制、方针政策、法律法规等方面的环境，主要是指法律、政府机构的政策法规以及各种政治团体对组织活动所采取的态度和行动及其他的一些重大政治事件。政治与法律环境的变化很大程度上影响着组织行为和利益。

首先，法律系统和国家政策会规定组织可以做什么或不可以做什么。任何一个国家都会管制其国内的组织。如国家会对企业产品有质量的要求，对其排污有指标限制等。其次，政府会出台一些政策支持或反对一些组织的活动，如对企业使用绿色技术进行减免税收的鼓励，而对垄断产业的产品定价进行限制。最后，政治的稳定性将影响企业的规划。如一个国家或地区政治与社会稳定是大多数企业顺利进行营销活动的基本前提，而内战、频繁的罢工或与外部的武装冲突往往使企业经受萧条和倒闭的痛苦，除非是靠战争发财的军火商人或是靠战乱投机的贩毒集团等等。一个国家和地区内发生的一些重大活动和事件也总是直接或间接地影响企业的经营计划和策略。

组织应通过研究政治环境，了解国家和政府当前禁止组织做什么，允许组织做什么，鼓励组织做什么，保证组织行为在正当合法、符合国家和社会利益、有利于自身发展的情况下进行。

政治与法律环境对组织的影响特点是：

直接性。国家政治环境直接影响着组织的设立与运行。

难以预测性。对于一个小组织来说，很难预测国家政治环境的趋势。

不可逆转性。政治环境因素一旦影响到组织，就会使组织发生十分迅速和明显的变化，而这一变化往往是组织控制不了的。

国内政治环境分析的主要因素：（1）政治制度；（2）政党和政党制度；（3）政治性团体；（4）党和国家的方针政策；（5）政治气氛。

国际政治环境分析的主要因素：（1）国际政治局势；（2）国际关系；（3）目标国的

国内政治环境。

法律环境分析的主要因素：(1)法律规范。与企业经营密切相关的经济法律法规，如《公司法》《中外合资经营企业法》《民典法》《专利法》《劳动法》《反不正当竞争法》《商标法》《税法》《企业破产法》等。(2)国家司法执法机关。在我国主要有法院、检察院、公安机关以及各种行政执法机关。与企业关系较为密切的行政执法机关有工商行政管理机关、税务机关、物价机关、计量管理机关、技术质量管理机关、专利机关、环境保护管理机关、政府审计机关。此外，还有一些临时性的行政执法机关，如安全、环境、卫生、物价等临时检查组织等。(3)法律意识。法律意识是法律观、法律感和法律思想的总称，是人们对法律制度的认识和评价。法律意识最终都会物化为一定性质的法律行为。(4)国际法所规定的国际法律环境和目标国的国内法律环境。

(二)经济环境

经济环境是指构成组织生存和发展的社会经济状况和国家经济政策。社会经济状况主要指国民收入、国民生产总值及其变化情况，通过这些指标能够反映国民经济发展水平和发展速度。国家经济政策是国家履行经济管理职能，调控国家宏观经济水平、结构，实施国家经济发展战略的指导方针。

企业的经济环境主要由社会经济结构、经济发展水平、经济体制和宏观经济政策等4个要素构成。社会经济结构指国民经济中不同的经济成分、不同的产业部门以及社会再生产各个方面在组成国民经济整体时相互的适应性、量的比例及排列关联的状况。社会经济结构主要包括5个方面的内容，即产业结构、分配结构、交换结构、消费结构、技术结构。其中最重要的是产业结构。经济发展水平是指一个国家经济发展的规模、速度和所达到的水准。经济体制是指国家经济组织的形式。经济体制规定了国家与企业、企业与企业、企业与各经济部门的关系，并通过一定的管理手段和方法，调控或影响社会经济流动的范围、内容和方式等。经济政策是指国家、政党制定的一定时期实现国家经济发展目标的战略与策略。它包括综合性的全国经济发展战略和产业政策、国民收入分配政策、价格政策、物资流通政策、金融货币政策、劳动工资政策、对外贸易政策等。

例如，低利率水平和宽松的信贷政策会刺激房地产业的销售，高速的经济发展水平与高国民收入也会促进房地产业的发展，而在经济危机或萧条时期房地产业一般也比较低迷。

(三)社会文化环境

社会文化环境包括一个国家或地区的社会性质、人们共享的价值观、人口状况、教育程度、风俗习惯、宗教信仰等各个方面，主要包括人口、文化和物质3个方面的因素。

人口因素是企业最关注的社会环境因素之一。人口是大多数产品消费市场构成的关键要素,对企业战略的制定有重大影响。例如:人口总数直接影响着社会生产总规模;人口的地理分布影响着企业的厂址和销售地区选择;人口的性别比例和年龄结构在一定程度上决定了社会需求结构,进而影响社会供给结构和企业生产的产品结构;人口的教育文化水平直接影响着企业的人力资源状况;家庭户数及其结构的变化与耐用消费品的需求和变化趋势密切相关,因而也就影响到耐用消费品的生产规模等。对人口因素的分析可以使用以下一些变量:出生率和死亡率、人口的平均寿命、人口的年龄和地区分布、人口在民族和性别上的比例变化、人口在地区教育水平和生活方式上的差异等。

文化因素对组织的影响是间接的、潜在的和持久的。文化的基本要素包括哲学、宗教、语言与文字、文学艺术等,它们共同构筑成文化系统,对组织文化有重大的影响。哲学是文化的核心部分,在整个文化中起着主导作用。我国的传统哲学基本上由宇宙论、本体论、知识论、历史哲学及人生论(道德哲学)5个方面构成,它们以各种微妙的方式渗透到文化的各个方面,发挥着强大的作用。宗教作为文化的一个侧面,在长期发展过程中与传统文化有着密切的联系。在我国文化中,宗教所占的地位并不像西方那样重要,宗教情绪也不像西方那样强烈,但其作用仍不可忽视。语言文字和文学艺术是文化的具体表现,是社会现实生活的反映,它对企业职工的心理、人生观、价值观、性格、道德及审美观点的影响及导向是不容忽视的。组织对文化环境的分析过程是企业文化建设的一个重要步骤,组织对文化环境分析的目的是要把社会文化内化为组织的内部文化,使组织行为符合文化环境的价值检验。

物质因素对组织与企业的生存和发展具有直接的影响。几乎所有企业的生产经营活动都与物质环境息息相关,企业和组织的运行离不开原材料、设备、能源和水资源等。一方面,随着工业生产活动范围的不断扩大,土地开采、耕地锐减、水土流失、森林赤字、淡水资源紧缺、不可再生的有限资源短缺、环境污染等问题日益显现;另一方面,人口和需求的大量增长,刺激了企业和社会过分依赖以大规模的开采消耗自然资源的方式获得增长,其后果是资源的削弱、退化甚至枯竭。今后,各种资源的短缺将对企业的生产和经营活动形成很大的制约,同时有关环境保护的立法也对企业提出了很多新的要求。可以肯定,以单纯地消耗大量自然资源来追求企业发展的经营模式将迅速被取代。如何以最低的环境成本确保自然资源可持续利用,将成为企业和社会发展过程中所面临的一大难题。

(四)科技环境

科技环境指的是组织所处的社会环境中的科技要素及与该要素直接相关的各种社会现象的集合,大体包括4个基本要素:社会科技水平、社会科技力量、国家科技体制、国家科技政策和立法。社会科技水平指科技研究的领域、科技研究成果门类分布及先进程度和科技成果的推广与应用。社会科技力量指一个国家或地区的科技研究与开发的实力。科技体制主要指科技机构的设置原则与运行方式、科技管理制度、科技推广渠道等。国家的科技政策和立法指国家对科技事业的相关立法和管理政策。

企业在进行技术环境分析时需要回答的有关技术的关键性问题有：

（1）公司拥有的主要技术是什么？

（2）公司生产产品时主要采用了何种技术？

（3）这些技术对公司的重要程度如何？

（4）外购的零件及原材料中包含了哪些技术？

（5）上述外部技术中哪些是至关重要的？为什么？

（6）企业是否能持续地利用这些外部技术？

（7）这些技术曾经发生过何种变革？是哪些公司开创了这些变革？

（8）这些技术在未来可能会发生何种变化？

（9）公司在以往对关键技术进行了哪些投资？

（10）公司在技术上的主要竞争者以往的和计划的投资内容和投资方式如何？

（11）公司在产品的研发与设计、工艺、生产及服务等各方面进行了哪些技术投资？

（12）公司的技术对于各种应用的重要程度如何？

（13）在这些技术应用方面的投资会在多大程度上扩大企业的产品市场，增加企业盈利，增强企业的技术领先优势？

（14）对这些应用至关重要的其他技术有哪些？

（15）在各种应用中，不同的技术有哪些区别？相互竞争的技术有哪些？

（16）决定各种技术各自优势的因素是什么？

如今，我们已逐步从工业经济时代进入知识经济时代，经济发展从依靠自然资源、矿产资源、能源和资本为主逐步转移到主要依靠科学技术。变革性的技术正对社会产生着巨大的影响，技术成为决定人类命运和社会进步的关键所在。像经济环境一样，技术环境变化对企业的经营活动有直接且重大的影响。因此，世界上成功的企业无一不对新技术的采用予以极大的重视。与经济因素不同的是，当一种新技术给某一行业或某些企业带来机会时，可能对另一行业形成巨大的威胁。例如，晶体管的发明和生产严重危害了真空管行业，电视的出现使电影业受到沉重的打击，高性能塑料和陶瓷材料的研制和开发严重削弱了钢铁业的获利能力。

科技的高速发展像一把双刃剑，正如小说家狄更斯对第一次产业革命时代的英国的描述："这是一个最坏的时代，这是一个最好的时代，这是一个令人绝望的冬天，这是一个充满希望的春天。我们面前什么也没有，我们面前什么都有。"因此，企业要密切关注与本企业产品有关的技术，以及它们现有的水平、发展趋势及发展速度，不仅要关注新材料、新工艺、新设备等硬技术，还要关注管理思想、管理方法、管理技术等软技术。

需要人们特别关注的是互联网和电子商务对社会的影响。事实证明，当今社会人们已经很难预测哪里还会出现新的商机，因为商机无处不在，无时无刻不在发生。例如，亚马孙的初始模式为全球最大的书店，拥有250万册销售量。但是他们很快地发现自己出售或者说顾客需求的是信息而不是传统概念的书。从1994年秋天开始，他们开通了亚马孙网（www.amazon.com），开展网上订购业务。1997年，亚马孙网卖出了它的第100万册书，这一刻它的销售额达到1.48亿美元，平均每年增长8倍。如今，亚马孙网公司注重在每时每刻通过网络与电子邮件的形式给客户最新的、感兴趣的信息。这种与客户广泛的信息即时交流将帮助他们更好、更快、更直接地了解客户的需求，帮助公司更准确地确定目标市场，从而在扩大业务的同时节约成本。

二、特殊环境因素分析

不同的组织有不同的特殊环境，与一般环境相比，特殊环境对组织的影响更为直接和具体。对大多数组织而言，其特殊环境因素主要包括资源供应者、服务对象（顾客）、竞争对手、战略合作伙伴、政府相关管理部门和社会特殊利益团体。

（一）资源供应者

一个组织的资源供应者（suppliers）是指向该组织提供各种所需资源的人或单位。这里所指的资源不仅包括设备、人力、原材料、资金，还包括信息、技术和服务等。对大多数组织来说，金融部门、政府部门、股东是其主要的资金供应者；学校毕业生就业部门、劳动人事部门、各类人员培训机构、人才市场、职业介绍所是其主要的人力资源供应者；各新闻机构、情报信息中心、咨询服务机构、政府部门是主要的信息供应者；高校、科研机构、发明家是技术的主要源泉。如麦当劳从可口可乐公司购买软饮料。

组织在其运转的每一个阶段，都依赖于供应者的资源供应，一旦主要的资源供应者发生问题，就会导致整个组织运转的减缓或中止。因此，为了避免陷入困境，管理者必须对供应商的情况有比较全面的了解和透彻的分析。组织对供应商管理的目的：一是确定在哪些条件下哪些资源可以自行解决而哪些需要外购来解决；二是要确定哪些供应商是优质的供应者，能提供低价、高质、能满足需要的资源；三是如何与优质的供应者建立长期互利的关系。

（二）服务对象（顾客）

服务对象或顾客（customers）是指要求一个组织为其提供产品或劳务的人或单位。如企业的客户、商店的购物者、学校中的学生、医院的病人、图书馆的读者等，都可称其为相应组织的服务对象。

任何组织之所以能够存在,是因为有需要该组织产出的服务对象的存在。一个组织失去了其服务对象,也就失去了其自身存在的价值。一个企业如果其生产的产品无人问津,就必然走向破产;一个政党如不能为人民谋幸福,公众就会抛弃它,这个政党也就会萎缩乃至消亡。

组织的服务对象是影响组织生存的主要因素,而任何一个组织的服务对象对组织来说都是一个潜在的、不确定的因素。对于一个企业来说,最令其不安的莫过于顾客采取了它所不期望的行为,如许多顾客突然开始购买竞争对手的产品,要求它提供更好的服务或更低的价格等。

顾客的需求是多方面的且会经常改变,面对顾客的不同需求和市场环境的变化,想要成功地拥有顾客,管理者就必须深入市场,分析顾客,根据顾客需求的变化,及时推出新产品、新服务,满足顾客的要求。顾客分析的目的在于了解顾客为什么选择某一产品或服务,吸引顾客的是价格低、质量高、快速送货、可靠的服务、有趣的广告,还是推销人员的能力。如果企业不知道哪些因素吸引顾客,以及他们的选择将来可能如何变化,那么,企业最终将会失去市场上的优势地位。

(三)竞争对手

一个组织的竞争对手(competitors)是指与其争夺资源、服务对象的人或组织。任何组织,都不可避免地会有一个或多个竞争对手。这些竞争对手不是相互争夺资源,就是相互争夺服务对象。

基于资源的竞争一般发生在许多组织都需要同一有限资源的时候,最常见的是人才竞争、资金竞争和原材料竞争。对经济资源的竞争可能来自不同类型的组织。资源紧缺时,竞争将加剧、价格会上扬,组织运营成本就会上升。

基于顾客的竞争一般发生在同一类型的组织之间,虽然这些组织提供的产品或服务方式不同,但它们的服务对象是同一的,就同样会发生竞争。例如,航空部门与铁路运输部门之间、铁路与公路运输部门之间就可能为争夺货源和乘客而展开竞争。

竞争也不仅限于国内,随着中国对外开放政策的实施,国内的各类组织不仅面临着来自国内组织的竞争,还将直接面临来自国外组织的竞争。在这种情况下,国内的竞争者之间有时可能会出现某种程度的联合,以对抗来自国外的竞争。

没有一个组织在管理中可以忽视竞争对手,否则就会付出沉重的代价。竞争对手是管理者必须对其有所了解并及时做出反应的一个重要环境因素。

行业内各企业的竞争激烈程度主要取决于以下6个因素:

(1)竞争者的数量多少及力量对比。一个行业内的企业数目越多,行业竞争越趋于激烈。若一个行业内企业数不多,但各个企业都处于势均力敌的地位,也会导致激烈的竞争。

（2）市场增长率。市场增长率低的行业，竞争有可能加剧；反之，则有可能竞争不激烈。

（3）固定费用和存储费用的多少。固定费用高的行业迫使企业要尽量利用其生产力。当生产力利用充分时，企业宁愿削价扩大销售量也不愿让生产设备闲置，因而使企业间的竞争加剧。在存储费用高或产品不易保存的行业，企业急于把产品卖出去，也会使行业内竞争加剧。

（4）产品特色与用户的转换成本。若行业内用户的转换成本较低，则竞争就会比较激烈；反之，若用户转换成本较高，行业内各企业的产品各具特色，那么，竞争就不会那么激烈。

（5）行业的生产能力。若由于行业的技术特点和规模经济的要求，行业内的生产能力大幅度提高，那么一段时期内生产能力就会相对过剩，造成竞争加剧。

（6）退出壁垒。所谓退出壁垒是指退出某一个行业所要付出的代价，它包括：①未用资产，其将导致企业退出该行业时，蒙受重大损失；②退出的费用，包括人员安置、处理库存物品的费用等；③策略性影响，如企业形象对企业营销、财务方面的影响等；④心理因素，如经理人员或员工不愿退出该行业等。

我们可以将主要竞争对手分为三类：现有竞争对手、潜在竞争对手和替代品制造商。

对现有竞争对手分析主要包括：（1）行业内竞争的基本情况分析；（2）主要竞争对手的实力分析；（3）竞争对手的发展方向分析。对一个企业的竞争实力强弱，可以用相对于行业平均水平的销售增长率、市场占有率、产品获利能力等指标加以考察。

潜在竞争对手（potential competitors）也是行业新进入者。这些新进入者大都拥有新的生产能力和某些必需的资源，期待能建立有利的市场地位。一方面，新进入者加入该行业，会带来生产能力的增强，会有市场占有率的要求，这必然引起与现有企业的激烈竞争，使产品价格下跌；另一方面，新加入者要获得资源进行生产，从而可能使得行业生产成本升高。这两方面都会导致行业的获利能力下降。新进入者进入行业的可能性大小，主要取决于两个方面：一是现有企业可能做出的反应；二是由行业特点决定的进入难易程度（包括规模经济因素、产品内在差别化特性、先入者优势这三大方面）。

某一行业的企业有时常会与另一行业的企业处于竞争的状况，其原因是这些企业的产品具有相互替代的性质。替代产品的价格如果比较低，它投入市场后就会使本行业产品的价格上限只能处在较低的水平，这就降低了本行业的收益。本行业与生产替代产品的其他行业进行的竞争，常常需要本行业所有企业采取共同措施和集体行动。对替代品制造商的分析主要包括两方面内容：一是确定哪些产品可以替代本企业提供的产品;二是判断哪些类型的替代品可能对本行业和本企业的经营带来威胁。

(四)战略合作伙伴

战略合作伙伴(strategic partners)又称战略联盟,是两家或多家企业联合签订的战略合作关系。如麦当劳与沃尔玛公司达成协议,在沃尔玛公司的一些店内开设小型的麦当劳餐厅;与迪士尼公司达成协议,在麦当劳店内宣传迪士尼产品与电影,而在迪士尼主题公园内设立麦当劳餐厅和售货亭。

(五)政府管理部门

政府管理部门(governments)主要是指国务院、各部委及地方政府的相应机构,如工商行政管理局、税务局、卫生防疫站、烟草专卖局、物价局等。政府管理部门拥有特殊的官方权力,可制定相关的政策、法规,规定价格幅度,征税,对违反法律的组织采取必要的行动等,而这些对一个组织可以做什么和不可以做什么以及能取得多大的收益都会产生直接的影响。任何一个组织的行为都不可以超越法律之外,这是因为法规不仅仅影响组织的时间和金钱,它还缩小了管理者可斟酌决定的范围,限制了可行方案的选择。

(六)利益团体

利益团体(interest groups)是指试图影响组织的集团,如妇联、工会、消费者协会、环境保护组织等。它们虽然没有像政府部门那么大的权力,却同样可以对各类组织带来相当大的影响。它们可以通过直接向政府主管部门反映情况,通过各种宣传工具制造舆论以引起人们的广泛注意。事实上,有些政府法规的颁发,部分是对某些社会特殊利益代表组织所提出的要求的回应。

由上可见,任何组织都不是孤立的。组织把环境作为自己输入的来源和输出的接收者,组织也必须遵守当地的法律,并对竞争做出反应。正因为如此,供应者、服务对象、政府机构、社会特殊利益团体等可以对某一个组织施加压力,而管理者也必须对这些环境因素的影响做出适当的反应。

第三节 组织文化

管理内部环境包括组织文化和经营条件。组织文化(organizational culture)是组织在长期的发展过程中逐步形成和发展起来的日趋稳定的独特的价值体系,包括价值观、组织精神、伦理道德准则、组织素养、行为规范、群体意识等。组织文化使组织中具有不同背景或不同等级的人具有相同的价值体系。组织经营条件是指组织所拥有的各种资源的数量和质量情况,包括人力资源、资金实力、科研力量、信誉等。由于不同组织的经营条件包括的内容各不相同，因此在本节中，只讨论组织文化及其对管理的影响。

一、组织文化特征

我们知道，每一个人都具有某些心理学家所说的"个性"。一个人的个性是由一套相对持久和稳定的特征组成的。当我们说一个人热情、富有创新精神、轻松活泼或保守时，我们是在描述他的性格特征。一个组织也同样有自己的个性，这种个性我们称之为组织文化特性。

一般我们很难用规范性的方法来测量组织的文化。美国管理学家斯蒂芬·P.罗宾斯提出了评价一个组织文化的10个特征指标：

◆ 雇员的同一性。雇员与作为一个整体的组织保持一致的程度，即只体现出他们的工作类型或专业领域的特征。

◆ 团体的重要性。工作活动围绕团队组织而不是围绕个人组织的程度。

◆ 对人的关注。管理决策考虑结果对组织中的人的影响程度。

◆ 单位的一体化。鼓励组织中各单位以协作或相互依存的方式运作的程度。

◆ 控制。用于监督和控制雇员行为的规章、制度及直接监督的完善程度。

◆ 风险承受度。鼓励雇员进取、革新及冒风险的精神。

◆ 报酬标准。同资历、偏爱或其他非绩效因素相比，依雇员绩效决定工资增长和晋升等报酬的程度。

◆ 冲突的宽容度。鼓励雇员自由争辩及公开批评的程度。

◆ 手段—结果倾向性。管理更注重结果或成果，而不是取得这些成果的技术和过程的程度。

◆ 系统的开放性。组织掌握外界环境变化并及时对这些变化做出反应的程度。

组织文化是这10个特征的一种复合体，是相对稳定和持久的。就像个性的相对稳定与持久一样，这些特征综合在一起，创造出多样化的组织。

二、组织文化的来源

一个组织的文化常常反映了组织创始人的远见程度，因为创始人有着独创性的思想，所以他们对如何实施这些想法存在着倾向性，他们不为已有的习惯或意识所束缚。创始人通过描绘组织应该是什么样子的方式来建立组织早期的文化。新组织的规模一般较小，从而使得创始人能够使他的意识深刻地影响组织的全体成员。所以，一个组织的文化是以下两方面相互作用的结果：（1）创始人的倾向性和假设；（2）第一批成员从自己的经验中领悟到的东西。组织文化是以组织内成员特别是创始人已有的思想为基础，通过组织运行和实践逐步形成的。

IBM 公司的托马斯·沃森（Thomas Watson）、联邦捷运公司的费雷德里克·史密斯（Frederick Smith）、丰田公司的丰田佐吉和联想公司的柳传志等，都是对塑造组织文化有不可估量影响的企业创始人。老沃森尽管早已于 1956 年去世，但他关于研究开发、产品质量、雇员着装及报酬政策的思想，至今仍体现在 IBM 公司的日常经营中。自诞生之日起，创始人史密斯所号召的勇于进取、敢于承担风险、专注于创新以及强调服务的观念，一直是联邦捷运公司的核心主题。

三、组织文化的类型

各类不同的学者分析组织文化得出的结论是不同的，如美国哈佛大学教授泰伦斯·迪尔（Terrence Deal）及麦肯锡管理咨询公司顾问艾伦·肯尼迪（Alan A. Kennedy）在他们的著作《企业文化——现代企业的精神支柱》一书中，将组织文化分成 4 种类型。

（一）硬汉式组织文化

硬汉式组织文化形成于高风险、快反馈的组织，比如建筑、整容、广告、影视、出版、体育运动等方面的组织。这种组织文化恪守的信条是：要么一举成功，要么一无所获。因此，员工具有冒险精神，都想干一番大事业。但是这种组织失之于缺乏恒心，短视，人事变动大，内部不够团结。

（二）"拼命干，尽情玩"文化

这种文化形成于风险极小、反馈极快的组织，比如计算机公司、汽车批发商、房地产经纪公司等。这种文化对人的要求是：干的时候拼命干，玩的时候尽情玩；对人友好、善于交际、树立"发现需要并满足它"的牢固信念。

（三）攻坚文化

攻坚文化形成于风险大、反馈慢的组织，比如石油开采、飞机制造、大型机器制造等。这种文化对人的要求是：凡事应该仔细权衡和深思熟虑，一旦下定决心，就不要轻易改变初衷，而且要坚定并善于自我导向，即使在没有反馈的情况下也具有实现远大志向的精神和韧性。

（四）过程文化

过程文化形成于风险小、反馈慢的组织，比如银行、保险公司、金融服务组织、公共事业公司、政府机关等。过程文化对人的要求是：遵纪守时、谨慎周到。在这些组织中，等级森严，人们看重地位、礼节甚于工薪，有一种锲而不舍的精神。但是，人们普遍存在自卫心理，谨小慎微。

四、组织文化的培养

一般来说，培养组织文化包括以下 6 个环节。

（一）分析与诊断

首先应全面搜集资料，对组织现存的文化进行系统分析，自我诊断。总结组织创建以来，已经形成了什么样的传统作风、行为模式和特点；并且判断现有文化中哪些是积极向上的，哪些是保守落后的，哪些是应该发扬的，哪些则应该摒弃。

（二）条理化

在分析诊断的基础上，进一步归纳总结，把组织最优秀的东西加以完善和条理化，用富有哲理的语言表达出来，形成制度、规范、口号、守则。

（三）自我设计

在现有组织文化的基础上，根据本组织的特色，发动组织全体成员参与组织文化的设计。通过各种设计方案的归纳、比较、融合、提炼，集组织员工的信念、意识和行为准则于一身，融共同理想、组织目标、社会责任和职业道德于一体，设计出具有特色的组织文化。

（四）倡导与强化

通过各种途径大力提倡新文化，使新观念人所皆知、深入人心。在组织管理过程中，通过各种手段强化新的价值观念，使之约定俗成，得到广大成员的接受和认可。

（五）实践与提高

用新的价值观指导实践，在活动中进一步把感性的东西上升为理性的东西，把实践的东西变成理论的东西，把少数人的看法变为全员的观念，不断加深组织文化的层次。

（六）适时发展

在组织不同的发展阶段，组织文化应有不同的内容和风格，应当根据形势的发展和需要，使组织文化在不断更新中再塑和优化。

五、组织文化对管理实践的影响

要使一个组织团结成一个整体，组织文化的灌输是必不可少的。组织的精神、文化不可能在职工中自然而然地形成，需要对他们进行组织信仰、观念的灌输。这是组织管理的一个根本任务。因为组织文化确立了对人们应做什么、不应做什么的约束，所以它与管理者尤其相关。松下幸之助认为，一个人在组织中的终身经历对其个性的形成有着不可磨灭的影响，企业有不可推卸的义务去帮助员工陶冶其内心世界。的确，一个成功的组织背后都拥有一个非常丰富的、持续多年的价值、信念和教义的熏陶，这些被称为组织文化的东西对组织制定战略和实施战略都会产生重大影响。

组织文化的约束很少是清晰的，也没有用文字写下来，甚至很少听到有人谈论它们，但它们确实存在，而且组织中所有的管理者很快就会领会"该知道什么和不该知道什么"。就如英国学者诺斯科特·帕金森（Northcote Parkinson）提出的："不论生产力是否提高，企业都存在一种内部推动力，甚至在毫无收益的情况下，员工的数量也会不断增加，从而为彼此带来并不必要的工作，使得每一个人看上去似乎更加忙碌。人们虽然可以提前完成某项任务，但还是习惯性地要用全部允许的时间来完成，即所谓的'磨洋工'，这导致成本高于收入。"又如，你将会发现下述价值观并没有明文规定，但每一种价值观确实来自一个真实的组织。

◆ 即使你不忙，也要看上去很忙。
◆ 如果你承担风险并失败了，你将为此付出沉重的代价。
◆ 在你做决策前，要经过你的老板同意，以使他不感到惊讶。
◆ 我们的产品质量水平只需达到竞争迫使我们达到的程度。
◆ 在过去使我们成功的因素，将会促进我们未来的成功。
◆ 如果你想取得优异的成绩，你必须是团队的一员。

这些价值观与管理行为间的联系是相当直观的。如果一个工商企业的文化支持削减成本能带来利润的增加，以及低速平稳增长的季度收入能给公司带来最佳利益的观点的话，那么在这种情况下，管理者不可能追求创新的、有风险的、长期的或扩张的计划。如果一个组织的文化是以对雇员的不信任为基础的话，管理者更可能采用独裁式的领导方式，而不是民主的方式。原因何在呢？因为文化把什么是恰当的行为传递给了管理者。

如表3-1所示，管理者决策的主要方面受到他所处的组织文化的影响。

表3-1　组织文化对管理决策的影响

计划	计划应包含的风险度 计划应由个人还是群体制订
组织	雇员在工作中应有的自主权程度 任务应由个人还是小组来完成 部门经理间的相互联系程度
领导	管理员关心雇员日益增长的工作满意度的程度 哪种领导方式更为适宜 是否所有的分歧（甚至是建设性的分歧）都应当消除
控制	是允许雇员控制自己的行为还是施加外部控制 雇员绩效评价中应强调哪些标准 个人预算超支将会产生什么反响

第四节　社会责任与管理道德

香烟生产满足了有烟瘾人的需要，却导致更多的癌症；钢铁厂为顾客制造高质量的钢铁型材的同时，产生噪声、高温和有毒气体；快餐行业提供的汉堡包、油煎食品的肉馅可口便利却不够营养、不利健康；许多企业给地方政府创造税收和解决就业问题，却以大肆破坏环境为代价……这些问题都涉及公司的社会责任和管理道德问题。为了帮助管理者进行正确的决策，有必要就这两个问题进行阐述。

第二次世界大战之前，公司的社会责任和管理道德问题并没有引起人们的重视，我国广泛讨论这一问题也只是近十几年的事。随着时代的变迁、社会问题的突显，人们开始对组织的社会公益性行为有所期盼，有所要求。如人们要求公司不仅提供满足消费者需求的产品或服务，还要考虑消费者的长远利益和长期的社会福利。企业为了获得公众的广泛支持，在进行组织行为决策时也主动承担一些社会责任，如从事慈善事业、提高产品安全保障、减少环境污染等。

一、什么是社会责任

社会责任（social responsibility）是一种组织追求的有利于社会的长远目标且不是法律和经济所要求的义务。这一定义假设组织遵守法律，并追求自身利益。我们的前提是，所有的组织（承担社会责任的和不承担社会责任的）都必须遵守社会颁布的所有法律。同时，这一定义将组织看作一种道德机构，在努力为社会做贡献的同时，它必须分清正确的和错误的行为。管理者应该认识到组织对社会系统会产生许多影响，这种影响应当在组织所有的行动中给予恰当的考虑和平衡。组织作为社会的一分子，应当承担一部分社会责任。1999年1月，时任联合国秘书长的科菲·安南（Kofi Atta Annan）在瑞士达沃斯世界经济论坛上提出了"全球协定"倡议，这项倡议于2000年7月在联合国总部正式启动。该倡议号召企业尊重人权、保障工业健康和安全标准，以及注重环境保护，为许多组织制定了担负起全球社会责任的参考框架。

无论是一个企业、一家医院还是一所大学，它对社会所要承担的责任可能在两个领域中产生：一是组织对社会的影响，它确定了组织能够对社会做些什么事，不做有害于社会的事；二是组织对社会的贡献，确定了组织做些什么有利于社会的事。

社会责任不同于社会义务（social obligation）。社会义务是组织为服从法律规定必须履行的社会责任，它是组织参与社会运行的基础，如一个企业当它符合其经济和法律责任时，它才达到了法律的最低要求。

社会责任不同于社会响应（social responsiveness）。社会响应是指一个组织适应变化的社会状况的能力。社会响应能为管理者做决策提供指南。社会责任加入了一种道德规则，要求组织决定什么是对的、什么是错的，促使人们从事使社会变得更美好的事情，而不做那些有损于社会的事情。

例如，假设一家多产品公司的社会责任是生产合格安全的产品，同样，这家公司随时对其生产的不安全品做出反应：它一旦发现产品不安全，就立刻从市场上撤回。那么，在收回了10次后，公司只能被认为具有社会响应能力，而不是承担了社会责任。当一个公司达到政府设立的污染控制标准时，它只是履行了其社会义务，因为法律规定公司不能污染环境。杜邦公司为雇员提供了照顾小孩子的设施，为中国多家大学提供"杜邦奖学金"奖励有志学子，就是一种社会责任行为。

有人认为对企业而言，社会响应比社会责任更明确、更可实现。社会响应使管理者对社会具有敏感性，而且更愿意认识到流行的社会准则，然后改变其社会参与方式，从而对变化的社会状况做出积极反应。

二、企业如何承担社会责任

企业社会责任（corporate social responsibility，简称CSR）是指企业管理者对社会进步、社会环境及其利益相关者所承担的一种管理责任。各国公司法越来越强调公司目标应是营利性与承担社会责任并重，在追求利润最大化的同时应该兼顾社会效益。我国的《公司法》在明确规定公司规范运行的同时，也强调了对公司的社会责任的要求。

（一）企业责任与利益相关者

企业利益相关者（stakeholders）是指与企业利害攸关的个人和团体。这些企业利益相关者包括股东、管理人员、非管理员工、客户、供应商及该企业所在地的社区，甚至所在国家的全体公民。为了能够生存和兴旺起来，一家企业必须有效地做到使它的利益相关者获益。股东想要分红；工人和管理人员想拿薪水和得到稳定的工作；顾客则想买到高质量、价格合理的产品。如果这些利益相关者得不到应得的利益，他们很可能不再支持该企业。相应地，股东会卖掉他们持有的公司股份；工人和管理人员会跳槽到别的公司另谋职业；顾客则会购买其他企业的产品。

利益相关者中的管理人员决定该企业应追求怎样的目标来最大限度地实现利益相关者的利益，以及如何最有效地利用现有资源来达到这一目标。在做出上述决定之前，管理人员往往要权衡包括他们自己在内的各个利益相关者的利益。

利益相关者对企业社会责任的要求有：

（1）股东：股票的升值；丰厚的股息；小股东决策权与知情权。

（2）职工：较高的收入水平；稳定的工作；良好的工作环境；有提升的机会和发

展的空间；有较好的福利；能实现自己的理想；参与公司决策。

（3）供应者：保证付款的时间；遵守合同条款；良好的信誉；有较大的需求量。

（4）消费者：保证商品的高价值、高质量；服务便捷；良好的信誉。

（5）竞争者：公平竞争；市场分割；价格同盟；联合竞争。

（6）行业协会：积极参与；公司声誉；协会贡献；支持协会协议。

（7）政府：支持政府政策；遵守法律和规定；税收贡献大；社会贡献大；技术先进。

（8）社区：有较强的环境保护意识；就业贡献大；税收贡献大；积极参与社会捐献。

但是，在企业决策的过程中，各个与企业利害相关的团体的利益总是相互矛盾的，不可能有一个能使每一方都满意的方案。因此，一个高层管理者应该知道哪些团体的利益是要特别重视的，不同的决策会帮助或损害不同的利益相关者。

（二）企业为何要承担社会责任

关于企业为什么以及如何承担社会责任，美国学者戴维斯（Davis）提出了自己的看法，这种看法被称为"戴维斯模型"。其具体内容如下：

（1）企业的社会责任来源于它的社会权力。由于企业对少数民族平等就业和环境保护等重大社会问题的解决有重大的影响力，因此社会就必然要求企业运用这种影响力来解决这些社会问题。

（2）企业应该是一个双向开放的系统，既开放地接收社会的信息，也要让社会公开地了解它的经营。为了保证整个社会的稳定和进步，企业和社会之间必须保持连续、诚实和公开的信息沟通。

（3）企业的每项活动、产品和服务，都必须在考虑经济效益的同时，考虑社会成本和效益。也就是说，企业的经营决策不能只建立在对技术可行性和经济收益的分析之上，而且要考虑决策对社会的长期和短期的影响。

（4）与每一活动、产品和服务相联系的社会成本应该最终转移到消费者身上。社会不能希望企业完全用自己的资金、人力去从事那些对社会有利的事情。

（5）企业作为法人，应该和其他自然人一样参与解决一些超出自己正常范围的社会问题。因为整个社会条件的改善和进步，最终会给社会每一位成员（包括作为法人的企业）带来好处。

（三）企业如何对社会负责

一家企业对社会负责和承诺的程度和采用的方法有很大的不同。

1. 障碍法

障碍法（obstructionist approach），管理者不愿对社会负责，对其不道德甚至违法的行为采用隐瞒的方法，不让企业其他利益相关者和社会知道。障碍法是最被动的方法，一般组织不会采用这种方法，这种企业没有长远眼光。一旦发生不道德或违法事件，他们通常的反应是否认与避免为自己的行为负责，如三鹿集团股份有限公司的行为，又如美国安然公司及其审计公司安达信会计师事务所，两家公司曾一次次否定关于不当以及故意破坏重要法律和财务文件的行为。但民众压力、社会舆论、政府部门和法律机构的监管会使企业最后对其行为负责。

2. 防御法

防御法（defensive approach），管理者严格遵守法律的要求，但他们也不会做出任何法律规定以外的对社会负责的行为，一旦需要在道德问题上做出选择，这些管理者还是会以牺牲其他利益相关者为代价，把自己的利益摆在首位。这一方面最接近于反对强化企业社会责任的意见，这些企业的经营者认为自己的工作就是赚钱。这类企业会按政府机构的要求安装污染控制装置，但不会安装稍贵或一些更好的、能进一步减少污染的设备。采取这一方法的企业一般会承认自己的错误并采取适当的改进行为，他们认为合法是持续经营的前提。

3. 接纳法

接纳法（accommodative approach），管理者竭力平衡不同利益相关者的要求，承认有必要对社会负责并使行为合乎法律规定和道德规范。这类企业不仅会符合法律和伦理的要求，而且会有选择地超出这些要求，主动提高责任标准。如在没有强制性要求的情况下，许多企业会响应政府的号召，或在一些组织的引导和倡导下，给汶川地震地区捐物捐钱，给企业的农民工交纳社会保险。但其行为不是被动的，而是在预算内开支，有计划的。

4. 主动法

主动法（proactive approach），管理者就是积极主动地对社会负责的一批人，他们竭尽全力了解不同利益相关集团的需要，并主动承担社会责任。他们的社会责任感最强，他们将自己看成是社会公民，认为主动承担社会责任是自己企业的天职，他们将企业的目标与社会责任联系在一起，积极寻找贡献的机会，如中国平安保险公司、中国工商银行等都有在公益事件上主动承担社会责任的事迹。

虽然利润一直是企业最根本的一个追求，但许多公司的经营者已经意识到，追求绿色经营、富有社会责任感，会给企业带来长远的利益。如通用电器公司（GE）对外宣扬公司通过支持环保事业——减少浪费、循环使用、减少有害物质的使用及降低能耗等，来提高企业的绩效。英国石油巨头BP公司创建替代能源事业部。沃尔玛公司拥有美国最庞大的卡车车队，从而提出努力将卡车燃油效率提高一倍的目标。一些小型企业正成为环保产品的生产商，并从中获得市场机会。事实上，从长远意义来说，富有社会责任感的企业可获得持续的发展优势；与社会责任感较差的竞争对手相比，投资风险较小、盈利能力较强，拥有较忠诚的员工和较好的声誉；能与包括顾客和供应商在内的利益相关者建立长期的贸易关系；能受到当地居民和政府的欢迎，鼓励他们进驻所在的城市，还提供一些激励企业发展的措施，如降低税收、提供土地资源、新建公路和其他公共基础设施；也能使包括企业股东在内的所有利益相关者受益最大。

如果采用绿色技术能够给企业带来利润的增加，那么企业经营者即使为了企业的利益也会实施这些技术。当然，这样做是两全其美的事情，既符合地球上所有人的利益，也符合企业的利益，这样的公司会有很大的发展机会和发展空间。

1. ISO14000

近代工业的发展过程中，人类过度追求经济增长速度而忽略环境的重要性，水土流失、土地沙漠化、水体污染、空气质量下降、全球气候反常、臭氧层耗竭、生态环境严重破坏等问题层出不穷。环境问题已成为制约经济发展和人类生存的重要因素。

各国政府非常重视环境问题，纷纷制定环境标准，各项标准日益严格，出口商品因不符合标准而蒙受巨大经济损失。环境问题已成为绿色贸易壁垒，成为企业生存和发展必须关注的问题。

考虑到零散的、被动适应法规要求的环境管理机制不足以确保一个组织的环境行为不仅现在满足，将来也一直能满足法律和方针所提出的要求，企业没有持续改进的动力，国际标准化组织（ISO）成立了ISO/TC207环境管理技术委员会，在吸取世界发达国家多年环境管理经验的基础上制定并颁布了ISO14000环境管理系列标准。

ISO14000包含清洁生产的内容，包括环境管理体系（EMS）、环境审核（EA）、环境标志（EL）、环境行为评价（EPE）、生命周期评估（LCA）、术语和定义（T&D）、产品标准中的环境指标等。其目的在于控制污染、保护环境、实施经济的可持续发展、提高企业的环境管理水平。

ISO14000已经成为一套目前世界上最全面和最系统的环境管理国际化标准，已经成为打破国际绿色壁垒、进入欧美市场的准入证，并引起世界各国政府、企业界的普遍重视和积极响应，获得认证的企业可以节能降耗、优化成本、制造"绿色产品"，满足政府法律要求，避免因环境问题造成经济损失、改善企业形象、提高企业竞争力、减少环境风险、实现企业永续经营。

2. OHSAS 18000

OHSAS18000全名为Occupational Health and Safety Assessment Series 18000，是一项国际性安全及卫生管理系统验证标准，也是国际上普遍采用的职业安全与卫生管理体系认证标准。20世纪80年代末开始，发达国家希望能在相同成本下参与竞争，反对第三世界国家使用廉价的童工、恶劣的生产环境生产低成本产品进行不平等竞争，世界各国政府也日益重视减少工伤事故和职业病，一些发达国家率先开展了研究及实施职业安全健康管理体系的活动。国际标准化组织（ISO）及国际劳工组织（ILO）开始研究和讨论职业安全健康管理体系标准化问题，许多国家也相应建立了自己的工作小组开展这方面的研究，并在本国或所在地区发展这一标准。为了适应全球日益增加的职业安全健康管理体系认证需求，1999年英国标准协会（BSI）等13个组织提出了职业安全卫生评价系列（OHSAS）标准，即OHSAS18001和OHSAS18002，OHSAS18000秉承了ISO14000标准成功的思维及管理（PDCA）模式，标准要求组织建立并保持职业安全与卫生管理体系，识别危险源并进行风险评价，制定相应的控制对策和程序，以满足法律法规要求并持续改进。

OHSAS18000认证可以提升公司的企业形象，顺应国际贸易的新潮流，突破贸易壁垒，避免职业安全卫生问题所造成的损失，减少企业经营的职业安全卫生风险，强化企业的社会责任感，达到企业永续经营。

3. SA8000

社会道德责任标准Social Accountability 8000简称SA8000，是世界上第一个社会道德规范国际标准。

为了配合国际主要买家对社会责任管理体系的需求，国际社会责任管理体系组织（Social Accountability International）的咨询委员会集合了来自工会、人权组织、儿童权益组织、非政府组织、企业等的代表，于1997年10月订立了SA8000标准。该标准依据《国际劳工组织公约》《联合国儿童权利公约》和《世界人权宣言》等劳工问题准则订立，保护人类基本权益。

SA8000标准的主要内容包括：童工（Child Labour）、强迫性劳工（Forced Labour）、健康与安全（Health & Safety）、组织工会的自由与集体谈判的权利（Freedom of Association and Right to collective Bargaining）、歧视（Discrimination）、惩戒性措施（Disciplinary Practices）、工作时间（Working Hours）、工资（Compensation）、管理体系（Management Systems）。获得SA8000认证的企业可以借此提升公司的企业形象，向客户和公众展示良好的社会责任管理表现，从而获得更多的市场机会。

三、管理道德

所谓道德（ethics），就是依靠社会舆论、传统习惯、教育和人的信念的力量去调整人与人、个人与社会之间关系的一种特殊的行为规范。管理道德（management ethics）是指组织在管理过程中自觉遵守的各种行为准则和规范的总和。道德规范是组织文化的重要内容，可以帮助人们在管理工作过程中做出符合道德标准的行为，可以指导管理人员在不同的情况下做出合理的决定，也可以帮助管理人员做出能满足不同利益相关者根本利益的最佳决定。

道德规范建立在以是非判断为基础的标准和规则上。一个组织的道德规范往往取决于社会道德、职业道德、组织成员特别是领导者的个人道德。

社会道德（societal ethics）受到一个社会的法律、风俗等因素的影响，不同的社会阶段、不同的社会体制、不同的社会阶级、不同的国家，其社会道德内容是不同的。如封建社会统治者为确保皇权的神圣不可侵犯，宣扬"君让臣死，臣不得不死"的社会道德观。

职业道德（professional ethics）就是同人们的职业活动紧密联系的符合职业特点所要求的道德准则、道德情操与道德品质的总和。职业道德不仅是从业人员在职业活动中的行为标准和要求，还是本行业对社会所承担的道德责任和义务。如教师要遵守教书育人、为人师表、"有教无类""学而不厌，诲人不倦"的职业道德；医生要遵守救死扶伤的职业道德；科学研究人员要尊重事实，向社会公布符合事实的研究结果等等。职业道德调节职业交往中从业人员内部以及从业人员与服务对象间的关系，如职业道德规定了教师怎样对学生负责、医生怎样对病人负责、企业员工如何对顾客负责等。

个人道德是指导个人与他人交往时的个人标准和价值观。个人道德的形成一般会受其家庭、朋友和成长环境等因素的影响。不同个体的个人道德往往有很大的差异。如在动物保护主义者眼里，使用动物充当化妆品安全测试对象是不道德的；而在另一些人眼中，这些行为是可以接受的。在一个组织内部，高层管理人员的个人道德对于该组织道德规范的制定起着举足轻重的作用。

通过了解一个组织的社会道德、职业道德和个人道德，可以分析该组织道德规范的发展过程。这种道德规范往往在该组织的管理人员和工人做出可能影响其他企业利益相关者的决定时，产生一定影响。在世界经济一体化和国际国内竞争日趋激烈的大环境下，组织的道德规范已成为组织产生生存力与竞争力的源泉，许多国际性大公司和国内优秀企业都有自己的企业道德规范，或把培育企业道德规范作为主要目标。

第五节　全球化环境下的管理

一、全球化环境

全球化是指社会经济体系、政治体系的非国家化和全球一体化的过程。这种政治和经济结构重组对于经济、人类安康以及环境的影响引起了社会的广泛讨论。今天，已经有越来越多的管理者意识到全球化环境对组织生存与发展的影响。国际货币基金组织（IMF）将经济全球化定义为："全球各国的商品与服务的跨境交易及国际资金流动，在数量与多样性方面的增加，加上科技更快速和广泛的传播，使得国与国之间日益在经济上互相依存。"

经济全球化有3个层次的含义：一是出现了全球性的经济问题；二是从全球的角度分析问题；三是动员全球的力量解决问题。

有学者认为，在18世纪末或19世纪初，西、葡、英、荷等国靠着坚船利炮建立起横贯全球的贸易帝国，就标志着全球化趋势已有呈现。20世纪30年代，美国经济危机引发的世界经济衰退，使得各西方国家退守本国市场。当时有学者认为，国际市场会带来贫穷的煎熬和失业的痛苦。第二次世界大战后，贸易保护主义衰落，西方发达工业国致力于消除壁垒以使货物、服务和资本在国家之间自由流动，跨国集团日渐盛行，西方国家加强国际经济贸易交流、削弱国家间的市场壁垒，全球经济进一步融合，从而奠定了当代全球化的基础。全球化已成为难以逆转的世界潮流。

二、全球化环境下的管理

组织应对环境的变化，一般有三类方案可供选择：一是适应环境；二是影响环境；三是重新选择环境。采取各种积极的措施，加强自身能力与资源条件，随着世界经济全球化的趋势加强，越来越多的公司从事跨国贸易和投资，转变为国际性企业，在全球化观念下制定战略。各国之间存在文化、体制、法律和经济发展水平等方面的差异，这要求国际性企业的管理者对这些差别有敏锐的感觉，并针对这些差别采取适当的改革策略。

第四章 管理学的基本内容

第一节 计划

一、计划的概念和特征

（一）计划的概念

人们常说的计划，实际上包括两种含义。第一种含义是指计划工作，即如何确定未来的目标和实现目标的方案的工作过程。第二种含义是指计划方案，即计划工作的结果。

进一步展开来说，计划就是预先决定做什么（What），讨论为什么要做（Why），确定何时做（When）、何地做（Where）、何人做（Who），以及如何做（How），也就是通常所说的"5W1H"。具体含义如下：

做什么（What）：要求明确组织的使命、战略和目标，明确一定时期内组织的中心任务和工作重点。在这一环节中，首先要对组织的使命进行分析和确定，从而制定出组织的战略和目标，然后分阶段、分步骤地确定组织的工作重点。

为什么要做（Why）：要求论证组织的使命、战略、目标和行动计划的可行性。实践表明，在这一环节中，工作人员对组织的宗旨、战略和目标了解得越清楚，认识得越深刻，他们在计划工作中的主动性和创造性就发挥得越充分。

何时做（When）：要求规定计划中各项任务的工作进度，以便进行有效的控制和对人员及物资进行合理配置。

何地做（Where）：要求了解计划的实施环境、规定计划的实施地点，以便合理安排计划实施的空间布局。

何人做（Who）：计划不仅要明确目标、规定任务、进度和地点，还要规定应由哪个部门、哪个人来具体负责。

如何做（How）：要求制定实现计划的措施以及相应的政策和规则，对人员、物资等进行合理分配和利用，对生产流程的各个环节进行均衡，对各种派生计划进行协调等。

实际上，一个完整的计划还应包括对控制标准和考核指标的制定，使组织中的各个部门及其成员明确本职工作的具体内容，清楚如何去做以及要达到的标准。

（二）计划的基本特征

计划的基本特征可以概括为以下 6 个方面。

1. 计划的目的性

计划是对未来的规划过程，但对未来泛泛的、幻想式的规划并不可能使一个企业有所成就。因此，每一个好的计划都必须有很强的目的性和针对性，都是为了贯彻组织的宗旨，实现组织的目标和战略。

2. 计划的有效性

所谓计划的有效性，是一项计划对目标的贡献程度，也就是将有形、无形的收益扣除成本消耗的所得。因为计划作为规划方案，本身并不会产生收益，一个在理论上完美无缺的计划在实行之后可能表现为企业的劳而无功、收益不大，甚至带来负效应。因此，只有在计划实施后，才能根据计划的执行结果的好坏来衡量计划的好坏、有效与否。

3. 计划的主导性

计划的主导性是指，在企业管理活动中，计划为一切活动所需，是管理者行使管理职能的起步和基础。管理者进行组织、领导、控制工作，都是为了确保计划的实现。

4. 计划的普遍性

计划的普遍性是指，任何管理者或多或少都有某些制订计划的权力和责任。虽然计划的特点和范围会因为管理人员的层次、职权的不同而变化，但计划是每位管理者都无法回避的职能工作。最常见的情况是高层管理人员负责制订战略性的计划，而那些具体的行动方案由下级完成。

5. 计划的经济性

计划的经济性也就是说计划工作要讲究效率。所谓计划的效率是指实现目标所获得的利益与执行计划过程中所有耗损之和的比率。如果一个计划能够达到既定目标，但是在计划的实施过程中付出了太高的或是不必要的代价，那么这个计划的效率就很低，不是一份好的计划。

6. 计划的稳定性和弹性

计划必须具有一定的稳定性，一个朝令夕改的企业肯定会让每一位成员人心惶惶。但是，计划也必须具有一定的弹性。计划的弹性就是说，计划必须具有为了适应环境的变化而修正行动方案的能力。计划的弹性越大,则因未来意外因素而引起的损失就越小。不过,要使计划具有弹性,必然是有代价的,代价的大小取决于计划方案未来意外风险的大小。而管理者不论环境如何变化,都要有相应的对策以确保最终目标的实现。因此,在制订计划之初,就应该为未来可能的意外留有对策;在计划执行之后,还要定期追踪计划的执行情况,如果发现预测与实际不符时,应及时修改行动方案,以达成原定目标。

(三)计划的重要作用

从计划的上述特征可以看出,计划对组织的管理活动起着直接的指导作用,没有计划,其他工作就无从谈起。然而,计划对我们的工作既可以起到积极作用,也可以起到消极作用。一个科学性、准确性很强的计划对于我们的工作将起到事半功倍的作用;相反,若是一个科学性、准确性很差的计划,则会使我们的工作事倍功半,甚至带来一些负效应。具体来讲,计划对组织的重要作用主要表现在以下几个方面。

1. 计划可以弥补未来的不确定性和变化所带来的问题

计划是面向未来的,而未来又是不确定的,计划的重要性就在于如何适应未来的不确定性。因此,需要进行周密而细致的预测,随时检查计划的落实情况并制定相应的补救措施。若是已经明显看出表明变化的各种趋势,就要对原有方案进行修正,以适应变化。

2. 计划可以帮助管理人员把注意力集中于目标

计划的目的在于促使组织目标的实现。通过计划工作,管理人员可以预测哪些行动是有利于实现目标的、哪些行动是与目标相背离的、哪些行动是与目标毫不相关的,从而使行动对准既定的目标,并设法保持一种前后一致的、协调的工作步骤,使计划得以顺利进行,最终实现组织的目标。

3. 计划有利于提高经济效益

计划用共同的目标来指明组织的行动方向,用协调的工作流程来代替分散的经营活动,用深思熟虑的决策来取代草率的判断,以实现对各种生产要素的合理分置,从而使组织的经营成本降至最低,取得最大的经济效益。

4. 计划是管理人员进行控制的依据

未经计划的活动是无法控制的,计划工作所建立的目标和指标给控制标准的制定提供了依据。同时,计划的实施又需要控制活动予以保证,控制工作就是通过纠正脱离计划的错误来使组织的经营活动保持既定的方向,若是这种偏差体现出某种变化趋势,又可能使管理人员修正计划,建立新的目标。

二、计划的种类

在实际的管理活动中，人们根据不同的需要编制出各种各样的计划。为便于研究和指导实际工作，笔者将计划按不同的标志进行分类。

（一）按企业职能分类

按企业职能分类，主要有生产计划、财务计划、安全计划、劳资计划、人员培训计划等。这类计划的制订技术和方法，是各类专项管理所要研究的内容。

（二）按计划制订者的层次分类

按计划制订者的层次分类，可分为战略计划、管理计划和作业计划。通常长期的战略性计划是由上层的管理人员制订的，而短期的管理计划和作业计划是由中层和基层管理人员制订的。

（三）按计划的内容分类

按计划的内容分类，可分为专项计划和综合计划。专项计划是指为完成某一特定任务而拟订的计划，综合计划是指对组织活动所做出的整体安排。综合计划与专项计划之间的关系是整体与局部的关系，专项计划是对综合计划中某些重要项目的安排，必须以综合计划为指导，避免同综合计划相脱节。

（四）按计划期的长短分类

按计划期的长短分类，可分为长期计划、中期计划和短期计划。一般来说，人们习惯于把一年或一年以下的计划称为短期计划，把一年以上到五年的计划称为中期计划，把五年以上的计划称为长期计划。这种划分不是绝对的。例如，一项航天项目的短期计划的实施可能需要五年以上的时间，而一家小型超市的短期计划可能只适用十几天。所以，尽管我们习惯上按上述的时间界限划分出长期、中期和短期计划，但具体到各期计划时，还应根据组织活动本身的性质来决定。

（五）按计划的表现形式分类

美国管理学家哈罗德·孔茨和海因茨·韦里克（Heinz Weihrich）根据计划从抽象到具体的表现形式，把计划分为一种层次体系。

1. 目的

目的指明一定的组织机构在社会上应起的作用，所处的地位。它决定组织的性质，是决定此组织区别于彼组织的标志。各种有组织的活动，如果要使它有意义的话，都必须有目的或使命。比如，学校的使命是教书育人，医院的使命是治病救人，研究院的使命是科学研究，法院的使命是解释和执行法律，企业的目的是生产和分配商品和服务。

2. 目标

组织的目的往往太抽象、太原则化，它需要进一步具体为组织在一定时期内的目标和各部门的目标。例如，科学研究是研究院的使命，研究院会将自己的使命进一步具体化，制定不同时期的目标和各部门的目标，如最近几年培养多少人才，研究多少项目等。

3. 战略

战略是一个组织为全面实现总目标而对主攻方向以及资源配置进行布置的总纲。其目的是通过制定一系列的主要目标和政策，去决定和传达一个组织期望自己成为什么样的组织。

4. 政策

政策是组织在决策或处理问题时用来指导和沟通思想与行动的方针和明文规定。政策是决策时考虑问题的指南，它允许对某些事情有酌情处理的自由，但又必须把这种自由限制在一定范围之内。自由处理的权限一方面取决于政策自身，另一方面取决于主管人员的管理技术。

5. 规划

规划是为实现组织的使命所必须制定的目标、政策、程序、规则、任务分配、执行步骤、资源配置以及其他要素的复合体。因此，若要规划工作的各个部分彼此协调，需要有严格的管理技能、系统的思维方式和严谨的行动方法。

6. 程序

程序规定了处理问题的例行方法、步骤。它详细列出必须完成某类活动的切实方式，并按时间顺序对必要的活动进行排列。程序与战略不同，它是行动的指南，而非思想的指南。程序与政策也不相同，它没有给行动者自由处理的权力。

7. 规则

规则是根据具体情况决定采取或不采取某个特定的行动，它详细、明确地阐明必须行动或无须行动，没有酌情处理的余地。规则不同于程序，主要原因有：其一，规则指导行动但不说明时间顺序；其二，可以把程序看作是一系列的规则，但是一条规则可能是程序的组成部分。比如，"禁止吸烟"是一条规则，但和程序没有任何联系；而一个规定为顾客服务的程序可能表现为一些规则，如在接到顾客需要服务的信息后30分钟内必须给予答复。

8. 预算

预算是计划的数字化，如企业中的财务收支预算。预算可以帮助组织的上层主管从现金流动、资金收支的方面，全面、细致地了解组织经营活动的规模、重点和预期成果。

三、计划的原则和制订步骤

虽然可以用不同的标志把计划分成不同的类型，计划的表现形式也多种多样，但管理人员在编制任何完整的计划时，实质上都遵循着相同的原则和步骤。

（一）计划的原则

计划的原则是指编制计划所必须遵循的准则。遵循这些原则，有利于提高计划职能的工作成效和计划工作的可靠性，达到组织开展计划职能的目的。

1. 综合平衡原则

该原则有两层含义：第一，计划应以组织目标为指导，协调组织层次、组织部门之间的关系。即组织的计划工作要有利于组织整体目标的实现。第二，短期计划应与长期计划相协调。离开长期计划来制订短期计划，或者是短期计划的实施无助于甚至阻碍长期计划的实现，或者要求改变长期计划来适应短期计划，都是不科学的，也是不合理的。许多计划工作的失误都是由于一些决策者只考虑当前情况而不顾及更为长远的目标。

2. 承诺原则

承诺原则主要是对计划工作时限的限定。它用于提示组织应该编制短期计划还是长期计划，完成计划所涉及的期限应该是多久等问题。一般来说，计划工作时限的长短需要根据所承担任务的多少而定，承担的任务越多，计划工作的时限就越长，反之就会缩短。这样，从承诺原理出发，计划工作就是要选择合理的计划时限，即"合理的计划工作要确定一个未来的时限，这个时限的长度就是通过一系列措施来实现决策中所承担的任务所需要的时间"。

3. 灵活性原则

所谓灵活性原则，是指在计划中体现的灵活性越大，由意外事件引起损失的危险就越小。计划是面向未来的，而未来是不确定的，所以在制订计划时，就要尽可能多地预测在实施计划的过程中可能出现的问题，并制定出具体的应变措施，一旦发现问题，可以及时解决，从而确保计划的顺利实施。但是，必须指出，计划的灵活性只是在一定程度内是可能的，它的限制条件是：（1）不能以推迟决策的时间来确保计划的灵活性。未来的变化是很难完全预料的，如果一味地追求将未来可能出现的问题考虑周全，以至于决策时瞻前顾后、当断不断，就会坐失良机，造成损失。（2）必须对使计划具有灵活性所需的费用与将来承担任务所含有的风险加以权衡。使计划具有灵活性是有成本的，如果由此而得到的好处不能补偿它的费用支出，就不符合计划的经济性。

4. 改变航道原则

改变航道原则是指，计划对将来承诺得越多，主管人员定期的检查现状和预计前景，以及为保证实现所要达到的目标而重新制订计划等工作也就越重要。未来情况是随时都可能发生变化，这样，制订出来的计划就不能一成不变，在必要时就需要调整计划或重新制订计划。就像在大海中航行时，航海家必须经常核对航线，一旦情况就要绕道而行，故此原则被称为改变航道原则。改变航道原则是为了弥补灵活性原则而提出的。灵活性原则使计划本身具有适应性，但这种适应性是有限度的。而改变航道原则使计划的执行具有更强的应变能力，计划工作人员可以经常检查计划，甚至重新制订计划来适应未来的变化，保证组织总目标的实现。

5. 限定因素原则

限定因素是指妨碍目标得以实现的决定性因素，又称战略因素。所谓限定因素原则，是指在计划工作中，越是能清楚地认识、了解并解决对实现预期目标起限定或关键作用的因素，就越能清楚和明确地选择最有利于目标实现的方案。限定因素原理是正确决策的关键，决策就是要尽可能地找出和解决限定性或战略性的因素。如果对问题进行面面俱到的考虑，不仅浪费时间和精力，而且有可能把注意力转移到那些无关紧要的问题上，从而影响组织目标的顺利实现。

（二）计划的制订步骤

一般来讲，制订一项完整的计划需要经过 8 个步骤才能完成，即估量机会、确定目标、确定前提条件、开发可行方案、评估备选方案、选定方案、拟订派生计划和编制预算。

1. 估量机会

估量机会是指在实际的计划工作开始之前，一定要对组织的优势和核心竞争力有充分的了解和清楚的认识，根据组织的实际情况审视其在变动的环境中的发展机遇，扬长避短、把握机会、适应变化，为确定组织目标提供有效的支持。

2. 确定目标

目标是组织行动的出发点和归宿，确定目标是计划工作中首要的、核心的内容。如果组织目标定错了，那么即使后续的工作做得非常努力，组织取得成功的机会也是十分渺茫的。确定组织目标，也就是要明确计划工作所服务的组织目标是什么，并对其进行注释，同时还要阐明和分析该目标的价值，并制定相应的衡量标准。因此，在确定组织目标时应该注意以下几个原则：

（1）组织目标要能反映组织的整体发展战略。组织的战略为组织的发展指明了方向，具体的组织目标是对组织战略的落实。

（2）组织目标应该是具体的。组织目标要尽可能地具体化，这样才能使计划的执行者准确地理解和达到自己所负责的组织目标，并且有助于管理者控制和考核组织目标的实施。

（3）组织目标应该是组织成员经过努力能够实现的。这要求在确定组织目标时，充分考虑组织的内外环境，清醒地认识到组织是否具备了实现该目标所需的条件和能力。

（4）组织目标应该是具有挑战性的，这样才能激发组织成员的潜力、充分发挥成员的积极性和主动性。因此，在确定组织目标时，也应当明确规定实现组织目标的时间和目标应该达到的水平。

（5）组织目标之间应该是相互协调的。由于组织追求的目标一般是多方面的，这既表现在目标的数量上，又表现在这些目标常常分属于不同的领域（如经济、社会）和不同的利益主体上，因此，不同的目标之间会存在矛盾。这就要求在确定组织目标时，管理者应该在不同的目标之间进行协调和平衡，以保证组织整体利益的最大化。

3. 确定前提条件

计划的前提条件，也就是计划的假定条件，它是执行计划的预期环境。计划方案的实施环境在编制计划时是难以确定的，是一个不能准确确定的因素，但它对计划方案的实施效果却有极其重大的影响。因此，在计划工作中必须要对组织未来的内外环境和所具备的条件进行分析和预测，清楚地认识到计划执行过程中可能面临的有利条件和不利条件，并根据综合判断的结果给出一个假设性的前提条件，也就是计划执行时的预期环境。

影响这一预期环境的因素很多，有可控的，也有不可控的。这就要求我们在拟订计划方案时必须明确方案实施的前提条件，具体有以下几个步骤：

（1）发掘备选的前提条件。由于对未来不可能做出完全肯定的预测，所以要尽可能地找出漏洞，做到有备无患，才能提高计划的有效性。

（2）通过比较，选择对计划影响最大的前提条件。计划的前提条件有多个，但就一个组织而言，有些前提条件并不是重要的或必要的。因此，管理者就必须认真地思考哪些因素对完成计划具有重大的影响，然后集中研究和分析这些对计划影响重大的关键性前提条件。

（3）协调计划的前提条件，使计划能够彼此协调，从而有效地保证组织预期目标的实现。这要求各个计划的拟订者要先提出适用于部门的前提条件,然后汇集到总部,由总部进行分析、研究和协调。

(4)把前提条件的相关信息传达给有关人员,并向所有参与制订计划的管理人员详细说明,从而保证他们能有效地制订计划。

4. 开发可行方案

计划目标能否顺利实现,主要取决于计划方案。一般来说,组织实现其目标的途径不止一条,可能存在多个方案可供选择,但通常只能选择其中一个进行实施。因此,我们必须集思广益、开拓进取、群策群力、大胆创新,主动发掘各种有效的途径和可行的方案,并对这些途径都做出透彻的理解,尽量避免遗漏好的方案,然后对所有的方案进行初步的筛选,保留其中最有效的、最值得保留的方案做备选,以供重点研究、评价、分析和比较。

5. 评估备选方案

管理者必须以客观、科学的态度来对待每一个备选方案,要根据确定的组织目标和前提条件,对每一个备选方案进行全面、彻底的分析和比较。在比较时要注意以下三点:

(1)注意发现每一个备选方案的制约因素和隐患,对那些妨碍实现组织目标的制约因素认识得越清晰,选择方案时的效率也就越高。

(2)将每一个备选方案的预测结果和既定目标进行比较的时候,既要考虑有形的、可量化的因素,也要考虑那些无形的、不可量化的因素。

(3)在评价方案时,要采用总体效益的观点。

6. 选定方案

选定方案是在备选方案评价结果的基础上进行方案相互间的分析、比较,然后做出最后的抉择。这一步骤是制订计划的关键。应该指出的是,为了使计划具有一定的灵活性,利于在多变的环境下能有效地指导今后的工作,也许最终会选择两个甚至两个以上的实施方案。

7. 拟订派生计划

虽然选订了方案,但到此时计划仍不能说是完整的,还应该指导和帮助各个部门来制定支持组织整体行动计划的派生计划方案,如组织的融资计划、生产计划、采购计划、安全计划等。

8. 编制预算

计划工作的最后一步是编制预算,即将行动计划数字化、货币化。预算可以成为汇总各种计划的依据,它是衡量计划工作进度的重要标准。

在实际工作中，这 8 个步骤并不一定要全部做到，也不一定非要按照这个顺序来制订计划，应根据具体情况确定哪些步骤需要，哪些步骤可以省略，哪些步骤可以平行进行。

四、决策

（一）决策的概念

决策是计划的核心。许多管理学家都探讨过决策的定义，虽然出于不同的背景和角度，说法各不相同，但基本内涵大体一致。所谓决策，就是组织或个人为了达到预期目标而从若干个备选方案中选择合理方案的分析判断过程。在这个概念中需要强调三点：

（1）决策是为了达到一个既定的目的；

（2）要有两个以上的备选方案；

（3）不能简单地把决策理解为选择与决定方案那一瞬间，而应理解为一个发现问题、认识问题、分析问题、解决问题的连续过程。

（二）决策的特征

在管理实践过程中，决策的表现形式多种多样，但也有共同的特征，可以概括为以下几点。

1. 要求有具体且明确的决策目标

决策就是选择方案，如果连决策的目标都无法确定，那么在对各种方案进行评价时就没有一个确定的标准，当然也就更谈不上选择方案了。

2. 要求以了解和掌握信息为基础

一个合理的决策必须是以充分了解和掌握各种信息为前提的，即通过对组织的外部环境和内部情况的调查分析，根据实际需要选择切实可行的方案。千万不要在问题不明、条件不清、要求模糊的情况下，匆忙地做出选择。

3. 要求有两个以上的备选方案

由于各个方案的提出背景和看问题的角度不一样，在决策时准备两个或两个以上的备选方案，就可以根据组织的内外环境进行比较，以便选择出最能满足组织实际需求的那一个。

4. 要求对方案进行综合分析和评估

每个可能实现组织目标的方案，都会对目标的实现发挥某种积极作用，当然也可能产生消极的影响。因此，在决策时就必须对每个可行方案进行综合分析和评价，也就是进行可行性研究。可行性研究是决策的重要环节。在这一环节中，不但要求对技术上的可行性进行分析，还要考虑社会、政治、道德等各方面的因素，使决策结果的副作用缩小到允许的范围内。这样，通过可行性研究，确定每个方案的经济效益和可能带来的潜在问题，从而比较各个方案的优劣。

5. 追求的是最尽可能地优化效应

决策所确定的可行方案，是在组织的现有条件和组织成员现有的认识能力的制约下提出来的。在不同的阶段，组织的内外环境和决策者的能力是不相同的，这样，所提出的可行方案的多寡和质量就会有所差异。而且，人们对于客观事物的认识是一个不断深化的过程，明天的认识比起今天的认识往往要深刻得多。所以，对于组织的任何一个目标，都很难确定最优方案就在现有方案中，而决策者所追求的，应当是在当前情况下最可能或最合适的方案，而不是最优方案。

（三）决策的类型

按照不同的标准，决策可分为多种类型。

1. 按决策的范围分类，有战略型决策和战术性决策

战略型决策侧重于对组织方向的确定和引导，往往与长期计划相关；而战术型决策侧重于对某一管理活动的具体方案做出选择，往往与中短期计划相联系。

2. 按决策对象的内容分类，有常规决策和非常规决策

常规决策是指决策是重复的、例行的，呈现出程序化的状态，在管理活动中可以制定出一套固定程序来处理这些决策。非常规决策表现为决策的新颖性、例外性和不可预见性，决策时无章可循，多与战略性决策相关。

3. 按决策的依据分类，有经验决策和科学决策

经验决策的依据是当过去的事情再次出现时，凭经验做出的决策便是合理的。科学决策则侧重于实验和研究，在科学分析的基础上进行决策。

4. 按决策中变量之间的关系分类，有肯定型决策和风险型决策

肯定型决策是指决策的对象、决策的方法和决策的执行方式都是肯定的，决策的执行结果也是可以预期的，其多与常规决策相关；风险型决策是指决策的对象是偶然发生的、新颖的，决策的方法和决策的执行结果都是模糊的、无法预期的。

一般来说，越是组织的高层管理人员，所作出的决策越倾向于战略的、非常规的、科学的、风险型的决策；越是组织的基层管理人员，所作出的决策越倾向于战术的、常规的、经验的、肯定型的决策。

（四）决策的程序

决策是一个科学的过程，决策的程序包括观察（分析问题、确定目标）、假设（设计方案）、分析（评价方案）及验证（实施方案、方案调整）的过程。

1. 调查研究、分析资料、找出问题

找出决策者期望解决的问题，是决策的程序中最重要也是最容易被忽视的一环。这一阶段的关键在于明确决策者要解决的问题。包括：希望解决的问题是什么？它的关键因素是什么？必须在什么时间解决它？为什么要解决这一问题？为解决这一问题愿付出多大代价？

在找出问题的过程中，很容易犯的错误是将问题的表现视为问题的本身，或针对某些问题的细枝末节寻找解决方法。在这种情况下，即使是科学的决策技术也无助于有效解决问题。例如，在某工厂生产进度安排中，问题表现为生产无法满足需求，大量订货延期，大量额外成本增加。就问题的外在表现来看，扩大生产能力似乎是唯一的解决方法。但是，通过分析发现，不能及时送货的原因出在营销部门。由于营销部门承诺，无论订单大小，都将准时把货物送达客户，因此生产部门常常被小客户或特殊产品的生产打断正常进度。把营销方式改变后，生产部门的问题也就解决了。在很大一部分管理问题中，正确地发现问题会大大缩短解决问题所需的时间。

在发现问题的过程中，可以使用"关键因素"分析技术。关键因素即在做出任何行动之前，必须改变、转移和消除的因素。通过发现这一关键因素，我们就可以透过问题的表象把握真正的问题所在。另外，确定决策的时机也是十分重要的。应在适当的时机进行决策，无论是先于还是滞后于决策能产生实效的时机，都无法实现有效的决策。

2. 目标的确定

合理的目标是合理决策的前提。决策目标的形成、目标的大小与决策者对目标的认识都会影响到决策的顺利进行。精确的目标作为一个重要的决策依据，往往会使决策过程更经济更有效。

在确定目标的过程中，首先必须把要解决问题的性质、机构、症结及其原因分析清楚，这样才能有针对性地确定出合理的决策目标。同时，决策目标也必须十分明确，目标过分抽象或模棱两可、含糊不清，决策将无从下手，决策目标的实现程度也难以衡量。因此，在管理实践中，决策目标的确定过程通常表现为：通过决策希望取得哪些成果？完成哪些工作？要纠正哪些问题？要得到哪些利益？要避免哪些事情？要减少哪些坏的结果……一个合理的决策目标应该是可以衡量其成果、规定其时间和确定其责任的。

另外，决策的目标往往不止一个，而且多个目标之间有时还会有矛盾，这就给决

策带来了一定的困难。解决这个问题一般可以采用3种办法：一是把要解决的问题尽可能地集中起来，以减少目标数量；二是把目标依重要程度的不同进行排序，把重要程度高的目标先行安排决策，以减少目标间的矛盾；三是进行目标间的协调，即以总目标为基准进行协调。在协调中往往采用服从大局的原则，因此在顾此失彼的情况下，降低甚至放弃某些目标，对全局来说可能是必要的和明智的。

3. 找出所有可行方案

根据目标和相关信息，拟订可行方案，并要求其整体详尽性和相互排斥性相结合，以避免方案选择过程中的偏差。整体详尽性是指拟订的各种备选方案应尽量包括所有可能找到的方案，因为方案的数量越多、质量越好，选择的余地就越大。相互排斥性是指在不同方案中只能选用一个方案。虽然从理论上讲，应集思广益，列举出尽可能多的可行方案，但在实际工作中，要考虑所有可能的解决方法既不切实际，也不合理。通常情况下，如果某些解决方法之间并无显著不同，无须独立处理，而如果资源和成本的限制也决定了备选方案的数量的话，可以先拟订一批备选方案，并初选淘汰一些，补充修改一下，再行选择，这样可以提高决策效率。

分析者对于最有潜力的方案，应依照下列原则进行检查：其一，主要分析工作应致力于最有效的几个方案上；其二，用在分析上的总费用不可超出它的预期收益。另外，在拟订备选方案的过程中，还应考虑可能出现的意外变动，并对主要的参数及可能出现的误差和变动进行敏感性分析。

4. 确立衡量效益的标准，测算每个方案的预期结果

衡量效益的标准实际上决定了最后的分析结果。但这一标准在很大程度上取决于决策者的主观判断。因此，在不同的决策者之间，最佳方案的选择很可能因衡量效益的标准不同而不同。例如，对某种新产品价格的确定，有的决策者可能较多地考虑企业的盈利，而将价格定得比较高；而有的决策者可能更多地考虑企业的长远利益，谋求长期的发展，而制定低价的策略。

在确立了衡量效益的标准之后，就可据此对每个方案的预期结果继续测量，以供方案评价和选择之用。在管理决策中，主要是通过对成本与收益的预测来对各个方案进行衡量。成本是方案实施过程中所需消耗的资源、资金、人员、设备等，收益则是某些行动的结果产生的价值。在衡量待选择方案的整体价值时，成本与收益都要考虑。

5. 方案评估及方案选择

方案的评估即根据确立的决策目标、衡量效益的标准以及预期的结果等，分别对各方案进行衡量。在管理决策问题中，方案评估的标准包括方案的作用、效果、利益、意义等，应具有技术可行性和经济合理性。

方案的选择则是就对每一个方案的结果进行比较，选出最可能实现决策预期目标

或期望收益最大的方案,作为初步最佳方案。在复杂的决策问题中,评估所有可行方案并从中选取最佳方案,需要花费大量的时间和精力,而决策者由于认识能力、情报资料等的限制,也不可能做到对所有可供选择的方案及其未来后果做出预测。因此,在对方案进行选择时宜采用"有限合理原则"。为提高方案评估的效率,较为常见的方法是:强调各方案的差异性,考虑每一种可行方案,并在预算的可用资源的近似范围内,选取能产生最大效益的方案。

6. 实施决策方案

方案的实施是决策过程中至关重要的一步。在方案选定以后,就可制定实施方案的具体措施和政策。在方案的实施过程中应做好以下工作:

(1) 制定相应的具体措施,保证方案的正确实施;
(2) 确保所有的人都能充分接受和彻底了解有关决策方案的各项指令;
(3) 运用目标管理方法把决策目标层层分解,落实到每一个执行单位和个人;
(4) 建立重要的工作报告制度,以便决策者能随时了解方案进展,及时调整行动。

7. 追踪调查方案实施对目标的保证程度

执行一个大规模的决策方案通常需要较长的时间,在这段时间内,情况可能会发生变化。因此,在进行方案计划的设置及解决不确定性问题时,方案应不断变化和完善。同样,一方面连续性活动过程由于涉及多阶段控制,对其进行定期的分析也是必要的。这是在变动的环境中获取最优结果的唯一途径。另一方面,由于外部环境和内部条件的不断变动,也需要通过不断修正方案来减少不确定性,重新定义新的情况,建立新的分析程序。具体来说,组织的职能部门应对各层次、各岗位履行职责的情况进行检查监督,及时掌握执行进度,检查有无偏离目标的现象存在,及时将信息反馈到决策机构。而决策者则依据职能部门反馈的信息,及时追踪决策的实施情况,对于局部目标与既定目标相偏离的地方应采取措施进行调整,以保证既定目标的实现;对于客观条件发生重大变化,原决策目标确实无法实现的,则要重新寻找问题,确定新的目标,重新制订可行的决策方案并进行评估和选择。

以上 7 个步骤构成了决策的制定、实施、调整的全过程。研究决策的程序,主要是给决策者提供大致的思路,掌握科学的决策过程需要经过的几个阶段,不要随意跳过某些必要的阶段,以减少决策的随意性,避免决策的盲目性。同时,也应强调在实际决策中,不能将这些步骤看成死板的公式,有时过分拘泥于步骤反而会影响决策的效率。这一方面是由于决策过程往往存在着大大小小的反馈;另一方面是因为人的思考和认识过程是呈螺旋形上升的,新的思想可以在任何时候突然出现,且一般而言,决策并不是完全脱离过去的,都有其历史联系性,所以决策也是一种经验的积累过程。利用这种经验,往往可以使决策者"跳过"很多步骤,直接设想出满意的方案,而提高决策的效率。

第二节 组织

一、组织的概念与特征

（一）组织的概念

组织一词有两层含义：第一层含义是名词意义上的组织，主要是指组织形态，即按一定规则建立起来的人的集合体；第二层含义是动词意义上的组织，主要是指组织工作，即对人的集合体中各个成员的角色安排、任务分派。这两层含义在组织职能中都会有所涉及，但主要应用是第二层含义，即动词意义上的组织。

（二）组织的特征

在一个组织中，其构成要素除了人之外，还有物、财、信息等。但人是最主要的要素，是起决定作用的要素，组织工作也是围绕组织中的人展开的。因此，管理学意义上的组织，具有以下几点特征。

1. 组织是一个职务结构或职权结构

在一个组织中，每个人都有特定的职责与权力，组织工作的主要任务也就在于明确这一职权结构以及根据组织内外环境的变化使之合理化。组织中的每一个成员不再是独立的、自己只对自己负责的个人，而是组织中的既定角色，承担着实现组织目标的任务。

2. 组织是一个责任系统，反映着上下级关系和横向沟通网络

在组织中，下级有向上级报告自己工作效果的义务和责任，上级有对下级的工作进行指导的责任，同级之间应进行必要的沟通。这些都是通过组织工作来完成的，在完成的过程中，也就形成了组织网络。

3. 组织工作要充分考虑非正式组织的影响

我们知道，非正式组织会对组织目标的实现造成影响。因此，在组织工作中，就需要维持组织目标与非正式组织目标的平衡，避免两者对立，并对非正式组织加以利用。

另外，组织按照不同的标准可以分为不同的类型。例如，按组织的目标、性质及基本任务的不同，可分为政治组织、经济组织、军事组织、学术组织、教育组织、宗教组织等；按组织的人数，可以分为大型组织和小型组织；按人员服从程度，可分为

强制型组织、功利型组织和正规组织；按利益受惠程度，可分为互利组织、服务组织、实惠组织和公益组织等。

二、组织设计

（一）组织设计的影响因素

1. 组织的外部环境

任何一个组织都是生存在一定的环境当中的，组织的外部环境必然会对内部的结构设计产生一定程度的影响，这种影响主要体现在以下3个方面。

（1）对职务和部门设计的影响。组织是社会经济大系统中的一个子系统。组织与外部存在的其他社会子系统之间也存在分工问题。社会分工方式的不同决定了组织内部工作的内容，所以所需完成的任务、所需设立的职务和部门也就不一样。在我国，旧的经济体制下，企业的任务仅是利用国家供给的各种生产要素制造产品。要素的配置按国家的规定拨给，产品的去向按国家组织的渠道流出。企业内部的机构设置主要偏重于围绕生产过程的组织。随着经济体制的改革，国家逐步把企业推向市场，使企业内部增加了要素供应和市场营销的工作内容，这就要求企业必须相应地设立或强化资源筹措和产品销售的部门。

（2）对各部门关系的影响。环境不同，完成组织中各项工作的难易程度以及对组织目标实现的影响程度亦不相同。同样在市场经济的体制中，对产品的需求大于供给时，企业关心的是如何增加产量、扩大生产规模、增加新的生产设备或车间，这时企业的生产部门就会显得非常重要，而相对冷落销售部门和销售人员；而一旦市场供过于求，从卖方市场转变为买方市场，则营销职能会得到强化，营销部门会成为组织的中心。

（3）对组织结构总体特征的影响。

① 环境。外部环境是否稳定，对组织结构的要求也是不一样的。稳定环境中的经营，要求设计出被称为"机械式管理系统"的稳固结构，管理部门与人员的职责界限分明，工作内容和程序经过详细的规定，各部门的权责关系固定，等级结构严密；而多变的环境则要求设计出"有机式管理系统"的灵活结构，各部门的权责关系和工作内容需要经常做适应性调整，等级关系相对宽松，组织设计中强调的是部门间的横向沟通而不是纵向的等级控制。

② 技术。技术是将组织的输入变为输出的转化过程，它既包括制造业中的装配线和机器设备，也包括服务性组织中的各种转化过程。20世纪60年代初期，英国的琼·伍德沃德（Joan Woodward）通过对英国一百余家制造企业的调查，发现企业结构和技术类型之间存在着明显的相关性，于是她得出结论：组织结构的特征与生产技术类型之

间存在着一定的对应关系；组织的绩效和组织结构与技术之间的适应程度密切相关。

③ 组织的战略。影响组织设计的另一个重要的因素是组织的战略。不同的组织战略要求组织结构有相应的职能与任务与之适应，即战略影响着组织中职能、职位、职权等的设计。美国的艾尔弗雷德·钱德勒（Alfred D.Chandler）对美国100家大公司进行50年的考察后，得出结论：公司战略的变化优先于组织结构的变化并且导致组织结构的变化。因此，如果组织战略发生变化，就应该对组织的结构做出相应的调整。例如，若是组织追求探索战略，就必须以创新来求生存，有机式的组织结构能更好地适应这一战略，因为它很灵活，能保持最大的弹性。相反，防御者战略是寻求稳定性和效率性，这需要一种机械式的组织才能更好地适应。

④ 组织的规模。组织的规模对其结构具有明显的影响作用。一般来说，组织规模越大，工作专业化程度就越高，标准操作化程序和制度就越健全，组织多为机械式结构。但是，规模与结构之间并不是简单的线性关系，而是规模对结构的影响强度会逐渐减弱，即随着组织的扩大，规模的影响力相对显得越来越小。

⑤ 组织的生命周期。组织的规模并不是永远不变的。一般情况下，组织存在一个四阶段的生命周期：第一个阶段是诞生；第二个阶段是青年阶段，其特征是全面的扩张和成长；第三个阶段为壮年阶段，是一个由成长逐渐转为稳定的阶段；第四个阶段是成熟阶段，组织在这个阶段中相当稳定，但是最终也许还会向衰落转化。

在生命周期的不同阶段，组织都应当作出相应的调整。一般来说，随着组织的成长，它将变得规模更大、更机械，计划的工作量将越大，专业化程度也将更高。

（二）组织设计的原则

1. 目标一致原则

目标一致原则是指组织中每个部门或个人的贡献越是有利于实现组织目标，组织的结构设计就越是合理有效。组织结构的设计目的在于把人们承担的所有任务组织成一个体系，以便于他们为实现组织的目标而共同工作。在管理实践中，主要是把组织目标层层分解，落实到组织中的各个部门直至个人，来规范组织各部门和个人的活动。

2. 统一指挥原则

统一指挥原则是指在组织中每个人只接受一个上级的命令和指挥，并对他负责。根据这条原则，组织中的每个人都需要知道他应该向谁负责，哪些人应该对他负责，在指挥和命令上，应实行"一元化"。如果需要两个或两个以上的领导者同时指挥的话，那么他们必须在下达命令之前达成一致，这样下级才不会茫然。强调该原则，是为了避免"多头领导"，避免出现"大家都负责，大家又都不负责"的现象。

3. 分工明晰原则

分工明晰原则是指每个人对自己所承担工作的责任、权力以及由此带来多少利益的明白、了解。分工明晰，一方面是对每个员工而言，这有助于员工对业务性质、自己所从事工作的职责及其能获得的利益等都有一个明晰的认识；另一方面是对员工团体而言的，每个员工的责、权、利等方面的信息都应该成为准公共知识，即每个员工对其他员工的责、权、利均有清楚的了解，这样，员工就可依据明晰的责、权、利关系来从事企业中程序化的工作，从而提高工作的效率。

4. 责权一致原则

责权一致原则是指在委以责任的同时，必须委以自主完成任务所必需的权力。权力不可太大也不可太小，必须与职责相适应。有权无责必然会造成瞎指挥、滥用权力和官僚主义；而有责无权会束缚管理人员的积极性和主动性，导致任务无法完成。

5. 集权与分权相结合的原则

集权与分权相结合的原则是指根据组织的实际需要来处理组织结构中职权的集权与分权的关系，处理得越适中，就越有利于组织的有效运行。所谓集权，就是一个组织的决定权大部分集中在上层；所谓分权，是指将决定权根据职务的需要分配到组织的各个层次。在不同的组织设计中，应该既注重集权也注重分权。权力太集中容易形成独裁；权力太分散则搞不好管理，因此，如何将这两者很好地结合起来是至关重要的。

6. 稳定性与适应性相结合的原则

稳定性与适应性相结合的原则是指组织设计时越是能在组织结构的稳定性与适应性之间取得平衡，就越能保证组织的正常运行。外部环境和内部条件的变化，必然会影响组织目标的实现程度，为此，组织必须针对这些变化在结构上做出适应的调整。但是，组织结构的过多调整变化，也会对组织的稳定运行产生不利影响。管理人员应在稳定与变化之间寻求一种平衡，既保证组织结构的适应性，又有利于组织目标的实现。

（三）纵向设计——管理宽度的确定与管理层次的划分

1. 管理宽度

管理宽度又称管理幅度或管理跨度，指一名主管人员可有效管理的直接下属的人数。现代管理学研究表明，一个主管直接管理的下属人数是有限的，一旦超过了这个限度，管理效率就会下降。

不同管理者的管理宽度可能有很大差别，决定其管理宽度的因素有以下三项。

（1）管理者与其下属双方的能力。不同管理者的管理能力是不同的，其管理的宽度也就有巨大差别。能力强的管理者在不降低组织有效性的前提下，能够比相同管理层次、相同工作的其他管理者管辖更多的下属。同样道理，如果下级的理解能力强，素质高，具有主动性和自觉性，管理者管理起来就要觉得轻松一些，所花的精力要少一些，相应的管理宽度就要大些；反之，管理宽度就要小些。

（2）管理任务的性质。管理者要完成的任务性质越复杂、涉及面越广，管理者的精力耗费就越大，其管理宽度就相应要小一些。在一个组织中，通常的情形是，高层管理者要完成的是涉及方向性或战略性的任务，直接管辖的下属人数不宜过多。基层管理者要完成的是执行性任务，并且多是程序性的，比较简单，其管辖人数也就可以多一些。

（3）授权。适当的授权可减少上级主管的监督时间和精力，使管辖人数增加。同时，权责划分明确，有助于提高各级管理人员的办事效率，也可以增大管理宽度。

2. 管理层次

管理层次是从组织最高一级管理组织到最低一级管理组织的各个组织等级。在一个组织中，管理层次的多少，应根据组织规模的大小和组织任务量的多少而定。规模较大且任务量较多的组织，其层次可多些，反之层次可少些。一般来说，管理层次分为上层、中层与下层，各个层次都有明确的分工。上层的主要职能是从整体利益出发，对组织实行统一指挥和综合管理，并明确组织目标和制定方针政策，故又称战略决策层；中层的主要职能是将组织的总目标层层分解，为各职能部门制定具体的管理目标，按部门分配资源，评价生产经营结果和制定纠正偏离目标的措施等，故又称经营管理层；下层的主要职能是按照规定的计划和程序来进行操作，故又称执行管理层。

管理层次与管理宽度之间有着密切的联系。当组织规模一定时，较大的宽度意味着较少的层次，较小的宽度意味着较多的层次，管理宽度与管理层次成反比。这样，按照管理宽度与管理层次，形成两种结构：扁平结构和高耸结构。所谓扁平结构，就是管理层次少而管理宽度大的结构；相应的，高耸结构就是管理层次多而管理宽度小的结构。扁平结构与高耸结构各有利弊。

（1）扁平结构的优缺点。扁平结构有利于缩短上下级之间的距离，加强上下级之间的关系，信息的纵向流通比较快，管理费用较低。但是，由于不能严密地监督下属，上下级协调较差；同时，管理宽度的加大，也增加了同级间相互沟通的难度。

（2）高耸结构的优缺点。高耸结构的优点是管理严密、分工细致明确、上下级易于协调。但是，随着管理层次的增加，从事管理的人员也越来越多，彼此之间的协调工作就会急剧增加，所消耗的时间与精力也自然增加。同时，管理层次增加，会使上下级之间的交流受阻，高层管理者所要求实现的目标，所制定的政策与计划，不是下级不能理解，就是层层传达后变了样。

因此，一般来说，为了达到组织结构的有效性，应尽可能地减少管理层次。

（四）横向设计——部门的划分

1. 部门的含义

部门是指组织中的管理人员为完成规定的任务而有权管辖的一个特殊的领域。"部门"在不同的组织中有不同的称呼。在企业中称为分公司、部和处；在军队中称为师、团、营、连；在政府单位则称部、局、处、科等。部门划分的目的在于明确组织中各项任务的分配与责任的归属，以求分工合理，职责分明，有效地达到组织的目标。

2. 部门划分的原则

（1）力求部门最少。组织结构是由管理层次、部门结合而成的。组织结构要求精简，部门必须力求最少，但这是以有效地实现组织目标为前提的。

（2）部门结构应具有弹性。首先，应根据完成任务和组织目标的需要，定期审查组织中任何一个部门存在的必要性。其次，可以根据内外环境和任务的要求，设立临时部门或工作小组来解决临时出现的问题。

（3）划清各部门的权力与责任。划清各部门的权力与责任，这是最为根本的一条原则。现实生活中出现的部门之间互相"踢皮球"，推卸责任的现象，其根本原因是部门之间的权责不清，工作内容不明。

（4）检查部门与业务部门分开设立。检查部门与业务部门要分开设立，也就是说，考核、检查业务部门的人员不应隶属于受其检查评价的部门，这样就避免了检查人员的"偏心"，真正发挥了检查部门的作用。

3. 部门划分的方法

（1）按人数划分。按照人数的多寡来划分部门是最原始、最简单的划分方法，军队中的师、团、营、排即为此种划分方法。这种划分方法考虑的仅仅是人力，因此，在现代高度专业化的社会里有逐渐被淘汰的趋势。

（2）按时间划分。按时间划分方法适用于组织的基层，是在正常的工作日不能满足工作需要时所采用的一种划分部门的方法。例如，企业按早、中、晚三班编制进行生产。按时间划分部门也是一种经典的划分方法。

（3）按职能划分。按职能划分是最普遍的一种部门划分方法。它是以工作或任务的性质为基础来划分部门的，并按这些工作或任务在组织中的重要程度，分为主要职能部门和从属派生部门。一般来说，企业的主要职能部门是生产、工程、质量、销售或财务等部门。在主要职能部门之内再划分次要职能部门。如在生产部门中，可分为生产计划、工程设计、生产工艺、采购、加工、综合生产等分部门。

按职能划分部门的优点是能够发挥专业职能，帮助管理者把注意力集中在组织目标的制定和宏观控制等方面，有利于总目标的实现。但是，也正是各职能部门的专业化，使得职能部门的专业人员的工作领域和视野都只局限在本专业、本部门之内，这就给部门之间的相互协调带来了很大的阻力。

（4）按产品划分。按产品划分是一种按照组织向社会提供的产品的不同来划分部门的方法。这种划分方法是随着科学技术的发展，为了适应新产品的产生而出现的。如现代企业中的医药事业部、通信事业部或器械分公司、电子仪表分公司即属于这种按产品划分的部门。

按产品划分部门使得部门的管理者把注意力集中在产品上，有利于产品的研发，有利于发挥专业人员的技能和知识，同时也有利于部门内的协调。但是，这种划分方法会造成产品部门的独立性强而整体性差，增加了高层主管人员协调、控制的难度。

（5）按地区划分。按地理位置来划分部门，其目的是调动地方、区域的积极性，谋求生产经营与当地的政治、经济、文化等相融合。如某些大型企业中的西南分公司、华北分公司、东南分公司等就是按照这种方法进行划分的。

按地区划分部门有利于提高各部门的积极性，取得地区经营的经济效益，有利于培养具备全面管理能力的人才。但是，这会造成地区部门之间不易协调，也增加了高层主管人员的控制难度。

（6）按服务对象划分。按服务对象划分是按照组织的服务对象的类型来划分部门。例如在商店中，按服务对象的类型划分为老年用品部、妇女用品部和儿童用品部等。

以上是组织在实现目标的过程中划分部门的一些基本方法。应该指出的是，划分部门本身并不是目的，它是为了促进组织目标的实现而对业务工作的一种安排手段。总的来说，部门划分解决了因管理宽度的限制而制约组织规模扩大的问题，同时把业务工作安排到各个部门中去，有利于组织目标的实现。但是，由于业务工作的划分不可避免地会带来部门间不协调的问题，因此，在划分部门时必须考虑到这种不协调所带来的消极后果。

三、组织结构的类型

组织结构是组织内部各层次、各部分关系的模式化表现。它表明了组织各部分的排列顺序、空间位置、聚散状态、联系方式以及各要素之间的相互关系，与组织的复杂程度、组织的规范程度以及组织的集权分权程度有着密切的关系。

组织结构是组织的"框架"，而"框架"是否合理完善，很大程度上决定了组织目标能否顺利实现。由于组织的内外环境不同，组织的结构类型也不尽相同。目前，组织结构的基本类型有以下几种。

（一）直线型组织结构

直线型组织结构是一种出现得最早、形式最简单的组织结构类型。在这种结构类型中，组织职位按照系统直线排列，职权和命令从上到下直线纵向贯穿于组织之中。

其特点是：

（1）组织中各级主管对自己的下级拥有直接管理的一切职权；

（2）组织中每一个人都只接受一个最近的直接上级的指挥，并且仅对该上级报告工作。

直线型组织结构的优点是形式简单、权力集中、命令统一、责任与权限分明。缺点是所有的管理职能都由一人承担，在组织规模较大的情况下，业务比较复杂；而当这位全能管理者离职时，很难找到一个具备全面知识和技能的人去替代他。此外，在这种结构中，每个部门基本上只关心本部门的工作，部门与部门之间的协调能力比较差。因此，直线型组织结构的应用范围有限，一般只适合生产技术和工艺过程简单、产品单一、管理简单的小型企业。

（二）职能型组织结构

随着组织规模的不断扩大，管理变得越来越复杂，管理者需要将具体的、专业性的管理委托给职能型组织机构。职能型组织结构的特点是采用职能分工的方法来实行专业化管理，即在上层主管，下面设立职能机构，把相应的管理职责和权力交给这些机构，各职能机构在自己的业务范围内有权向其下级单位下达命令和指示。

职能型组织结构的优点在于能够充分发挥职能机构的专业管理作用，适应现代管理分工较细的特点。但其缺点也很明显：这种组织结构由于实行多头领导，影响了管理活动中必要的集中领导和统一指挥，容易造成管理混乱；同时，各职能机构往往从本部门的业务出发考虑工作，不能很好地配合、横向联系差；此外，过于强调专业化，容易使管理人员忽视本专业以外的知识，不利于培养高层管理者。事实上在实际工作中，并不存在纯粹的职能型组织结构。

（三）事业部型组织结构

事业部型组织结构是指根据企业生产的产品、地区、市场的不同而成立各个事业部，每个事业部都有其独立的权力和责任、独立的经济利益、独立的产品或独立的市场，是企业独立的利益责任单位。这种组织结构最突出的特点是"集中决策，分散经营"，即在总公司的领导下进行分权管理，由事业部分散经营。事业部型组织结构的优点是：

（1）组织的高层领导者摆脱了具体的日常管理事务，从而能够集中精力做好战略决策和长远规划；

（2）各个事业部独立经营、权力较大，有利于发挥事业部的自主性和创造性，有利于培养事业部管理者总揽全局的工作能力；

（3）在高层管理者的统一规划下，各个事业部不仅注重短期利益，而且对组织的长期发展计划十分关心，同时各事业部的利益与整个组织的利益也能保持协调一致。

事业部型组织结构的缺点是各事业部的独立性较强，容易导致组织高层管理者的控制力下降，造成组织的整体能力下降。除此之外，它还会导致管理部门增加、机构设置重复、管理成本上升等问题。

这种组织结构形式适用于企业规模较大、产品种类较多、各种产品之间的工艺差别较大、市场变化较快，要求适应性比较强的大型企业或跨国公司。

（四）矩阵型组织结构

矩阵型组织结构是在组织结构上，既有按职能划分的垂直领导系统，又有按项目划分的横向领导系统。矩阵型组织结构是从专门从事某项工作的工作小组形式发展而来的一种组织结构，是为了适应在一个组织内同时有几个项目需要完成，每个项目又需要具有不同专长的人在一起工作才能完成这一特殊的要求。矩阵型组织结构的优点是：机动灵活、适应性强。由于矩阵结构是按照完成某一特定任务的要求，把具有各种专长的有关人员调集在一起组成项目组，这样不仅加强了不同部门之间的配合和信息交流，而且能够集思广益，获得成功的机会较大。此外，采用矩阵型组织结构还有利于把管理中的垂直联系和水平联系更好地结合起来，加强了各职能部门之间以及职能部门与任务之间的协调。

矩阵型组织结构的最大缺点是项目负责人的责任大于权力。因为参加项目的人员来自各个职能部门，其一般隶属关系仍在原部门，而仅仅是临时参加该项目，所以项目负责人对他们工作的好坏，没有足够的激励和惩治手段。另外，矩阵型组织结构所造成的双重指挥也是一大缺陷，由于项目负责人和职能部门负责人都对参加该项目的成员有指挥权，若两个部门的意见不统一，就会使项目组成员感到无所适从。矩阵结构适用于产品品种多且变化大的组织，特别适用于以开发和实验项目为主的行业，如军工、航天工业、高科技产业等。采用这种组织结构，选好项目负责人很重要。

（五）多维立体型组织结构

多维立体型组织结构是由职能型、矩阵型、事业部型和地区、时间所构成的复杂组织结构。这种组织结构主要包括三类管理机构：一是按产品划分的事业部，是产品利润中心；二是按职能划分的专业参谋机构，是专业成本中心；三是按地区划分的管理机构，是地区利润中心。

多维立体型组织结构的特点是，组织的决策不能由这三类机构的任何一方单独做出，必须由三方的管理者进行协商。因此，这种组织结构具有其独特的优点，那就是多维立体型组织结构能够促使三方面的机构都从整个组织的全局来考虑问题，从而减少三类机构之间的矛盾，即使三者之间产生摩擦和矛盾，也比较容易化解和协调。这种组织结构的缺点是三类机构之间相互牵制，各机构的自主权受到限制，容易使其管理者的积极性和创造性受到影响。

多维立体型组织结构适用于产品开发多样、跨地区经营的跨国公司或跨地区公司，可以为这些企业在不同行业、不同地区增强市场竞争力提供保证。

四、组织的职权配置

职权是经由一定的正式程序赋予某一职位的一种权力。所有主管人员想要通过他所率领的隶属人员去完成某项工作，就必须拥有包括指挥、命令等在内的各种必须具备的权力。在组织内，最基本的信息沟通就是通过职权来实现的。通过职权关系上传下达，使上级收到及时反馈的信息，下级按指令行事，从而做出合理的决策，进行有效的控制。

同职权共存的是职责。正如法约尔所说，职责与职权是孪生子，职责是职权的必然结果和必要补充。作为一个主管人员，当处于某一职位，担负一定职务时，必然要尽一定的义务。这种担任某职位、某职务时应履行的义务，即为职责。职权、职责都是针对同一任务而言的。例如，当医院院长为达到某一目标把某任务分配给内科主任时，必须把执行这一任务的权力授予他，使权责共存一体，这样内科主任才可能顺利执行这一任务。需要强调的是，权责应该相等，职责不应小于也不应大于所授予的职权。

（一）职权的类型

根据职权权力基础的不同，许多组织的管理者在运用职权时，将其分为三种类型：直线职权、参谋职权、职能职权。

1. 直线职权

直线职权是某项职位或某部门所拥有的包括做出决策、发布命令等的权力，也就是通常所说的指挥权。

每一管理层的管理者都具有这种职权，只不过随管理层次的不同，其职权的大小、范围不同而已。例如厂长对车间主任拥有直线职权；车间主任对班组长拥有直线职权。这样，从组织的上层到下层的主管人员之间，便形成了一条标准的命令链，命令的指向由上到下。直线职权通常是经过授权而形成的，主要是以合法权为基础。

2. 参谋职权

参谋职权是直线管理者的参谋或幕僚所拥有的辅助性职权，这是一种顾问性或服务性的职权。拥有参谋职权的管理者可以向直线管理者提出建议或提供服务，但其本身不具有指挥权或决策权。

虽然参谋职权是一种辅助性职权，但是当一个组织的规模扩大到一定程度，直线职权已经不能应付组织所面临的各种复杂问题时，参谋的角色是不可缺少的。并且，随着组织规模的扩大，这一角色的作用会逐渐加强，以便于直线管理活动的实施和开展。

参谋的形式有个人与专业之分。前者是参谋人员，他是直线人员的咨询人员，主要任务是协助直线人员执行职责。后者是专业参谋，常常表现为一个独立的机构或部门，也就是通常所说的"智囊团"。

3. 职能职权

职能职权是指由参谋人员所拥有的原属于直线管理者的那部分权力。在组织规模较小、管理职能相对集中的情形下，参谋人员拥有的就只是建议权；随着组织规模的扩大，许多管理职能日益专业化和独立化，管理者缺乏某些方面的专业知识，对方针政策的解释也存在差异，为了提高管理效率，管理者会将一部分职权授予参谋人员，这一部分职权就是职能职权。

在组织中，职能职权是很普遍的，它对于组织行为的实施是十分必要的。职能职权是部门职能划分与分权的结果，是建立在合法权和专家权的双重基础之上的。因此，职能职权一旦形成，就要力求做到职权的明确化，即明确指出哪些职能职权该由哪些人来行使，从而避免职权的混乱和矛盾的产生。此外，在设置职能职权时一定要慎重，只有在职能职权提供的服务是组织所必需的，且有足够业务量的情况下，才需要考虑职能部门的设置。

（二）集权与分权

1. 集权与分权的含义

组织不同部门拥有的权力大小不同，会导致部门之间、部门与最高指挥者之间以及部门与下属单位之间的关系不同，从而造成组织结构的不同。例如，同是按产品划分设立的管理单位，既可以是单纯的生产车间，也可以是一个具有相当自主权的分权化经营单位（事业部甚至分公司）。这涉及组织的集权与分权问题。集权意味着决策权在很大程度上向处于较高管理层次的职位集中；分权则意味着决策权在很大程度上分散到处于较低管理层次的职位上。

集权与分权是相对的概念，在现实中，不存在绝对的集权和分权。绝对的集权意味着职权全部集中到一个人手中，没有下层管理人员，这实际上等于组织是不存在的；职权的绝对分散，意味着没有上层的主管人员，组织也是不能存在的。集权和分权同时也是两个彼此相对、相互依存的概念。说一个组织是集权的或是分权的，这意味着或者是同它的过去比较，或者是同其他的组织比较。

集权和分权不能简单地用"好"或"坏"来加以判断。在成功的企业中，既有许多被认为是相对分权的企业，也有许多被认为是相对集权的企业。因此，并不存在一个普遍的标准，可以使管理者据之判断应当分权到什么程度，或者应当集权到什么程度。在管理过程中，有层次的组织结构的建立，就已经存在着某种程度的分权。而为了使组织结构有效地运行，还必须确定分权的程度。

2. 集权与分权的标志和特点

（1）衡量集权与分权程度的标志。一般来说，集权或分权的程度，常常根据各管理层次拥有的决策权的情况来确定。

1）决策的数目。基层决策数目越多，其分权程度越高；反之，上层决策数目越多，其集权程度就越高。

2）决策的重要性及其影响面。若较低管理层做出的决策事关重大、影响面广，就可认为分权程度较高；相反，若较低管理层做出的决策无关紧要，则集权程度较高。

3）决策审批手续的简繁。在根本不需要审批决策的情况下，分权的程度就非常高；在做出决策后还必须呈报上级领导做出审批的情况下，职权的分散程度就要低一些。低管理层在做出决策时请示的人越少，分权的程度就越高。

（2）集权制与分权制的特点：

按集权与分权程度的不同，可形成两种领导方式：集权制与分权制。

1）集权制组织的特点。集权制指组织的管理权限较多地集中在组织的最高管理层。其特点是：①经营决策权大多集中在高层，中下层管理人员只有日常事务的决策权限；②对下级的控制较多，下级在做出决策前必须请示上级；③统一规划、统一经营；④统一核算。

2）分权制组织的特点。分权制就是把管理权限适当分散在组织的中下层。其特点是：①中下层有较多的经营决策权；②对下级的控制较少，往往以完成规定的目标为主；③在统一规划下可独立经营；④实行独立核算，有一定的财务支配权。

3. 影响集权与分权的因素

影响集权与分权的因素很多，其中主要包括以下几点。

（1）决策的重要性。决策的重要性是影响集权与分权程度最重要的因素。衡量决策重要性的标志，除了所涉及的金额之外，还有诸如企业的前景、企业的声誉、对员工士气的影响等其他因素。一般来说，越是重要的决策，就越有可能由较高层次的管理者掌管。这并不完全是由于高层管理者更高明、更有能力，很大程度上是出于由谁来承担责任的考虑。授权并不意味着可以授出责任，管理者必须为他们的下属所做的决策负责。正是由于这个原因，高层管理者一般不会把关键性决策的职权授予下属。

（2）组织的规模。组织规模越大，需要做出的决策就越多，需要做出决策的场所也越多，协调起来也就越困难。这种情况必然会降低决策的速度，导致决策的成本很高。要克服这些问题，就必须分散权力。一般认为，为了克服规模过大而造成的经济浪费，根据产品、地域或流通渠道来进行组织结构划分是比较有利的。

（3）组织的历史。一个组织形成的方式常常决定着其集权或分权的程度。如果组织是在较小规模的基础上发展起来的，则会显示出鲜明的集权化倾向。因为组织较小时，大部分决策都是由最高主管直接制定和组织实施的，决策权的独揽可能已成为习惯。在这样的组织中，即使事业不断发展、扩大，最高主管仍愿意保留大部分权力。因为一旦失去这些权力，主管便可能产生失去控制的感觉。而通过兼并或收购形成的企业则经常表现出权力分散的倾向。但在有些情况下，企业并购也可能会导致职权的集中。这往往是因为占支配地位的企业急于接管，或者希望尽快获得合并经营的经济影响。

（4）组织的变动程度。组织变动的快慢与激烈的程度也会影响职权的集中与分散。例如，一个迅速成长的企业，面临着许多因扩张而产生的问题，其高层主管往往倾向于授权给下属，并愿意承担由此而带来的风险。而在一些非常成熟且稳定的组织中，则存在着一种集权或再集权的趋势。例如，在许多银行、保险公司和铁路企业中，决策的权力往往是比较集中的。

（5）高层管理者对一致性的方针政策的偏好。有些高层管理者将组织的方针政策的一致性看得很重，他们希望在质量、价格、服务等方面对顾客一视同仁，希望对供应商采取一致的政策。于是，他们往往赞同较高程度的集权，因为这样做是达到政策一致性的最有效的途径。

（6）对授权的控制手段。是否有合适的控制手段也是影响职权分散程度的一个重要因素。如果没有适当的反馈，如果不能了解所授出的职权运用是否得当，那么不管多么优秀的管理者都无法进行有效的授权。

（7）外界环境的影响。以上讨论的大多是组织内部的因素，组织的外部环境也影响着组织中职权的分散程度。其中影响较大的因素包括法律、政策、宏观经济体制等。

（三）授权

1. 授权的概念

授权是指上级委授给下属一定的权力，使下级在一定的监督之下，有相当的自主权、行动权。授权者对被授权者有指挥监督权，被授权者对授权者负有报告与完成任务的责任。

授权可以说是组织规模扩大的结果。随着组织的扩张，没有人能够承担实现组织目标所必需的一切任务，也没有人能够行使所有的决策权力。管理者把自己的部分决策权或工作责任分配给下属，这对于组织的有效运行是十分必要的。

2. 授权的作用

授权具有以下几种积极作用。

（1）授权有利于管理者从繁杂的日常事务中解脱出来，集中精力抓大事。如果一个管理者事无巨细，一概亲自过问、亲自处理，必然使自己陷入众多的日常事务的泥潭之中，耗费过多的时间和精力。相应的，管理者授权给他人的任务越多，他从更高一级管理者那里得到的机会和接受的责任也会越多。因此，一个优秀的管理者应当能够充分授权，脱身于一般的日常事务管理，从而可以集中时间和精力处理好组织的重大问题。

（2）授权有利于调动下属的积极性。在管理过程中，调动人们工作积极性的手段除了物质利益奖励之外，另一个重要的手段就是授予权力，使其发挥管理才干。当下属接受责任并能够做出决断时，会觉得自己得到了上级的信任，获得情感上的满足；下属通过努力，取得成果，也会产生自我实现感。所以说，通过授权，调动下属的工作积极性，是一种重要的管理方法。

（3）授权有助于培养下级管理人员。管理水平的提高需要实践，而管理实践必须有权。通过授权，被授权的管理者有职有权，在管理实践中，通过自身的努力就会逐步提高管理水平。对有才干、有发展前途的管理人员，可以有意识地委以重任、授予权责，使其在管理实践的第一线、在复杂困难的环境中得到锻炼和提高，成为一个有效的管理者。

（4）授权有利于加速决策的制定。当下属在做决定之前不得不向他的上级主管汇报，而该主管又可能向他的上级汇报时，就会浪费很多宝贵的时间，错失许多良机。

3. 有效授权的原则

授权本身也是一种管理权力的运用艺术。做好授权工作并不是一件轻而易举的事，我们在日常的管理实践中常常见到的情形是：要么只相信自己，怀疑下属的能力，不愿授权；要么名义上授权了，实际上时时干预，下属的权力有名无实；要么是授权不当，不应授予的权力下放之后导致失控，结果不得不再将权力收回，反反复复、造成损失。要做好授权工作，应注意以下几条原则。

（1）重要原则。授予下级的权限，应是该层次中比较重要的权限。如果下级发现上级的授权只是一些无关紧要的权力，就会失去积极性。

（2）明确原则。授权时，必须向下级明确所授事项的责任、目标及权力范围，让他们知道自己对什么资源有管辖权和利用权，对什么样的结果负责，使之在规定的范围内有最大限度的自主权。否则，被授权者在工作中就会感到无所适从，势必贻误工作。

（3）权责对等原则。权力与责任总是相伴随的，授权的同时也就是落实责任，授予的权力越大，相应的责任也就越大。权责对等对授权者来说是必须遵守的准则。

（4）适度原则。评价授权效果的一个重要因素就是授权的程度。授权过少，往往造成领导者的工作太多，下属的积极性受到挫伤；而授权过多，又可能造成工作杂乱无章，甚至失去控制。授权要做到下授的权力刚好够下属完成任务，不可无节制地放权。

（5）不可越级授权原则。越级授权是高层管理者把本来属于中间管理层的权力直接授予下级。这样做，等于否定了中间管理层的作用，会干涉中间管理层的工作，打击中间管理层的积极性。因此，授权必须逐级进行，上级只能向由自己直接领导、指挥的下级授权，不能越级授权。

4.有效授权的步骤

有效授权最基本的前提是管理者愿意给下属为完成任务所需要的自由选择权，使他们可以选择自己认可的方法或方案，而不必完全按照上级的指示行事。

要实现有效授权，除了遵循授权的基本前提外，还要系统地按照下列步骤进行。

（1）决定哪项工作可以并且需要授权。管理者的工作中有些适宜授权，有些不适宜，对此要注意区分。计划、组织、领导、控制等管理工作最好不要授权。向下授权的主要是一些日常性的业务工作。当然，一些能力要求较高而又富有挑战性的任务也可以委派给下属，这有利于下属的成长和发展。

（2）决定谁是被授权人。在决定由哪个下属来承担任务时，管理者需要考虑：做好这项工作需要什么样的技术、知识和能力？谁具备这些条件？谁有兴趣做这项工作？谁有充足的时间？管理者应当选择既有能力胜任，又有工作意愿的人进行授权。

（3）明确完成任务的权力和责任。授权时，必须向下级明确所授事项的责任、目标及权力范围，让他们知道自己对什么资源有管辖权和利用权，对什么样的结果负责，使之在规定的范围内有最大限度的自主权。否则，被授权者在工作中会感到无所适从，势必贻误工作。

（4）排除被授权人的工作障碍。在授权之前，一定要知道授权会影响到哪些人，避免出现被授权人在执行任务时其他人不予合作的情况。同时，要有技巧地提醒被授权人在完成任务的过程中可能遇到的困难及注意事项，使其对可能出现的困难有充分的心理准备。

（5）追踪和控制。管理者应建立能够显示下属执行授权工作情况的反馈制度，以便了解工作进度，并在必要时提出建议或做出调整。但在选择反馈制度时，一定要选择一个适当的标准，如果控制得过紧，真正意义上的授权就无法实现了。

（6）评估绩效。当下属完成所交付的工作时，管理者要对其绩效进行验收和评估，对表现突出、成绩优异者要给予奖励，对成绩不理想者要帮助其总结经验。

五、组织文化

组织文化概念最早出现于美国，是美国的一些管理学家在总结日本管理经验之后提出来的。美国学术界认识到，一个成功的组织不能仅仅注重组织结构、规章制度等管理"硬件"，更要注重人员的价值观、行为规范、道德准则、工作作风等管理"软件"，即组织文化的建设。组织的成功或失败经常归因于组织文化。组织文化是被组织成员共同接受的价值观念、思维方式、工作作风、行为准则等群体意识的总称。组织通过培养、塑造这种文化，来端正成员的工作态度，引导实现组织目标。因此，根据外在环境的变化适时变革组织文化常被视为组织成功的基础。

（一）组织文化的本质

1. 组织文化的概念

正如每个人都有其独特的个性一样，组织也具有自己的个性。每个组织都有自己特定的环境条件和历史传统，从而也就形成自己独特的哲学信仰、意识形态、价值取向和行为方式，于是每个组织也就具有自己特定的组织文化。

组织文化是指组织在长期的实践活动中所形成的并且被组织成员普遍认可和遵循的具有本组织特色的价值观念、团体意识、行为规范和思维模式的总和。

2. 组织文化的特征

（1）个体的独特性。每个组织都有其独特的组织文化，这是由不同的国家和民族、不同的地域、不同的时代背景以及不同的行业特点所形成的。如美国的组织文化强调能力主义、个人奋斗和不断进取；日本的组织化深受儒家文化的影响，强调团队合作、家族精神。

（2）相对稳定性和连续性。组织文化是组织在长期的发展中逐渐积累形成的，具有较强的稳定性和连续性，能长期对组织员工的行为产生影响，不会因组织结构的改变、战略的转移或产品与服务的调整而变化。

（4）融合继承性。每个组织都是在特定的文化背景下形成的，必然会接受和继承这个国家和民族的文化传统和价值体系。但是，组织文化在发展过程中，也必须注意吸收其他组织的优秀文化，融合世界上其他的文明结果，不断地充实和发展自我。也正是这种融合继承性使得组织文化能够更加适应时代的要求，并且形成历史性与时代性相统一的组织文化。

（4）软约束性。组织文化之所以对组织的经营管理起作用，主要不是靠规章制度之类的硬约束，而主要是靠其核心价值观对员工的熏陶、感染和引导，使组织员工产生对组织目标、行为准则及价值观念的"认同感"，自觉地依据组织的共同价值观和行为准则去工作。

（二）组织文化的结构与内容

1. 组织文化的结构

组织文化的结构可分为物质层、制度层和精神层三个层次。

（1）物质层。物质层是组织文化抽象内容的物质体的外在显现，是组织文化最直观的部分，是人们最易于感知的部分，包括企业面貌、产品的外观和包装、技术和工艺设备特性、纪念物等。

（2）制度层。制度层是组织文化的中间层，又称组织文化的里层，是指组织有特色的各种规章制度、道德规范和行为准则的总和，也包括组织机构中的分工协作关系。

（3）精神层。精神层又称组织文化的深层，是指组织的领导和员工共同信守的基本信念、价值标准、职业道德及精神风貌。它是组织文化的核心和灵魂，是形成组织文化的物质层和制度层的基础和原因。

2. 组织文化的内容

组织文化的内容包括组织的价值观、组织精神、伦理规范和组织素养四个部分。

（1）组织的价值观。组织的价值观就是组织内部管理层和全体员工对该组织的生产、经营、服务以及指导这些活动的一般看法或基本观点。它包括组织存在的意义和目的、组织中各项规章制度的必要性与作用、组织中各层级和各部门的各种不同岗位上的人们的行为与组织利益之间的关系等等。每一个组织的价值观都会有不同的层次和内容，成功的组织总是会不断地创造和更新组织的信念，不断地追求新的、更高的目标。

（2）组织精神。组织精神是指组织经过共同努力奋斗和长期培养所逐步形成的，认识和看待事物的共同心理趋势、价值趋向和主导意识。组织精神是一个组织的精神支柱，是组织文化的核心，它反映了组织成员对组织的特征、形象、地位等的理解和认同，也包含了对组织未来发展和命运所抱有的理想和希望。组织精神反映了一个组织的基本素养和精神风貌，是凝聚组织成员共同奋斗的精神源泉。

（3）伦理规范。伦理规范是指从道德意义上考虑，社会向人们提出并应当遵守的行为准则，它通过社会公众舆论规范人们的行为。组织文化内容结构中的伦理规范既体现组织自下而上环境中社会文化的一般性要求，又体现着本组织各项管理的特殊需求。因此，如果高层主管不能设定并维持高标准的伦理规范，那么正式的伦理准则和相关的培训计划将会流于形式。

（4）组织素养。组织素养包括组织中各层级员工的基本思想、科技和文化教育水平、工作能力、精力以及身体状况等等。其中，基本思想素养的水平越高，组织中的管理哲学、敬业精神、价值观念、道德修养的基础就越深厚，组织文化的内容也就越充实丰富。可以想象，当一个行为或一项选择不容易判定对与错时，基本思想素养水平较高的组织容易帮助管理者做出正确决策。组织文化必须包含组织运作成功所必要的组织素养。

（三）组织文化的功能与塑造途径

1. 组织文化的功能

（1）整合功能。整合功能是指通过员工的认同感和归属感及成员之间的协作关系使组织有机地整合在一起。

组织文化通过培育组织成员的认同感和归属感，建立起成员与组织之间的相互信任和依存关系，使个人的行为、思想、感情、信念、习惯以及沟通方式与整个组织有机整合在一起，形成相对稳固的文化氛围，凝聚成一种无形的合力，以此激发出组织成员的主观能动性，并为组织的共同目标而努力。

（2）适应功能。适应功能是用组织的价值观念来改变员工，以适应环境因素的变化。组织文化能从根本上改变员工的旧有价值观念，建立起新的价值观念，使之适应组织外部环境的变化要求。

（3）导向功能。导向功能是指组织文化是一种理性约束，可以引导组织和个人的行为和活动。

（4）发展功能。发展功能是在发展过程中形成的组织文化，也在发展过程中不断地更新和优化。

（5）持续功能。持续功能是指组织文化一旦形成，就有历史的继承性，就会具有持续性，不会因为组织战略和领导人员的变更而消失。

2. 组织文化的塑造途径

组织文化的塑造是个长期的过程，同时也是组织发展过程中一项艰巨、细致的系统工程。

（1）选择合适的组织价值观标准。组织价值观是整个组织文化的核心，选择正确的组织价值观是塑造良好组织文化的首要战略问题。选择组织价值观要立足于本组织的具体特点，根据自己的目的、环境要求和组成方式等特点选择适合自身发展的组织文化模式。

组织价值标准要正确、明晰、科学，具有鲜明特点，要体现组织的宗旨、管理战略和发展方向，要切实被本组织员工认可和接纳，使之与本组织员工的基本素质相和谐。

（2）强化职工的认同感。首先，利用一切宣传媒体，宣传组织文化的内容和摘要，提高知晓度，创造浓厚的环境氛围；其次，培养和树立典型，榜样和英雄人物是组织精神和组织文化的人格化身与形象缩影，能够以其特有的感召力和影响力为组织成员提供可以仿效的具体榜样；最后，加强相关培训教育，有目的的培训与教育，能够使组织成员系统地接受组织的价值观并强化员工的认同感。

（3）提炼定格。组织价值观的形成不是一蹴而就的，必须经过分析、归纳和提炼方能定格。

（4）巩固落实。通过建立奖优罚劣的规章制度促使成员逐步且自觉主动地按照组织文化和组织标准去行事。组织领导应发挥率先垂范的作用。其本人的模范行为、以身作则是一种无声的号召和导向，会对组织成员产生强大的示范效应。

（5）在发展中不断丰富和完善。组织文化的建设是一个认识与实践不断深化的过程，因此需要不失时机地调整、更新、丰富和发展。

六、组织变革

组织变革指组织面对外部环境和内部条件的变化而进行改革和适应的过程。组织是存在于一定环境中的生命体。没有一个组织能永远保持不变，或是由于组织自身的矛盾和缺陷而显得效率不高，或是由于外界环境变化而使得自身难以适应。一个积极向上的组织必须时刻评估自己的组织效率，掌握组织自身的发展规律，敏锐地洞察外界环境的变化，扬长避短、不断完善自我，有计划地、主动地寻求各种变革，以求得生存和发展。

（一）组织变革的种类

根据不同的标准，组织变革可以分为以下几种类别。

1. 按领导者的控制程度，可分为主动的变革与被动的变革

主动的变革是有计划的变革，是管理者洞察到环境中可能给组织带来的机遇与挑战，考虑到未来发展的趋势与变化，以长远发展的眼光，主动地制定对组织进行变革的计划并分阶段逐步实施；被动的变革是指管理者缺乏长远的战略观念，当环境发生变动时，要么显得束手无策，要么在环境的逼迫下被动匆匆地做出对组织进行变革的决定。重大的、成功的变革都是主动的、有计划的改革。

2. 按工作的重点，可分为以人为中心、以组织为中心、以技术为中心三种变革

在以人为中心的变革方式中，管理人员首先致力于改变人员的态度、价值观念和需求的种类与层次，通过转变人员的工作态度促使人们修正自己的行为，从而达到改进工作绩效的目的。但以人为中心的改革往往费时较多，改革成本太高，故有人认为不如先改变组织结构和技术环境，再来改变人的行为。

在以技术为中心的变革方式中，管理人员通过改变从原料的投入到转变为产品的整个过程中所使用的技术来促使人们的工作内容、工作顺序和工艺程序发生改变，以达到影响人的行为、提高工作绩效的目的。改进技术意味着运用各种新技术去提高工作效率。技术变革有两个方面：一个是劳动密集型，另一个是资本密集型。不同类型的技术对组织结构和下级人员的工作行为会产生不同的影响，主要包括：第一，影响工作分工与工作内容；第二，影响下级的社会关系；第三，影响工作环境；第四，影响管理者所需要的技能；第五，影响工作的类型；第六，影响工资；第七，影响工作时间。因此，在考虑技术变革问题时，不仅要考虑新技术可能带来的效益，还要考虑新技术可能对组织结构和下级行为带来的影响。

以组织为中心的变革方式，并不侧重于对人的态度的转变，而是通过改变组织结构、沟通渠道、奖惩制度、管理政策与工作环境来实现变革。通过工作环境的改变，组织中的人会自动改变他们的行为。在这种方式的变革中，人们态度的转变似乎无关紧要，但是组织结构的任何变动必然会对人的态度产生影响，这种影响可能有利于，也可能有碍于组织结构的改变。

（二）组织变革的原因

如果一个组织要能够生存、发展、壮大，并不断地趋于成熟，不断地取得成就，就必须依据外部环境及内部条件的变化而适时调整其目标与结构，不能一成不变。组织必须能够适应变化，否则就会快速地衰败甚至破产。因此，组织为适应内外环境及条件的变化，需要对组织的目标、结构及组成要素等适时而有效地进行各种调整和修正，即实行组织变革。

促使组织变革的主要原因可以分为外部原因和内部原因两个方面。

1. 组织变革的外部原因

外部的原因是指市场、资源、技术和环境的变化，这部分因素是管理者控制和把握不了的。市场的变化如顾客的收入、价值观念、偏好等，竞争者推出了新产品或产品增加了新功能，竞争对手加强了广告宣传、降低产品价格或改进售后服务，从而使本公司的产品不再具有吸引力。资源的变化包括人力资源、能源、资金、原材料供应的质量、数量及价格的变化。技术的变化如新工艺、新材料、新技术、新设备的出现，这些不仅会影响到产品，而且会诞生新的职业和部门，会带来管理、责权分工和人与人关系的变化。社会环境的变化也会促使组织变革，它包括政治形势、经济形势、制度、投资、贸易、税收、产业政策与企业政策的变化。环境的变化特别是市场环境的变化是促使组织变革的最重要原因。

2. 组织变革的内部原因

组织变革的内部原因主要是指人的变化、组织运行和成长中的矛盾等。任何一个组织都存在着使这个组织成长的因素，同时也存在着使这个组织衰败的因素。如组织缺乏弹性，对外界环境的变化反应迟钝；管理者决策缓慢，决策质量不高或作不出决策；企业内部不协调，组织目标与个人目标之间、各部门目标之间出现分歧；职工的价值观念、工作态度发生变化，工作效率不高，不满与抱怨增加；新的领导者上任或原有领导者采用了新的思想观念，组织高层制定了新的战略和目标，员工队伍增加了新的分歧或思想发生了变化。这些都促使管理者采取变革的措施，以保证组织的生存和发展。

（三）组织变革中的变量

为了研究和设计组织变革的方法，首先要对组织系统本身加以研究。美国管理学家李维特认为，组织是一个含有多种变量的系统，在此系统中，至少包含着四个最重要的变量，那就是任务、技术、结构与人员。

1. 任务

组织的任务是指组织的运行目标和方向。当对组织的运行目标和方向进行调整时，组织的结构也要随之进行变革。在复杂的组织系统内，尚有许多亚层次任务存在，它们是为总任务服务的。这些亚层次任务实际上就是各个部门的具体工作任务和目标，这是决定各级部门结构设置的重要因素。

2. 技术

组织系统中的技术因素包括设备、建筑物、工作方法、新技术、新材料、新的质量标准和新的管理技术控制手段等。技术因素的变革，可以间接地促使组织任务的改变，或直接促进组织技术条件与制造方法的改进，从而影响到组织人员与组织结构。

3. 结构

组织的结构包括组织的职权系统、工作流程系统、协作系统、意见交流与信息反馈系统、人力资源管理等专业职能系统以及集权的程度等。

4. 人员

人员是指组织成员的态度、动机、行为、技术文化素养、职业道德水准、人际关系、受激励的程度、组织文化与成员的价值观念等。组织中人的因素的变化，是引进组织变革的最复杂、最深刻、最难把握的因素之一。

李维特认为，这四个变量具有很强的依赖性和相关性，其中任何一个变量发生变化，都可能引起其他变量的变化。例如，技术的进步会要求人的素质提高，而人的素质的提高，又会反过来推动技术的进步、管理的改善、结构的优化和运行方式乃至运行方向的改变，从而导致组织的任务与目标做出调整。

因此，组织的变革是一项复杂的系统工程，有时可能主要是针对其中的一个变量，有时是借助其中一个变量的变革来影响其他的变量，还有的时候可能是对组织系统中的几个变量同时实施变革。这就要求我们不能孤立地、简单地、片面地看待组织的变革，而应该有步骤、有计划、有系统地来进行，这既是管理科学化的要求，也是充分体现出组织变革的必要所在。

（四）组织变革的实施

任何一个涉及人的变革的过程都包括解冻、改变和固结三个过程。

1. 解冻

解冻就是要促使人们改变原有的态度和行为并消除那些支持这些态度和行为的因素，传输给他们一些新观念。任何一个组织的内部都存在着力图保持现状、抵制变革的势力。因为人们在一个熟悉的环境中会感到舒适，受到的压力较小。而变革意味着有些人将会失去这种舒适感和预知感，所以他们要抵制。因此就要有一个解冻的过程作为实施改革的前奏，使人们认识到现实总是有缺点、是可以改进的，原有的某些观念随着环境的变化是应该更新的，不能满足于现状。解冻的目的是使人们对改革有所准备，将妨碍改革的因素减至最少，鼓励人们接受新的观念、乐意接受变革。

2. 改变

在人们经历了解冻过程，对变革做好了准备之后，具体的变革措施就可以开始实施了。变革必须包含一个由现行的行为方式和组织结构向新的行为方式和组织结构转变的过程。正是在这个过程中，变革行动实地进行了。需要强调的是，人们往往认为变动的过程就是改革的全部，但是如果我们把变革视为一个三阶段的过程就应当认识到，根本性的变革只有在前有一个解冻过程，后有一个固结过程的条件下才能完成。

3. 固结

变动发生后，人和组织都有一种退回到原有习惯和行为模式之中的趋势。为了避免这种情况的发生，必须保证新的行为模式和组织结构能够不断得到加强和巩固，为此就要对继续保持新态度和新行为方式的职工予以支持和奖励。这种巩固和加强新的行为模式的过程称为固结。没有这一过程，变革只会是一种对组织和成员仅有短暂影响的活动。

具体来说，组织变革的实施可按照六个基本步骤来进行。

（1）发现问题征兆，认识变革的必要性。一个组织不成长可以生存，但不变革则难以生存。管理者不能只看到成绩、看到机遇、面向过去，而应更多地看到问题、看到挑战、面向未来，要有紧迫感、危机感和预见性，以变图兴，把握和创造未来。但管理者能够从哪里获得需要变革的信息呢？除了从外部环境变动的一般信息中发现对自己的有利或不利因素外，最重要的是从组织内部日常活动的反馈信息，如利润、销售额、市场占有率、质量、成本、员工士气等数据中发现异常情况。如果利润和市场占有率下降，则表明企业的竞争能力有所减弱，需要尽早诊治与变革，切不可麻木，将不正常的情况视为正常。

（2）诊断问题。发现问题的征兆是比较容易的，但透过征兆诊断出问题的根源却是困难的。如果诊断问题时发生错误，就不可能正确地提出变革的措施，也不可能达到解决问题的目的。因此，在诊断问题步骤中必须正确回答以下问题：什么是有别于征兆的真正问题？改变什么可以解决这些问题？改变的结果是什么？如何衡量这些目标？诊断问题是保证整个变革过程正确进行的关键环节，在这一阶段必须将变革的目标具体化。目标可以用财务和生产数据表示，如利润、市场占有率、销售量、生产率、废品率，也可用对组织成员有意义的个人发展目标来表示，但目标必须明确、易懂、有挑战性。

（3）选择变革的方法。在讲组织变革的种类时我们已经知道，变革按工作重点可分为以人为中心、以技术为中心和以组织结构为中心。选择哪种变革方法应根据诊断出的问题的性质有针对性地进行。现实中的改革往往采用综合的方法，针对问题选择重点，相辅相成，配套进行。

（4）分析变革的限制条件。一项变革能否取得成功，除了正确地诊断问题与选择变革的方法外，还要分析变革会受到哪些条件的制约。一般来说，变革主要受三个因素的影响：

1）领导的支持。变革是破旧立新，需要变革现有的妨碍生产和员工发展的规章制度。任何一项变革的计划，改革者若得不到上级和管理部门的支持和认可，其成功的可能性是很小的，所以改革者在采取一项变革之前应尽可能得到上级的支持，而领导者对下级的改革也应采取积极支持的态度。

2）改革要综合配套进行。任何一项改革都不能孤立地进行，必须在政策、组织、结构、控制方法、工作制度、人们的行为习惯上做相应的改变。

3）变革要求人们在思想和价值观念上做出相应的改变。如果变革和现有的组织文化相对立，那么改革的制定者必须对预期的阻挠采取预防措施，同时也要考虑社会和人们的承受能力，考虑周围条件的影响。不顾现实条件的变革只会把事情搞糟。

（5）正确地选择推行改革的策略和方式。

1）根据下级参与变革决策的程度可分为命令式、参与式和分权式。命令式是指由领导做出变革的决策，自上而下地发布命令，说明所要进行变革的内容和下级在贯彻这些变革中的职责。参与式是指让下级在不同程度上参与讨论、分析与选择改革的方案，汲取众人的智慧。分权式是指将决策权力交与下级，由下级对自己存在的问题进行讨论，自行提出解决问题的方案，并对方案最终负责。

2）按变革解决问题的深度可分为计划性的变革和改良式的变革。计划性的变革是指对问题进行系统、广泛的研究，统筹全局，作出规划，然后有计划、有步骤地实施，将变革和政策、工作制度、管理方式的改进、人员的培训同时进行，让职工有充分的思想准备。改良式的变革是指对问题进行优化，对局部问题进行修补。这是组织经常采用的一种变革方式，其优点是符合实际需要，对局部进行变革的阻力较小，比较稳妥。其缺点是缺乏整体和长远规划，头痛医头、脚痛医脚，带有随机和权宜的性质。

3）按改革进行的步调可分为突破式和渐进式。突破式是领导以最大的决心和魄力对重大性的变革要求一步到位，定期完成。此种方式可以使问题在短期内获得解决，但由于时间仓促，考虑不周，容易遇到较大的变革阻力。渐进式是利用足够的时间分步骤地推进改革，在不知不觉中达到变革的目标。此种方式阻力较小，易于接受，但也很容易使变革持续的时间过长，成效不大。

以上讲的是几种分类的情况，说明推行改革的策略中有速度、广度、深度和参与程度的问题，至于选择哪种改革的策略，要依问题的性质、参与者以及各种不同的组织因素而定。

（6）实施变革计划。任何一项组织变革的决策都是为了实施。没有行动的实施等于没有决策。实施变革计划时要恰当地选择开启变革的时间和原因。除情况紧急，问题直接涉及组织的存亡应立即予以实施外，一般不宜选在业务繁忙的旺季。至于实施的范围，既可以在整个组织范围内贯彻，使其在很短的时间内成为既成事实，也可以在组织内逐级、逐部门、分阶段进行。成功的改革往往都采用分阶段、限制改革的范围以积累经验、逐步推开的做法。

组织变革是一种改变现状的努力。任何改变现状的做法都会或多或少地遇到变革对象的阻力与反抗。阻力首先来自于传统的价值观念和习惯势力，其次来自于人们对变革后果的担心。任何变革，都既有优点又有缺点，即使再好的改革方案也未必都能带来良好的结果。从某种意义上说，变革也是一种利益和权力格局的再调整，变革中利益和权力受到威胁的人势必抗拒和阻挠改革。另外，变革也将导致工作技术与方法的改变，使某些人丧失原来的技术与经验的优势，产生失去工作或难以适应新的技术和工作的忧虑，从而抗拒变革。

变革总是要付出代价，没有人为变革做出牺牲，没有思想观念的革命，变革几乎是不可能实现的。不过我们也不能将阻力完全看成是消极的，它可以促使人们对变革方案考虑得更加周全，因此改革的推动者不应当压制抗拒的产生，而应当设法疏导，力求将变革的阻力降至最小，以赢得更多的人对改革的支持。其方法是：

（1）进行说服宣传，使更多的人正确了解变革的原因和目的及可能产生的绩效和好处，使人们对变革的意图有正确的理解。

（2）组织相关的人员参与变革方案的设计。如果变革的问题重要、复杂、涉及面广，那么光靠变革推动者是没有把握和能力制定出变革方案的，一定要邀请相关的部门和人员参与变革计划的设计，以便集思广益，使变革切实可行。

（3）对变革的有利因素和不利因素进行认真的分析，权衡利弊，对变革可能出现的新问题事先作妥善的处理，争取绝大多数人对改革的认可和支持。一般情况下，只有得到多数人认可和支持的变革才能取得成功。

（4）充分磋商与协调。当变革的方案可能影响到某些部门和群体的利益时，应事先找有关方面进行磋商与协调，尽可能使变革的方案兼顾各方面的利益。不要追求理想的改革方案，多数人可以接受的方案才是现实的变革方案。

（5）正确地选择变革的方式和策略，避免操之过急。妥善处理变革与稳定的关系，不做不停顿的改革，巩固一项改革成果后再展开另一项改革。

（6）实施变革时要及时收集可以检验变革效果的指标信息。检验变革的效果有些可用既定的衡量标准信息，有些要根据实际情况来确定指标信息。根据收集到的信息来评估和确定整个改革期间改革效果的发展趋势，及时对偏差采取纠正措施。

第三节　领导

一、领导的内涵

（一）领导的概念

领导是管理的重要职能，是指对组织成员的行为进行引导和施加影响的活动过程，其目的是带领和指挥组织的全体成员同心协力地执行组织的计划，实现组织的目标。

需要注意的是，不要把领导和领导者混同起来。领导者是实施领导的人，或者说领导者是利用影响力带领组织成员达成组织目标的人。

（二）领导的实质

领导的实质，就是管理者根据组织的目标和要求，在管理过程中运用有关的理论和方法以及沟通、激励等手段，对被领导者施加影响力，使之适应环境的变化，以统一思想、统一行动，保证组织目标的实现。在领导工作中，管理艺术得到了充分的体现。

既然领导的实质是对他人施加影响力，那么影响力来源于哪里呢？领导者的影响力主要来自两个方面：一是来自于职位权力。这种权力是由于领导者在组织中所处的位置由上级和组织赋予的，这样的权力随职务的变动而变动，在职就有权，不在职就无权。人们往往出于压力不得不服从这种职位权力。二是来自于个人权力。这种权力不是因为领导者在组织中的位置的高低，而是由于领导者自身的某些特殊条件才具有的。例如，领导者具有高尚的品德，丰富的经验，卓越的工作能力，良好的人际关系等。这种权力不会随着职位的消失而消失，而且这种权力对人的影响是发自内心的，长远的。

职位权力可分为奖赏权、惩罚权和合法权，个人权力可分为模范权和专长权。

（1）奖赏权。奖赏的权力是通过给予别人所期望得到的东西来影响他人行为的能力。例如，主管人员向下属做出承诺：如果工作表现好或者能按时完成规定的工作目标，便可以获得额外奖金等。

（2）惩罚权。惩罚的权力是通过惩罚来影响他人行为的能力，许多职位都授予主管处罚下属的权限。它来自下级的恐惧感，即下级认为领导者有能力惩罚他，使他痛苦，使他不能满足某些需求。

（3）合法权。合法的权力是指一般人都认为主管人员有权命令或指示下属的工作。它来自于下级的传统观念，即下级认为领导者有合法的权力影响他，他必须接受领导者的影响。

（4）模范权。模范的权力是指利用别人对自己的认同来影响他人行为的能力。它来自下级对上级的信任，即下级相信领导者具有他所需要的智慧和品质，具有共同的愿望和利益，从而愿意学习和跟从他。

（5）专长权。专长权是指领导者通过提供别人需要的知识、经验或消息来影响他人行为的能力。例如他人会对拥有专业知识和丰富经验的人的建议言听计从。

（三）领导的作用

在管理实践中，领导的作用表现在以下几个方面。

1. 更有效、更协调地实现组织目标

计划的制定、组织机构的建立、进行人员配备以及实行有效的控制，各项管理工作都要靠人来完成。尽管科学技术迅速发展，电子计算机日趋普及，但离开了人，没有人来利用与操作，就不可能有管理活动的存在。而组织成员对目标的理解，对技术的掌握，对客观的认识，包括他们的个人知识、能力、信念等都有许多不同，从而在各自工作中采用不同方法，用不同标准进行衡量，这是十分自然的。领导的作用就在于引导组织中的全体人员高效地领会组织目标，使全体人员都充满信心。通过领导来协调组织中各部门、各级人员的各项活动，从而使全体人员步调一致地促进组织目标的实现。

2. 调动人的积极性

组织的成员并不单纯地只对组织目标发生兴趣，他们也有自己的目标。领导工作就是要把人们的精力引向组织目标，并使他们热情地、满怀信心地为实现目标做出贡献。但是，不管是由于员工感到缺乏机会，还是由于缺乏对他们的激励，不管是由于客观条件的限制，还是因为主管人员的平庸，组织中的人们不一定都能有持续的热情与信心去工作。因此，领导的作用也就表现在调动全体人员的积极性上，使其以高昂的士气和最大的努力，积极主动地为组织做出贡献。

3. 通过领导活动，把个人目标与组织目标相结合

人们在工作时都希望除货币收入外还能得到某些其他方面的收益。人们都愿意在和睦的气氛，有知己的同事，进行有趣味的活动，受到重视，有较大成功的机会等环

境中工作，这正是他们个人目标的部分表现。然而，在选择工作环境或条件时，他们不一定有这样的"自主权"，但他们又不能不参加工作。因此，一旦他们加入某个组织时，就会对实现个人目标有所影响，因为组织也有目标，有为保证实现目标而制定的规章、条例、纪律等。虽然组织成员在一般情况下不会去违反这些制度，但是当他们对组织目标缺乏理解或不理解时，他们对自己的工作，对整个组织的活动就必然会缺乏应有的关心。显然，这不利于组织目标的实现。在这种情况下，组织中的管理者就是要通过领导，去帮助组织成员理解组织目标，让他们看到自己在组织中所处的地位，看到对组织、对社会所承担的义务，让他们体察到个人与组织是紧密地联系在一起的，而不是站在一边的旁观者，从而使他们自觉地服从于组织目标，主动地放弃一些不切实际的要求。同时，主管者也要创造一种环境，在实现组织目标的同时，在条件允许的范围内，满足个人的需求，使人们对组织产生一种信任和依靠的感情，从而为加速实现组织目标而作出努力。

二、领导的原则

同其他管理职能一样，领导也有其一般规律，从中可以概括出以下基本原则。

（一）指明目标原则

指明目标原则是指，管理者越是能使全体成员明确理解组织的目标，则人们为实现组织目标所作的贡献就会越大。

使人充分理解组织的目标和任务，是领导工作的重要组成部分。这一工作越是有效，就越能使组织成员了解其组织的目标，明确自己的职责，从而为实现组织目标做出的贡献也越大。

（二）协调目标原则

协调目标原则是指，个人目标与组织目标若能实现协调一致，人们的行为就会趋向统一，从而实现组织目标的效率就会越高，效果就会越好。

从根本上说，对下级的领导就是要使下属尽可能地为组织做出贡献。人们参加工作是为了满足个人的某些需要，这些需要并不完全同组织目标相一致。如果个人和组织的目标相辅相成，如果大家都能信心十足、满腔热情、团结一致地去工作，就能够最有效地实现这些目标。所以，在领导下级时，管理者必须要注意利用个人的需要去实现集体目标。在阐明计划和委派任务时，协调个人与组织的目标，使人们能够发挥出忘我的献身精神，这将会使管理工作更为顺利。

（三）命令一致原则

命令一致原则是指，管理者在实现目标的过程中下达的各种命令越是一致，个人在执行命令中发生的矛盾就会越小,领导与被领导双方对最终成果的责任感也就越大。

命令一致原则强调的是一个人越是完全地只接受一个上级的领导,上下级之间发生的矛盾就会越少,从而使下级对其工作的责任感就会越强。人们只有在受同一个上级的指导的,才能更好地按领导的指示办事。然而,有时候为了提高一个组织或部门的全面工作效率,需要多方面指挥,这就必须强调命令的一致性,要体现出所做的一切工作都是为了促进组织目标的实现。管理者的领导行为不能因为下级部门或个人的不同而不同,更不能"朝令夕改",使下级部门或人员无所适从,造成工作秩序混乱,从而影响目标的实现和给下属造成心理上的不愉快或不满。

(四)直接管理原则

直接管理原则是指,管理者同下级的直接接触越多,所掌握的各种情况就会越准确,从而使领导工作更加有效。

虽然一个管理者有可能使用一些客观的方法来评价和纠正下级的活动以保证计划的完成,但这不能代替面对面的接触。这不仅是因为人们喜欢亲身感受到上级对他们本人及其工作的关心,客观地说,作为管理者若不经过亲身体会,则永远不能充分地掌握所需要的全部情况。通过面对面的接触,管理者往往能够用更有效的方法对下级进行指导,同下级交换意见,特别是能够听取下级的意见或建议,以及体会存在的各种问题,从而更有效地采用适宜的工作方法。

(五)沟通联络原则

沟通联络原则是指,管理者与下属之间越是有效地、准确地、及时地沟通联络,整个组织就越是成为一个真正的整体。

管理过程中所出现的大量的信息情报,包括组织外的信息情报,管理者必须亲自或组织他人进行整理、分析,从而了解组织内外的动态与变化。进行沟通联络,就是为了适应变化和保持组织的稳定。所以,沟通联络是领导的重要手段。没有沟通,组织就无法进行任何活动。也正是通过沟通联络,领导者才能够向全体成员包括对环境施加个人的影响力,从而促使目标得以实现。

(六)激励原则

激励原则是指,管理者越是能够了解下属的需求和愿望并给予合理满足,就越能够调动下属的积极性,使之能为实现组织目标做出更大的贡献。

由于激励不是一个简单的因果关系,因此管理者对所采用的激励方案评价估计得越仔细,越是从随机制宜的观点来认识,越是把它与整个管理体制有机地结合起来,激励方案的效果也将会越好。组织成员对受到的激励所作出的反应取决于他们的个性,对报酬和任务的看法与期望,以及他们所处的组织环境。因此,只笼统地去概括人们的需要,并以此建立对下属的激励方法,这往往是不能奏效的。必须充分地认识人,分析其个性特征以及心理动机和需求，以及考虑在一定的时间，一定的条件下的多种因素的交互作用，不可把激励看作是一种与其他因素无关的、独立的方法。

三、领导的有关理论

（一）关于人性的理论

1. 四种人性假设

（1）"经济人"假设。随着社会化大生产的发展，科学管理学说在19世纪末和20世纪初风行企业界。这一时期，企业界开始接受科学管理学说中关于工人是"经济人"的假设，开始意识到工人生产积极性对生产效率的重要影响。经济人假设的提出是对被管理者认识的深化，带动了管理方面的一场革新。科学管理理论认为，企业家的目的是获取最大限度的利润，而工人的目的是获得最多的工资收入。假如在能够判定工人工作效率比往常提高多少的前提下，给予工人一定量的工资激励，就会引导工人努力工作，服从指挥，接受管理。最终的结果是工人增加了工资，而企业主们也增加了收入，并且也方便管理工人。在"经济人"的假设下，企业管理变成了制定一个比较先进的工作标准，而这可以通过时间、动作分析来加以确认。选拔符合要求的工人并适当加以培训使之有可能达到工作标准，然后发展一套奖励措施（通常是经济手段）来调动工人们的工作积极性，使其服从指挥，从而提高生产效率。事实上，在劳动仍被作为谋生手段时，在收入水平不高而且对丰富的物质产品世界充满欲望时，人的行为背后确有经济动机。因此，"经济人"假设利用人的这一经济动机来引导和管理人们的行为，应该是手段。没有沟通，组织就无法进行任何活动。也正是通过沟通联络，领导者才能够向全体成员包括对环境施加个人的影响力，从而促使目标得以实现。

（2）"社会人"假设。20世纪30年代的"霍桑实验"纠正了企业家认为员工"不过是一个经济动物"的偏见，证实了工资、作业条件、生产效率之间没有直接的相关关系，认为企业的员工不单纯是一个经济人而是一个社会存在物，是"社会人"，并由此推出了一系列针对"社会人"的管理方式、方法，引发了管理的新革命。按照"社会人"的假设，在社会上活动的职工不是孤立的存在，而是作为某一集团或组织的一员的"社会人"，是社会的存在。"社会人"不仅要在社会上寻求较好的收入以便改善经济条件、谋求较好的生活水准，而且作为人，他们还有七情六欲，还需要得到友谊、安定、归属感和尊重。这种"社会人"是作为集团或组织的一员而行动的，他的行动以社会需要为出发点。由于人是社会人，有社会需求，因此如果组织能够满足员工的这种需求，使他们获得在组织工作方面的最大满足感，那么他们的情绪就会高涨，情绪越高积极性也越高，生产效率也就越高。根据这一思路，社会人假设提出了对人管理的新方案，其要点为：

1）管理人员要有人际关系处理技能。管理人员仅仅具备技术技能、管理技能是不够的，还必须掌握观察企业内人际关系变化的能力以及及时处理人际关系的社会技能，从而可以照顾员工的情绪，调动他们的积极性。

2）让职工参与决策。让职工共同参与企业生产经营和管理上的一些重大决策，这会增加职工对企业的认同感和归属感，同时也是对职工的尊重。这将改善企业的人际关系，提高员工的士气。

3）上下沟通。传统的企业管理中，上司是管理的实施者，高高在上，事事正确；下级是管理的接受者，只能听从命令，听从安排。而"社会人"方案则要求，管理者在决定或更改作业目标、标准和方法时，应注意上下沟通，向职工和下级做出为何这样做的说明，提供情况，并且动员大家自下而上地提建议，这样就能更好地做好协调工作。此外，企业还应建立上下之间的固定的沟通渠道，如创办公司刊物、召开会议、举办座谈等。

4）提案制度。职工的建议或意见是受到尊重还是被忽视，这是影响职工情绪的一个重要因素。因此，提案制度应在企业中广泛采用。

5）面谈制度。心理学的有关研究表明，当一个人的心理受到压抑时，如果能够有机会让其宣泄，则可很好地调整他的心理状态和情绪。面谈制度就是建立一套规范，上级可通过下属参加工作、调动工作岗位、生日、考核、退职等一切机会同下属进行个别谈话，让他们自由、公开地讲出他的不满和意见，平衡他们的心理和情绪，使之有家的感受。

"社会人"假设及其管理方案的提出是企业对人的价值的重新评估，从"经济人"到"社会人"，对人的看法更接近人的本来面目。与此相应的管理方案已不再把人单纯地看作是一个被动的接受者、一个经济动物，而是从人的各方面的社会需要出发，对人的行为加以引导。这种引导更多的是从协作的目的出发的，这比科学管理的"经济人"方案进了一大步。然而这种方案的功利性依然很强，方案的出发点依然是作为管理主体的企业家或管理者。换句话说，方案本身只是为企业主、管理者们设计的，被管理者的角色依然是既定的。

（3）"自我实现人"假设。"自我实现人"假设的提出，在很大程度上依赖于美国心理学家马斯洛的"需要层次理论"。"需要层次理论"认为，人的行为动机首先来自基本的需要，如生理的需要和安全的需要可以通过工资、福利设施等经济和物质的诱因得到满足。如果基本的需要得到满足，又会激发更高一层的需要，包括友谊、协作劳动、人与人的关系、爱情等社会需要。这些需要若得到满足，就会产生希望被尊敬、被晋级提拔等需要。最后才产生自我实现的需要，即在工作上能最大限度地发挥自己所具有的潜在能力的需要。因此，"自我实现人"是其他所有需要都基本得到满足而追求自我实现需要的人。在当前的经济条件下，在人们的生活质量得到普遍提高的情况下，的确有一大批人开始追求自我价值的实现。既然现代企业中的员工可以被假定为是追求自我实现需要的人，那么现代企业在员工管理方面就必须构建全新的组织体系，设计全新的机制，提供良好的环境，允许这些员工在企业工作中发挥潜力，获得成就，实现自己的价值。有人可能要问，要实行这么大的变革，企业成本会不会很大，是不是合算？实际上，心理学、行为学早已证明，当人们在做自己十分感兴趣的事时，那种投入和效率才是真正一流的。然而，企业毕竟是一个投入产出的有机整体，在企业的既定目标下，企业员工的自我实现并不是海阔天空、漫无边际的，必须要有一定的约束。然而，如果对"自我实现人"的管理依然采取严格的命令约束，不给他任何自由驰骋的空间，那么他们就会感到不满，情绪就会低落，就会跳槽到他认为可以发挥其才能的地方去。因此，现代企业中聪明的管理者会通过适当分权，给予这些员工一个想象的空间、一个自主支配的领域，而其基本约束仅仅是为了目标的实现，实现目标的方式则由这些员工去选择、去创造。可见，对"自我实现人"的管理关键在于合适的授权，在授权的同时明确员工的责任。合适的授权通常取决于以下三个基本要素：①这位员工所处工作岗位的特性，如工作岗位的层次、工作的复杂程度和工作的程序化程度等；②这位员工需作决策的范围大小，即决策涉及面的大小；③决策的频度，即这位员工在工作中需作决策的次数是否很多。显然，决策越频繁，授权就应该越大。

（4）"复杂人"假设。美国行为科学家埃德加·沙因在其1965年出版的《组织心理学》一书中提出了"复杂人"的概念。沙因认为，"经济人"假设、"社会人"假设和"自我实现人"假设并不是绝对的，它们在不同的环境下针对不同的人分别具有一定的合理性。而人的需要是复杂的，因此不能简单地相信或使用某一种假设。于是，他提出了"复杂人"假设。这一假设包括下面的观点：

1）每个人都有不同的需要和不同的能力，工作的动机不仅是复杂的，而且变动性很大。人的许多动机安排在各种重要的需求层次上，这种需求层次的构成不但因人而异，而且同一个人在不同的时间和不同的地点也是不一样的。

2）一个人在组织中可以学到新的需求和动机，因此一个人在组织中表现出的动机模式是他原来的动机模式与组织经验交互的结果。

3）人在不同的组织和不同的部门中可能有不同的动机模式。例如，一个人在正式组织中可能与别人不合群，但在非正式组织中可能与他人相处得很好。

4）一个人是否感到心满意足、是否肯为组织出力决定于他本身的动机构造和他同组织之间的相互关系。本人的工作能力和技术水平、动机的强弱以及与同事的相处状况都可能产生影响。

5）人可以依自己的动机、能力及工作性质对不同的管理方式做出不同的反应。

按照"复杂人"假设，实际上不存在一种适用与任何时代和任何人的通用的管理方式和方法，管理必须是权变的，要根据不同人的不同需要和不同情况采取相应的管理方式。

2. X、Y 理论，超 Y 理论与 Z 理论

关于对人性的不同的看法和假设，提出了各种管理理论和方法。著名的 X、Y 理论是关于人的本性的另一种观点，即从考察管理者和其他人的关系这一基本问题着手，来探讨领导行为。后人又对这一理论作了检验和修正，并发展出了一些新的理论。

（1）X 理论和 Y 理论。心理学家道格拉斯·麦格雷戈是马斯洛的学生，他认为管理人员对工人的行为有不同的假设，主要可分为两类，他分别用中性词 X、Y 来表示这两种不同的理论假设。

X 理论的假设要点有：

1）大多数人生性都是懒惰的，他们尽可能地逃避工作。

2）大多数人都没有什么远大抱负，不喜欢负什么责任，宁可让别人领导。

3）大多数人都是以个人为中心的，这会导致个人目标与组织目标相互矛盾，为了达到组织目标必须靠外力严加管制。

4）大多数人都是缺乏理智的，不能克制自己，很容易受别人的影响。

5）大多数人习惯于保守，反对变革，安于现状。

6）大多数人都是为了满足基本的生理需要和安全需要才去工作的，他们将选择那些在经济上获利最大的事去做。

7）只有少数人能克制自己，这部分人应当担负起管理的责任。

基于以上假设，以 X 理论为指导思想的管理理论的要点是：

1）企业的管理者应以利润为出发点来考虑对人、财、物等诸生产要素的利用。

2）管理者对员工的工作要加以指导，控制并纠正其不适当的行为，使之符合组织的需要。

3）管理者把人视为物，忽视人自身的特点和精神的需要，把金钱当作人们工作的最主要的激励手段。

4）制定严格的管理制度和法规，运用领导的权威和严密的控制来保证组织目标的实现。

5）采取"胡萝卜加大棒"的管理方法。

基于 X 理论，麦格雷戈提出了与之完全相反的 Y 理论。Y 理论的假设要点有：

1）一般人并不是天性就不喜欢工作的，工作中体力和脑力的消耗就像游戏和休息一样自然。工作可能是一种满足，因而人们愿意去做，也可能是一种处罚，因而只要有处罚的可能人们就想逃避，到底怎样，要视环境而定。

2）外来的控制和惩罚并不是促使人们为实现组织的目标而努力的唯一方法，它甚至对人是一种威胁和阻碍，并可能使人成熟的脚步放慢，人们愿意通过实行自我管理

和自我控制来完成应当完成的目标。

3）人的自我实现的要求和组织的要求之间是没有矛盾的，如果给人提供适当的机会，就能将个人目标和组织目标统一起来。

4）一般在适当的条件下，不仅学会了接受职责，而且还学会了谋求职责。逃避责任、缺乏抱负以及强调安全感通常是经验的结果，并不是人的本性。

5）所谓的承诺与达到目标后获得的报酬是直接相关的，它是实现目标的报酬函数。

6）大多数人，而不是少数人，在解决组织的困难与问题时，都能发挥出较高的想象力、聪明才智和创造性。但是在现代工业社会的生活条件下，一般人的智慧潜能只是部分地得到了发挥。

基于以上假设，以 Y 理论为指导思想的管理理论的要点是：

1）企业的管理通过有效地综合运用人、财、物等要素来实现企业的经营目标。

2）人的行为管理的任务在于给人安排具有吸引力和富有意义的工作，使个人需要和组织目标尽可能地统一起来。

3）鼓励人们参与自身目标和组织目标的制定，把责任最大限度地交给工作者，希望他们能自觉地完成任务。

4）外部的控制、操纵、说明、奖罚绝不是促进人们努力工作的唯一方法。应该用启发式代替命令式，用信任代替监督的方法来促使人们既为了组织目标也为了自己的目标而努力工作。

这两种假设显然有本质上的差别。X 理论是悲观的、静止的和僵硬的，认为控制主要来自外部，由上级强加给下属。相反，Y 理论是乐观的、动态的和灵活的，强调自我控制、自我发挥，并把个人需要和组织要求结合起来。毫无疑问，不同的假设将影响管理人员在执行管理职能和活动中的方法。X 理论代表了传统的管理哲学，即依靠外部控制和监督来进行管理。Y 理论强调人不是被动的，人是有动机的，会主动设法满足自己的需求，而满足了自我需求，就能充分发挥人的潜在能力。

（2）超 Y 理论。根据麦格雷戈的研究，显然 Y 理论较 X 理论更为优越。但有人对麦格雷戈的理论进行了验证，结果发现 Y 理论不一定处处都比 X 理论优越，采用 X 理论或 Y 理论的单位，都是既有效率高的，也有效率低的。到底在什么情况下采取何种理论好呢？管理学家莫尔斯和洛希试图以"超 Y 理论"来回答这个问题，其要点如下：

1）人们加入组织，有着不同的需要和目的。有人需要明确的规章制度，不喜欢参与决策和承担责任；有人却需要更多的自治，希望承担更多的责任，有更多的发挥个人创造能力的机会。

2）应采取适当的组织形式和领导方式使工作性质与从事工作的人的需要相结合。

3）组织的目标、工作性质、职工的素质等对于组织结构和管理方式有很大的影响。所以，在进行组织结构和管理层次的划分、职工的培训和工作分配、工资报酬和程度控制时，应采取权变的方式，使之与工作性质和职工素质相适应。

4）一个目标的实现可以激起职工的胜任感和满足感，使之为达到新的、更高的目标而努力。

（3）Z理论。在1981年，日裔美籍教授大内把美国型的企业组织和日本型的企业组织作了对比，并结合美、日企业的长处，设计了所谓的Z型企业组织的模型，并相应地提出了"Z理论"。其基本出发点是，以前的理论都是在假设管理部门和职工相分离甚至对立这一前提下提出来的，而Z理论则认为企业管理当局同职工是一致的，所以把两者的积极性融为一体。其理论要点如下：

1）采取长期雇佣制度。虽无正式规定，但基本上是终身雇佣（约占企业职工的35%），或至少是长期的。即使在不景气时，企业一般也不解雇职工，而是通过减少职工工作时间、削减奖金津贴等来渡过难关，从而使职工的职业有保障，使职工更关心企业利益，职工流动率也比较低。

2）缓慢地评价和提升。不要仓促地对职工的工作表现及业务能力做出评价，而是要经过长时间的考察，对职工做出全面的评价后，再予以提升。

3）适度的专业化职业发展途径。培养职工"一专多能"，使他们既掌握必要的专业知识和技能，又注重多方面的能力培养。

4）含蓄的控制机制。利用集体的压力等非正式控制，但检测手段必须明确而又正规。

5）集体参与决策。在做出重大决策前，要统一思想。

6）分工负责制。每人都应有明确的职责分工。

7）对职工全面关心。上下级间应建立融洽的关系。

（二）关于领导素质的理论——领导特性理论

有关领导素质的研究，在早期都把重点放在对领导特性的探索上。这种研究方法认为，领导者和非领导者的区别在于领导者具备了一些基本特征和个人素质。有人将领导者与其追随者的个人特征作了比较，归纳了有效领导应具备的特征和才能，并在此基础上形成了现代领导素质理论的一个主要学派——伟人学派。

分析有能力的领导者的个性特征是研究领导素质的最早方法。这一方法假设领导者和非领导者的差异在于领导者具有了一些基本特性。如果这些特性能被确认，那么有发展前途的领导者也就能够被确认了。研究者从领导者的体魄、才智、性格和品德等方面作了归纳，认为成功的领导者的主要个人特征包括：聪明才智、明确果断、身材高大、口才好、吸引人、有自信等。爱德温·吉塞利和斯托格迪尔等人为这方面的研究做出了杰出的贡献。

1. 对管理才能的探索

吉塞利对领导素质的研究历时二十多年，写出了不少有关领导特性的论文，其代表作有《管理才能》《管理才能探索》等。他对个人性格与管理成功的关系，按重要性进行了分类。他研究的十三种特性，以及各项特性在其管理中才能体现的价值，表明了各种特性的相对重要性。其中监督管理能力、职业成就、自我实现、自信、决断性属于很重要的特性；对安全保障的需求、亲近工人、主动性、对高额金钱报酬的需求、对权力的需求和成熟程度属于次重要的特性；而性别特征则与管理的成功与否毫无关系。

2. 与领导有关的个人因素

在全面研究了有效领导应具备的素质之后，斯托格迪尔总结了同领导有关的个人因素，认为有以下五个方面：

（1）智力，包括判断力和运用语言的能力；

（2）学术与体育成就及若干体貌特征，如外貌、身高等；

（3）强烈的责任心和完成任务的内驱力，如反应能力成熟、稳定和不断进取的干劲；

（4）社交能力、适应各种社会群体的能力和处理事务的能力；

（5）对提高个人身份和社会经济地位的欲望，如有抱负、大胆主动的独创精神及自信心。

（三）关于领导方式的理论

1. 领导行为的连续统一体理论

坦宁鲍姆和施密特在1958年3～4月份的《哈佛商业评价》上发表了《怎样选择领导模式》一文，提出了"领导行为连续统一体"理论。他们指出，领导行为是包含了各种领导方式的连续统一体，在独裁式的领导行为和民主式的领导行为这两种极端的领导方式中间，还有多种领导方式。

在组织中，有的管理人员运用职权做出各项决定，然后让下属接受这些决定；有的管理人员则相反，他们在规定的范围内和下属共同做出决定。但是，在连续统一体的两端都不是绝对的。领导的方式往往取决于三个主要因素，包括管理者（如他们的价值观系统以及对下属的信心）、下属成员（如他们对管理人员行为的期望）和他们所处的情境（如组织的价值观和传统）。

2. 管理方格理论

（1）领导行为四分图。从1945年开始，美国俄亥俄州立大学工商企业研究所在斯多格迪尔和沙特尔两位教授的领导下，对大型组织的领导行为作了一系列的深入研究。他们用高度概括的方法，通过对一千多种描述领导行为的因素进行筛选，最后归纳为两类主要领导行为：一类为主导型，由领导确立组织目标和领导组织，严格要求下属，确保其努力达到目标；另一类为关心型，领导和下属的相互关系体现为互相信任、互相尊重，上级关心并考虑下属的意见和情感，通过参与管理来调动他们的积极性。

主导型和关心型领导行为是两种不同的领导方式，它们互相结合可形成四种基本领导风格。

一位管理者可能是高主导兼高关心型，也可能是低主导兼低关心型，或此高彼低型。领导行为是这两类行为的具体组合。一个两方面都高的领导人，其工作效率及领导有效性必然较高。用四分图研究领导行为是从两个角度考察领导方式的首次尝试，为研究领导行为开拓了一个新的途径。

（2）管理方格理论。在领导行为四分图的基础上，布莱克和莫顿于1964年提出了管理方格理论。他们用一张九等分的方格图组成一个两维矩阵。其中，横坐标表示管理者对生产的关心程度，纵坐标表示对人的关心程度。纵横共分成八十一个小方格，每一小格代表一种领导方式，其中有五种典型的领导风格。这五种典型的领导风格分别是：

1）贫乏型管理：管理者对生产对人都很少关心。

2）血汗工厂型管理：管理者对生产高度关心，对人则很少关心。

3）乡村俱乐部型管理：这种管理与血汗工厂型管理正好相反，管理者友好待人、态度轻松，但对生产很少关心。

4）组织人管理：管理者折中地在关心人和关心生产这两者间取得平衡。

5）协作型管理：管理者对生产和人的关心都有高标准的要求。通过与职工的互敬互信，依靠群体的协作来取得成果。布莱克和莫顿认为这是一种最有效的领导方式。

前四种领导方式，无论是依从关系的血汗工厂型管理定向，折中的组织人管理的妥协平衡，还是乡村俱乐部型管理的安全感和舒适，或贫乏型管理的无为放任，都不是最理想的领导方式，从长远看都有弊病。与协作型管理定向的领导行为相比，其他方式就显得远远不足了。实现协作型管理定向对加强现代企业制度，贯彻职工参与的民主管理都有很强烈的现实意义。

第四节　控制

一、控制的概念和特征

控制就是将计划的执行情况和计划的要求、目标相对照，然后采取措施纠正计划执行中的偏差，以确保组织目标的实现。控制不仅仅要求确立各个环节的衡量标准，还要求及时准确地收集信息来检验绩效，并根据前馈和反馈来纠正偏差。

（一）控制的三个基本要素

1. 控制标准

控制标准是开展控制工作的依据。计划是开展控制工作的依据，所以控制过程的第一步就是制定计划。但是，由于计划的侧重点、明细度和复杂性不同，因此要达到计划的预期效果就必须制定出具体而详细的标准作为员工控制和操作的准则。

2. 偏差信息

偏差信息即计划的实际执行情况与控制标准之间的偏离状况。只有充分了解偏差信息并分析偏差产生的原因，才能决定是否应该采取矫正措施以及采取怎样的矫正措施。

3. 矫正措施

矫正措施是根据偏差信息以及偏差产生的原因而采取的有针对性的矫正手段，其目的在于消除偏差、保证计划的顺利进行。矫正措施应建立在对偏差原因进行正确分析的基础上。需要注意的是，并不是一有偏差就一定要采取矫正措施，矫正措施通常在偏差达到一定的程度时才需要，而且只有当该矫正措施会产生理想的纠错效果时，采取它才是必要的。当然，根据产生偏差的具体原因，主管人员可以制定新的计划或调整他们的目标，重新委派职务或明确职责，从而使组织目标更加符合实际情况。

（二）控制的基本特征

控制的基本特征有客观性、及时性、可理解性、适应性和灵活性。

1. 客观性

首先，根据控制任务和对象的不同，保证确立的标准和方法必须符合实际情况的需要。其次，根据组织所处内外部环境的变化，必须根据实际情况调整原计划已定的相关策略。最后，组织成员素质的差异和组织结构的不同也要求制定相适应的控制步骤，只有这样才能符合客观规律的要求，实现有效控制。

2. 及时性

控制机制必须能及时地发现和反馈问题，管理人员越早发现问题，就越能及时纠正偏差。控制过程是复杂的，会根据环境和人的因素的变化而发生变化，因此如何及时地掌控信息，对存在的偏差实行有效的纠正就成为控制过程中的重要问题。

3. 可理解性

所有的控制机制，无论是前馈控制、现场控制，还是反馈控制，对于管理者或员工而言，都必须是易于理解的。在较高的管理层次上，控制机制有时需要用到数学公式、复杂的图表和大量的报告，因此如何使其易于理解就相当重要。对于基层员工而言，清晰而准确地控制标准和流程是实现有效控制的基本保证，因此如何使其易于理解同样十分重要。

4. 适应性

一个适用于大公司的复杂控制系统对一个小部门而言就不一定适用，在设计的过程中必须考虑到控制的对象和目标，考虑到控制的预算和费用以及控制所获得的成效是否和投入成比例。

5. 灵活性

控制标准是以计划为依据制定的，但在实施过程中，也要根据外部环境和现场条件的变化灵活地进行调整，给控制标准的制定留出一定的空间，减少意外因素带来的损失。

（三）控制的重要作用

控制对一个组织来说非常必要，其重要性可以从两个方面来理解。

1. 任何组织、任何活动都需要进行控制

即便是在确定计划的时候进行了通盘的考虑和预测，在执行过程中也还会出现偏差，出现预想不到的情况。这是由以下三个因素决定的：①外部环境的变化。计划从构思、制定到执行一般都要经历较长的时间。在这段时间内，组织的外部环境必然会发生变化，从而影响到已定的计划和目标。为了适应变化的环境，组织必须有一个有效的控制系统，来根据变化的环境采取相应的对策，计划的时间跨度越大，控制就越重要。②组织内部的变化。受到组织内外部因素的影响，组织成员的思想、组织的结构、产品的结构和组织的业务活动范围都有可能发生变化。③组织成员的素质。计划要靠人去执行、实现，而人有不同的才能、动机和工作态度，人们对计划的理解也不相同，因而，人的素质对计划的执行的影响也很大。

这些因素的存在，使计划的执行过程充满了不确定性，这时，控制就起到了执行和完成计划的保障作用以及在管理控制中产生新的计划、新的目标和新的控制标准的作用。控制能够为管理者提供有用的信息，使之了解计划的执行进程和执行中出现的偏差以及偏差的大小，并据此分析偏差产生的原因。对于那些可以控制的偏差，通过组织结构，查究责任，予以纠正；而对那些不可控制的偏差，则立即修正计划，使之符合实际。

2. 控制可以维持或改变其他管理职能的活动

在全盘的管理活动中，控制通过纠正偏差与其他四个基本活动紧密地结合在一起，

使管理过程形成了一个相对封闭的系统。在这个系统中，计划职能选择和确定组织的目标、战略、政策和方案以及实现它们的程序。然后，通过组织工作、人员配备、领导等职能去实现这些计划。同时，为了确保预先制定的目标能够正确实现，就必须在计划实施的不同阶段，根据一定的控制标准，检查计划的执行情况。这就是说，虽然计划必须先于控制活动，但其目标是不会自动实现的，一旦计划付诸实施，控制就必须贯穿整个实施过程。它对于衡量计划的执行进度，乃至发现并纠正计划执行中的偏差都是非常必要的。当然，要进行有效的控制，还必须制定计划，必须配备合适的人员，给予正确的领导。

所以说，控制存在于管理活动的全过程中，它不仅可以维持其他职能的正常活动，而且在必要时，还可以采取纠正偏差的行动来改变其他管理职能的活动。在许多情况下，正确的控制可以导致重新确立新的目标、提出新的计划、改变组织结构、改变人员配备以及在领导方法上做出重大改革。

二、控制的种类

控制的种类有很多。按照不同的划分方法，可以将控制分为以下几种类型。

（一）预防性控制和纠正性控制

按控制活动的性质，分为预防性控制和纠正性控制。预防性控制以避免产生错误、尽量减少日后的纠正活动为目的。这种控制活动能通过制定一些控制标准来减少资金、时间及其他资源的损耗，像规章制度、工作程序、人员训练和培养计划等都属于预防性的控制措施。使用这种控制措施，要求对系统运行过程中的关键点有比较深刻的理解，要能预测问题，但容易使实际管理缺乏灵活性，造成效率低下。

纠正性控制则是指在出现偏差时，使行为或实施进程返回到预先确定的或所希望的水平。采用纠正性控制往往是由于管理者没有预见性，或者是管理者认为某些事情出现错误之后实施控制比提前进行控制更容易些。由于纠正性控制往往会关注直接影响组织日常活动的"急性问题"，从而经常会出现短视效应。

（二）预先控制、过程控制和事后控制

按控制点的位置，分为预先控制、过程控制和事后控制。预先控制位于控制活动的开始点，是在活动开始之前实施的控制，所以预先控制的实质就是预防性控制。但是，预防性控制并不都是预先控制，有些过程控制也属于预防性控制。预先控制的实例很多，例如进厂材料和设备的检查、验收，工厂的招工考核，入学考试，干部的选拔等等。

过程控制是在活动的进行过程中实施的控制。例如，生产制造活动的生产进度控制、每日情况的统计报表、每日对住院病人进行临床检查等都属于过程控制。过程控制一般都在现场进行，控制的内容应该和被控制对象的工作特点相适应，其目的是取

得更好的控制效果。例如，对简单重复的体力劳动可以实行严格的监督，而对创造性劳动，则应为其创造宽松的工作环境。

事后控制是历时最久的控制类型，传统的控制办法几乎都属于这种类型。例如，只针对成品的质量检查就是典型的事后控制。这种控制位于活动过程的结尾，把好这最后一关，可以使错误的态势不致扩大，有助于保证系统外部处于正常状态。但是，事后控制有一个致命的缺陷，即由于整个活动已至结束，活动中出现的偏差已在系统内部造成损害。

（三）正式组织控制、群体控制和自我控制

按控制的来源，分为正式组织控制、群体控制和自我控制。正式组织控制是指由管理人员设计和建立起来的机构或人员来进行的控制。规划、预算和审计部门都是正式组织控制的典型例子。

群体控制基于群体成员们的价值观念和行为准则，是由非正式组织发展和维持的。非正式组织有自己的一套行为规范，虽然这些规范往往是不成文的，但对其成员却有很大的约束力。群体控制可能有利于达成组织目标，也可能给组织带来危害，所以要对其加以引导。

自我控制即个人有意识地按某一行为规范进行活动。这种控制成本低、效果好，但它要求人员有较高的素质，要求上级给下级给予充分的信任和授权，还要把个人活动与成果、报酬联系起来。

这三种控制有时是一致的，有时又是互相抵触的，这取决于一个组织的文化。有效的管理控制系统应该综合利用这三种控制类型并使它们尽可能和谐，防止它们互相冲突。

（四）集中控制和分散控制

按控制权力的集中程度，分为集中控制和分散控制。集中控制是指控制指令的发出、信息的流动都来自一个控制中心，各种管理活动都要按照事先规定的标准进行。这种控制可以保证整体上的一致性，有助于维持统一的总体目标，但信息传输效率低、适应性差，反而会使控制过程变得复杂。分散控制就是一种分级控制。控制指令的发出、信息的流向都是多向的和多中心的，强调各个级层的自我控制。分散控制的优缺点与集中控制正好相反，即信息传输效率高、适应性强、控制过程简单，但难以进行整体协调，有时可能会因为不同级层的利益冲突而使控制过程偏离组织目标。

（五）反馈控制和前馈控制

按控制信息的性质，分为反馈控制和前馈控制。

反馈控制是用系统过去的情况来指导现在和将来。它所利用的信息是受控系统的输出信息，控制的目的是防止已经发生或即将出现的偏差继续发展或再度发生。反馈

控制的工作重点是把注意力集中在历史结果上,并将它作为未来行为的基础。可见,这类控制工作是一个不断提高的过程。

前馈控制又可称为指导将来的控制,其具体方法是不断利用最新的信息进行预测,并把预测的结果同所期望的结果进行比较,再根据比较的结果采取相应的措施来调整投入及实施活动,以达到预期的结果。这种控制利用的不是系统的输出信息,而是系统的输入信息及主要干扰信息,其目的在于防止所使用的各种资源在质和量上产生偏差,在系统运行过程的输出结果受到影响之前就做出纠正。可见,前馈控制的工作重点是防止所使用的各种资源在质和量上产生偏差,而不是控制行动结果。比如,一个企业的销售预测表明:下个月的销售量同所希望的销售量相比将降低很多。这时,企业就可以采取新的广告措施、推销方法或引进新产品,以改进实际销售量。这也是前馈控制的例子。但是,即便是实行了前馈控制,管理者仍然要对输出结果进行评价,因为不可能期望前馈控制是完美无缺的,控制结果也不可能是完全符合要求的。反馈控制有一个很大的缺陷就是存在时滞问题,即从发现偏差到采取纠正措施之间可能有时间延迟现象,并且它只是一种事后控制。而前馈控制不仅克服了时滞问题,它所采用的措施还往往是预防性的。但是,前馈控制的运用相当复杂,因为它不仅要鉴别影响计划执行的因素,同时还必须注意干扰因素——一些意外的或无法预计的因素。但是所有这些并不妨碍前馈控制日益广泛的应用。

三、控制的原则和步骤

控制的客观性和适合性决定了控制过程是复杂和多变的,但控制过程总是要遵循共同的原则,只有这样才符合客观规律,才具有广泛的指导意义。

(一)控制的原则

1. 计划性原则

每一项计划产生的信息不同,它们的侧重点也各不相同。因此,在运用控制技术进行控制之前,必须要有计划,而且还必须反映计划所提出的要求,从而保证拟定计划在实施过程中能发挥出预期的作用。

控制和计划既有联系,又有区别,它们是一个事物的两个方面。首先,计划是实现控制的依据,管理者往往根据计划确定控制的标准;其次,控制又是实现计划的保证。因此,管理者必须经常了解计划以及其实施过程中可以加以控制的关键因素,并采用有针对性的控制技术。

此外,控制反映计划要求的原理还意味着,在实施过程中不仅应当迅速报告偏离计划的实际执行情况,而且还应当有一个能预告可能出现偏差的系统,从而能有采取措施的时间,而这个系统的建立,也必须根据计划的特点和要求来设计。

2. 组织适宜性原则

组织适宜性原则，是指控制技术的采用应明确、完整地反映组织机构。设计的控制技术越是能反映组织机构中的岗位职责，也就越有利于纠正偏离计划的误差。由于控制的目的是根据组织目标，对实施计划的活动进行衡量和评价，并及时地采取纠正措施，而整个控制过程是涉及组织的全体成员的，一旦出现偏差，就必须明确偏差的产生所涉及的部门以及这些部门的具体权限。因此，控制除了要能及时地发现执行过程中发生的偏差，还必须知道发生偏差的责任和采取纠正措施的责任应由哪些部门来负责。

3. 控制关键点的原则

控制要抓住关键点，是指管理者根据每个计划的侧重点，在管理活动中选择对计划实现十分必要的环节作为控制标准。由于管理者的精力有限，在实际工作中也不可能面面俱到，因此控制的标准应选择计划的关键环节，即对计划的完成有着举足轻重作用的关键问题。他们应当将注意力集中于计划执行中的一些主要影响因素上，并借此来掌控那些偏离了计划的重要偏差。一般来说，没有什么简易的准则可用于决定他们应当注意哪些关键点，这主要取决于管理者自身的素质和管理经验，所以说关键点的选择是一种管理艺术。

4. 例外情况的原则

例外情况原则，是指凡具有重复性质的日常工作，都应制定出规则和程序，授权下级处理，上级主要控制例外情况。管理者应当把注意力集中到一些重要的偏差，也就是说应当把控制的主要注意力集中在那些出现了特别好或特别坏的情况上。这样，才能使控制既有好的效能，又有高的效率。

但是，只注意例外情况是不够的。在偏离标准的各种情况中，有一些无关紧要，而另一些则不然，在某些关键方面微小的偏差可能比其他方面较大的偏差情况影响更大。因此，在实际运用过程中，例外情况的原则必须与控制关键点的原则相结合。但应当注意的是这两个原则之间的区别：控制关键点的原则强调控制必须去注意需要观察的点，而例外情况的原则则强调必须观察在这些点上所发生的偏差的大小。

5. 直接控制原则

直接控制原则是指通过提高管理者的素质来加强控制工作，管理者及其下属的素质越高，就越能胜任所承担的职务。直接控制是相对于间接控制而言的。所谓间接控制，是基于管理者因为没有预见到将要出现的问题而没有采取适当措施的考虑。这样，在控制他们的工作时，就只能在出现了偏差后，通过分析偏差产生的原因，再去追查其个人的责任，并使他们在今后的工作过程中加以改正。显而易见，间接控制的缺点是在出现了偏差后才去进行纠正。针对这个缺陷，直接控制的原理指出，管理者及其下属素质越高，就越能在事前觉察出偏离计划的误差，并及时采取措施来预防它们的发生。这意味着控制的最佳方式，就是采取措施来尽可能地保证管理者的高素质。

（二）控制的步骤

1. 制定标准

标准是测量实际或预期工作成果的尺度。制定标准是进行控制的基础，是衡量绩效和纠正偏差的客观依据。首先，应该对控制的对象进行分析，结合外部环境和现场条件的实际情况，从计划方案中确定关键控制点，比如通过对企业的获利能力、市场定位、生产率等多个方面的分析和研究，以整体绩效的实现为目标，找出关键控制点，从而制定出相应的控制标准。其次，控制的对象不同，制定标准的方法也不一样。一般来说，企业可以使用的制定标准的方法有利用统计来确定预期结果、根据经验来估计预期结果和在客观的定量分析的基础上建立工作标准三种。最后，根据控制对象的不同，可把标准分为不同的类型，比如实物标准、费用标准、资金标准和收入标准等。

2. 衡量绩效

控制标准不是一成不变的，是要根据控制的绩效来衡量其有效性的，因此及时掌握偏差的产生和相应程度的信息，对控制的结果进行分析，制定出更符合实际情况的控制标准就成为控制过程的重要环节。

3. 纠正偏差

没有绝对的事物，偏差是普遍存在的。在依据客观标准对工作绩效衡量的过程中，总会发现一些偏差，因此就要衡量偏差的范围是否会对控制造成不利的影响，比如有的偏差会影响企业的最终成果，有的偏差反映了计划和执行中的重大错误，有的偏差只是由控制标准范围以内的偶然的、暂时性的因素引起的。因此在纠正偏差的过程中，首先应该判断偏差的范围和程度，进而对造成重大影响的偏差进行分析，找出偏差产生的主要原因。其次，针对偏差产生的主要原因，制定改进工作或调整计划与标准的纠正措施，在实施的过程中应采取双重优化，确保纠偏措施的合理性和有效性。最后，在采取纠偏措施的过程中应该考虑到原先计划对客观环境所造成的影响，同时消除人们对纠偏措施的疑虑，争取更多的理解和赞同，以保证纠偏措施的顺利实施。

四、预算控制

（一）预算的含义

预算是一种计划技术，是未来某一个时期具体的、数字化的计划，它把计划分解成以货币或其他数量单位表示的预算指标，要求各个部门的运作和开支在规定范围内。预算也是一种控制技术，它把预算指标作为控制标准，来衡量计划的执行情况。在管理控制中使用最广泛的一种控制方法就是预算控制。预算控制就是根据预算规定的收入与支出标准来检查和监督各个部门的生产经营活动，以保证在充分完成预期目标和实现利润的过程中实现对经营资源的有效利用，对费用和支出进行严格的约束。预算控制清楚地表明了计划与控制的紧密联系，我们可以从以下几个方面进一步把握预算的含义：

1. 预算是一种计划

编制预算的工作是一种计划工作，预算的内容可以简单地概括为三个方面：

（1）"多少"——为实现计划目标的各种管理工作的收入（或产出）与支出（或投入）各是多少；

（2）"为什么"——为什么必须收入（或产出）这么多数量，以及为什么需要支出（或投入）这么多数量；

（3）"何时"——什么时候实现收入（或产出）以及什么时候支出（或投入），必须使收入与支出取得平衡。

2. 预算是一种预测

预算是对未来一段时期内的收支情况的估计。确定预算数字的方法可以采用统计方法、经验方法或工程方法。

3. 预算主要是一种控制手段

编制预算实际上就是控制过程的第一步——制定标准。由于预算是量化的标准，其本身就具有可考核性，因而有利于根据标准来评定工作成效并从中找出偏差，进而采取纠正措施来消除偏差。编制预算的目的就是使确定目标和拟定标准的计划工作得到进一步的量化，同时，预算的最大价值还在于它的协调和控制作用，当组织的各个职能部门都编制了预算时，就为协调组织的活动提供了基础。

（二）预算的种类

一般来说，预算可分为五类：收支预算、实物预算、投资预算、现金预算和综合预算。

1. 收支预算

收支预算包括收入预算和支出预算。收入预算主要是在某个计划期的有关收益及其来源，像企业有销售收入、租金、专利收入及其他投资收益等，可根据具体情况编制相应预算。支出预算是为保证某个计划期的生产活动得以进行的预算，如企业生产经营中有许多费用发生，材料费用、人工费用、管理费用、销售费用，等等。

2. 实物预算

实物预算是指以实物为计量单位的预算，它的范围很广，如产量预算、人工预算、原材料消耗预算、燃料消耗预算、库存预算，等等。

3. 投资预算

投资预算一般包括建新厂、买房产、购买机器设备等扩大固定资产投资以及其他方面的投资预算。这些费用的数目一般比较大，且短期难于收回，需慎重对待，应当用一定的时间做调查和论证工作，并列出专项预算。

4. 现金预算

现金预算是根据收入预算确定在计划期内的现金的收支情况，以使管理者清楚他有多少现金，是否满足一些设想的开支，从中也可以发现是否有闲置的资金或不当的开支。由于任何组织的运营都需要一定的现金，如企业需要给职工发工资、购买原材料、缴纳各种税费及临时开支，所以都比较重视现金预算。

5. 综合预算

综合预算是考虑各种因素后的多项内容的预算，它的单位可以是货币，也可以是实物。

（三）预算控制的不足之处

预算使管理控制目标明确，让人们清楚地了解所拥有的资源和开支范围，使工作更加有效；但过分依赖预算，也会在一定程度上带来危害，其主要表现在以下几个方面：

1. 预算目标取代组织目标

有些管理者过于热衷使所辖部门的各项工作符合预算的要求，甚至忽视自己的首要职责是保证组织目标的实现，如有时一些部门会因为没有预算而拒绝采取某些为达到目标采取的特殊手段；同时，预算还会加剧各部门难于协调的局面，故应在预算时加以考虑。

2. 预算过于详细

过于详细的预算，容易抑制人们的创造力，甚至使人们产生不满或放弃积极的努力，还会提供逃避责任的借口；同时，预算太细，带来的预算费用也大，是得不偿失的。

3. 预算导致效率低下

预算带来一种惯性，有时它会保护既得利益者。因为预算往往是根据基期的预算数据加以调整，这样，不合理的惯例或以前合理现在不合理的惯例会给一些人带来利益；同时，基层预算提供者总是把数据抬高一点，以便让高层领导在审批中消减，这样又增加了预算的不合理性。总之，不严格的预算可能成为某些无效工作的保护伞，而预算的反复审核又将加大预算编制的工作量。

4. 预算缺乏灵活性

在计划执行过程中，有时一些因素发生的变化出乎预测会使一个刚制定的预算很快超额，如果在这种情况下还受预算的约束，就可能造成重大的损失。

（四）预算的方法

由于预算的结果常被用来做控制标准，故预算方法的选择非常重要。一般预算采用固定预算，而且多为根据基期数据调整，从而带来一定的危害，这些在预算的不足之处中已有所提及。另外两种方法可以在一定的程度上对其进行改善，即弹性预算和零基预算。

1. 弹性预算

弹性预算又称为可变预算，其基本思想是按固定费用（在一定范围内不随产量变化的费用）和变动费用（随产量大小变化而变化的费用）分别编制固定预算和可变预算，以确保预算的灵活性。在编制可变预算时，应根据具体情况研究各种费用的变动程度，以确定各种换算系数，这样更加符合预算的合理性、准确性，能够减少预算变动的频繁程度。

2. 零基预算

零基预算的基本思想是在编制预算时，必须对每项费用都予以重新核查，要以目前的需求和发展趋势作为核查基准。零基预算要求每个项目的预算费用以零为基数，通过仔细分析各项费用开支的合理性，并在"成本—收益"分析的基础上确定预算。它避免了固定预算中只重视前段时期变化的倾向，迫使管理者重新审视每个计划项目及其费用开支，能充分调动人们的积极性和创造性，挣脱某些惯例的束缚，并促使人们精打细算，量力而行。但需注意的是，零基预算工作量很大，成本比较高，而且在费用估计时有一定的主观性。

五、传统的非预算控制

（一）现场观察

深入现场进行观察是一种最常用也最直接的控制方法。首先，通过现场观察可以获得第一手的信息。例如，生产部门的主管人员通过现场观察，可以判断出产品的产量和质量的完成情况以及设备运转情况和员工的工作情况等。其次，管理人员通过现场观察可以了解到公司的规章制度的遵守情况，以及员工的工作情绪和士气等。最后，高层管理人员通过现场观察，可以了解到组织的方针、目标和政策是否深入人心，可以发现报告中的数据与实际情况是否相符等。所有这些对管理人员开展工作都是十分重要的，而这些信息只有通过现场观察才能及时准确地获取。

现场观察的优点还不仅仅在于能掌握第一手的信息，它还能使组织的管理者不断更新自己对组织运行情况的了解，帮助他们观察组织运行是否正常。通过现场观察，主管人员还可以从下属的建议中获得启发和灵感。此外，高层管理人员深入现场本身就有一种激励下级的作用，有利于营造一种良好的组织气氛。

当然，管理人员也必须注意现场观察可能带来的消极作用。例如，基层管理人员过于频繁地到工作现场，员工可能会认为是对他们工作的不信任，或者会视之为管理者不能授权的表现，这是需要引起注意的。

一方面，虽然现代管理信息系统的应用可以给管理者提供很多的实时信息，做出各种分析，但仍然代替不了管理者的亲身感受；另一方面，管理的对象主要是人，而现场观察正可以通过面对面的交流传达给员工关心、理解和信任。

（二）报告

报告主要是通过书面的方式向管理人员系统地阐述计划的进展情况、出现的偏差及其原因、已经采取了哪些矫正措施、效果如何、预计会出现的情况，等等。运用报告进行管理控制的实际效果，取决于报告内容的覆盖面和侧重点。一般而言，报告主要包括以下五个方面的内容：

1. 管理活动的进展情况

在报告中应将工作的实际进度与计划进度进行比较，以说明工作的进展情况。对于管理人员，应关注报告中对于控制的关键环节的完成情况，因为如果在关键环节上出现问题，就有可能影响到整个控制。

2. 费用情况

说明费用情况，将实际费用与费用开支计划进行比较，说明实际的费用开支为什么与原计划不符（主要是开支超出原计划），以及按此趋势估算的总费用开支情况，以便主管人员采取措施。

3. 当前的关键问题

不仅要提出问题所在，还须说明对整个计划的影响，列出准备采取的行动，指定解决问题的负责人，规定解决问题的期限，并说明需要上级领导解决的问题关键。

4. 预计的关键问题

在报告中指出预计的关键问题，详细说明其影响和准备采取的行动，指定负责人和解决问题的日期。预计的关键问题可以为主管人员制定长期决策提供选择。

5. 其他情况

在报告中应提供与计划有关的其他情况。例如，组织上月份的工作绩效与下月份的主要任务等。

（三）比率分析

比率分析常用于现代企业财务分析中，是财务分析的核心。比率分析是将企业资产负债表和收益表上的相关项目进行对比，形成一个比率，从中分析和评价企业的经营成果和财务状况。财务报表所提供的数据中，大多以比率来表示各个项目的关系，常用的有财务比率和经营比率两种类型。

1. 财务比率

财务比率可以帮助我们了解企业的偿债能力和盈利能力等相关财务状况。

（1）流动比率。流动比率是企业的流动资产与流动负债之比，它主要反映企业偿付流动负债的能力。企业资产的流动性越大，其偿债能力就越强，企业的信誉度也就相应较高，但同时应当注意到过高的流动资产会导致财务资源的闲置和浪费，因此应该根据比率状况做出调整，在两者之间找到一个最佳平衡点。

（2）负债比率。负债比率是企业总负债与总资产之比，它反映了企业所有者提供的资金与外部债权人提供的资金的比率关系。在企业的利润高于借入资金和外部资金，不在根本上威胁企业行使所有权的前提下，企业就可以通过借入资金来获取更多的利润，因此确定合理的债务比率是企业成功举债经营的关键。

（3）盈利比率。盈利比率是企业利润与销售额或全部资金等相关因素的比例关系，它反映企业在一定时期从事某种经营活动的盈利程度及其变化情况，常用的有销售利润率和资金利润率。

2. 经营比率

经营比率，也称活力比率，是与资源利用有关的几种比率关系，它们反映了企业经营效率的高低和各种资源是否得到了充分的利用。

（1）库存周转率。库存周转率是销售总额与库存平均价值的比例关系，它反映了与销售收入相比库存数量是否合理，表示投入库存的流动资金的使用情况。

（2）固定资产周转率。固定资产周转率是销售总额与固定资产之比，它反映了单位固定资产能够提供的销售收入，表示企业固定资产的利用程度。

（3）销售收入与销售费用的比率。销售收入与销售费用的比率是指在支出一定销售费用的基础上所获得的销售收入的比例，在一定程度上反映了企业销售活动的效率。

（四）比率分析法的优点和局限性

比率分析法具有其他财务分析方法所不可替代的作用，其具有以下优点：①比率易于计算，方法简单，概念明确，对评估企业财务工作的完成情况有重要作用；②按时间顺序对企业财务进行比率分析，可以发现企业财务发展的趋势和偏离程度；③比率为在一定时间和科目上的比较提供一个标准，不仅可以用于企业内部，而且可以与行业平均值相比较；④比率可用于分析企业财务上带有共性的问题。

比率分析法在财务分析中也有局限性：①比率分析所依据的数据是企业过去经济活动的会计核算材料，这对于旨在控制现在、预测将来的财务分析来说，只具有一定的参考价值；②比率分析所使用的财务报表数据可能包含着人为的因素，不一定反映真实情况；③由于财务报表主要是用数字来表达有关财务信息，而对会计信息使用者决策具有重要意义的非货币化或非量化信息则无法反映，因此，比率分析在信息传递上还存在着许多缺陷。

运用财务比率分析时应注意以下问题：①财务比率分析应结合整个行业、整个经济环境进行；②有些财务比率内涵因素比较复杂，所反映的情况具有相对性；③在进行数字分析的基础上，应辅之以文字说明；④充分考虑企业经济环境的不确定性，坚持定量分析和定性分析相结合。

六、管理信息和有效控制

随着信息时代的来临，信息在管理控制中发挥的作用越来越大。能否建立有效的管理信息系统，及时有效地搜集、处理、传递和使用信息，是衡量管理控制系统的标志之一。

现代管理信息系统是依据系统观点建立，利用现代技术方法和计算机网络，提供各种作业、管理和决策信息的集成化的人—机系统，它能准确、迅速地提供各级管理部门所需的信息。

管理信息系统存在于任何一个组织之中。因为每个组织自身都有一套获取、传输、处理信息的渠道，只不过传统的管理信息系统多是通过手工操作运行的，存在很多弊端，比如处理速度缓慢，手工年度会计报表有时在次年的3月份都做不出来，使得其他工作难以开展。另外，因为查询操作不方便，很难及时准确地获取信息，比如，想查询某项物资的库存情况，要翻看一大沓库存台账，有时由于资料不全无法查到确切信息，非得盘点才能弄清楚，这就给工作效率的提高造成了很大的障碍。现代管理信息系统是计算机技术和管理技术的集成，是根据组织的业务流程和信息需要综合组建的，它以解决组织中面临的问题为目的，使基层办公人员提高工作效率，并能向各级管理部门提供所需的信息，据此做出决策，增强管理人员的决策水平和快速反应能力。高效的管理信息系统能大量搜集、存储相关信息，并根据要求长时间保存；能迅速对信息进行加工处理，使信息更加精练、准确、集中；能快速传递信息，同时由于计算机网络技术的发展，信息的传递更加如虎添翼，无所不能，使在线服务、"遥控"指挥成为事实。

现代管理信息系统不仅具有很多优势，也使管理者的工作发生了一些变化。首先是信息的获取渠道有了变化，它可以在信息系统上直接获得大量的第一手信息，根据这些信息能够快速做出决策或改变计划，使应变能力增强，控制反馈速度提高；组织的结构可以向扁平化发展，使管理层次减少，管理幅度加大，同时控制力度却不会削弱。另外，丰富了管理者和下属的信息交流通道，他们不必事事面对面地交流，报告和指令都可以通过该系统双向传送，尤其在双方远隔千山万水时，可以节省大量时间和金钱。当然，建立管理信息系统要有一笔不小的投资，对管理者及员工的计算机操作水平也有一定的要求，这些在初期应加以考虑。

第五章 管理学教学概述

第一节 管理学教学现状

管理学是经济管理类专业学生的一门必修课，在管理学科的教学中占有绝对重要的地位，它对学生了解和掌握管理学科的一般概念和基本原理、熟悉管理学科研究范式具有十分重要的意义，可为学生今后的后续研究夯实基础。管理学的特点主要是理论的科学性与抽象性、应用的广泛性以及实践的艺术性。这些特点决定了学生在学习该门课程时不仅要重视和了解管理学的基本理论概念，还要学习理论在实际中如何具体应用。由此，管理学课程相比其他课程具有一定的特殊性，这就要求教师在教学过程中对传统的教学模式进行一定的改革，使之展现管理学课程的课程特色并符合管理学课程的特殊要求。

一、管理学教学现状分析

管理学是一门非常实用的科学，其中的理论大多来源于对前人经验的科学总结，学好管理学对学生以后的工作、生活具有非常大的意义。然而，由于现在管理学教学中存在的问题，使管理学越来越不受重视，甚至被部分学生认为是无用武之地的学科。

（一）学生学习被动，态度消极

通过向南京师范大学公共管理学院的学生发放调查问卷，我们了解到管理类专业的学生对于管理学这门课程的普遍看法是深知其重要性但无法产生学习兴趣。学生对于这门课程的感受大多是："该门课程过于抽象，难以深入理解，课堂上容易走神，无法产生学习热情。"学生对于该门课程的学习态度基本上是"平时随便听听，等到要考试时再突击背诵"。其实，管理学抽象难以理解并不是学生消极学习的主要原因，问题的根源在于我们的教学模式。当教师花费了许多力气，讲了许多关于管理学的重要性的原因，而学生的学习效果仍未见好时，就表示我们应在教学方式上进行改革了。

（二）理论与实践分离

管理学是一门来源于经验、实践的科学，虽然很多科学的实践经验已经被整理成书中的理论，但学生若要真正体会理论的意义，就不能仅仅满足于知道有哪些理论，而必须清楚理论的来源以及使用方法。

然而，目前绝大多数部门的管理学教学均采用传统的教学模式，部分教学中融入了案例教学等稍具实践性质的教学方法。传统教学模式中，教师是主角，教学方法死板，只关注理论知识的灌注，认为掌握了管理学理论就等于掌握了管理学。案例教学相比于传统的教学模式，已经显示出实践环节在管理学中的重要性。这种方法来源于哈佛商学院，20世纪80年代初被引进我国，并在我国的MBA教育中得到长足发展。"案例教学法"是指教学者使用案例，以团队和小组讨论、角色扮演等方式来增进成员间的交流，引发学习者思考，并为成员提供真实状况学习的一种教学方法，已经成为当今管理学科的重要教学方法之一。但由于这种方法来源于国外，在我国教学中的应用并不尽如人意。迄今为止，大部分教师都已认识到案例教学的重要性，但对于如何做缺乏深入的思考，倾向于"唯例是从"，认为案例教学就是找来大量的案例，将其发放给学生，由学生来做就可以了，至于怎样将按案例讲好，则没有正确的判断。

（三）教师本身的知识也是理论多于实践

现在的管理学授课偏重于理论而忽略实践，这个的问题产生的一部分原因要归咎于授课教师自身所掌握的实践经验过少。管理学教学需要的是"双师"教师——理论知识与实践经验兼具的教师。然而，管理学现任教师中，大多是毕业之后直接进入学校授课的，他们理论知识丰富，但实践经验几乎没有，因而也无法有效地进行管理学的实践教学。

二、管理学教学中存在问题的解决方法

（一）提升学生学习热情

下面针对学生学习管理学课程兴趣较低的问题，提出以下解决方法：

1. 多元化的教学方法

传统的教学主要是采取满堂灌的方式，该种教学方式使得教学变得枯燥，通常是教师非常辛苦地讲课，却无法吸引学生的注意力。传统教学模式的缺陷促进了多元化教学模式的产生。游戏教学法是指通过游戏的方式将所要讲授的知识传授于学生，是一种寓教于乐的教学方式。实验结果表明，在进行游戏教学的初期，学生可能会不遵守游戏规则、过于计较结果、排斥成绩较差的同学等现象，但随着游戏教学地不断深入，学生的表现会越来越出色。游戏教学法不仅提高了学生的学习效率，在学生综合能力素质的改善方面也有较大作用。电化教学法是随着网路的普及形成的,这种方法可以更便捷地为教学服务。教师利用网络,可以制作精美的课件,吸引学生的注意力;此外,教师可以通过网络搜索与课程内容相关的视频等资源,使书本上枯燥的管理知识活起来,从而提高学生的认知能力。

2. 鼓励学生参与教师的课题研究

现代教育的目的不仅仅停留在简单地学习,而是更加重视自学能力的培养。学生参与教师的课题研究不仅可以减轻教师的负担,还可以训练学生的自学能力,提高他们的学习热情、思考能力以及创造力。

(二)理论与实践相结合

案例教学是一种初步将理论与实践相结合的教学方法,已被很多高校使用。然而,由于这种方法来源于国外,且多数案例的选择缺乏针对性等原因,这种教学方法并未取得人们期望的效果。针对这一问题,笔者认为应该在案例库的建设上下功夫。授课老师要注重平时的搜集、思考,有意识地从各种报刊、网络上获取案例,决不能仅仅满足于国外案例的简单沿用。

建立校外实训基地是最能达到实践目的的方式。企业参与教育,可以促进技能型人才的培养,为学生理解所学理论知识提供机会。学生通过在企业的锻炼可以增进与实际岗位间的联系,掌握理论知识的运用,提高工作能力。

(三)提升教师实践教学能力

管理学的实践教学要求教师自身具备丰富的实践经验,因此,笔者认为,管理学教师在储备丰富的理论教学经验的基础上,要更注重拓展实践教学能力。对于刚毕业的年轻教师,学校要安排他们进企业挂职、调研、学习,从而丰富自身的管理实践经验。学校还应该聘请一些富有实践经验的专家、技术骨干,担任学校实践教学的指导员,提高教师的实践教学能力。

管理学是经济管理类专业学生的一门必修课,在管理学科的教学中占有绝对重要的地位。然而,管理学教学中存在的问题已经严重阻碍了学生对管理学课程的学习,本节针对这些问题分别提出了解决方法,希望可以有助于管理学教学的改善。

第二节 "互联网+"与管理学教学

一、"互联网+"环境下对于管理学教学的影响

(一)"互联网+"简介

"互联网+"就是互联网与各种行业的结合,是互联网思维的实践成果,不是表面意义上的相加,而是彼此的深度融合,形成一种新的社会形态。"互联网+"是当今改造世界和认识世界的方法论,是指导各行各业升级转型的关键手段,而让经济发展的步伐不断向前。

(二)教师授课的影响

互联网背景下针对当今的教师有着重要的影响,可以更好地促进教师的成长。首先是知识储备方面,"学无止境"这四个字不断激励和鞭策每一个人向上攀登,尤其是针对教师行业从业人员来说更具警醒作用。网络的普及给予了学习便捷与有效的可能性,在网络学习的大平台中,教师可以及时弥补管理教学中的不足,还可以去汲取各地区先进的管理理念和管理手段方法。其次是教学能力方面,良好的知识储备是基石,教学能力是上层建筑。第一是备课环节,可以借鉴网络更多的优秀管理类资源,从而逐步形成自身特色的教案,同时也要学会分享,让自己的优秀教案发挥更大的价值。第二是在课堂教学中,通过对网络上优秀教师的讲课语速及细节的诠释,在实际的教学中进行大胆的尝试,最终形成一套自身独特的教课风格。

(三)学生学习的影响

学生身处于"互联网+"的时代背景下的影响,主要体现在如下几个方面:首先是突破了学习的时空界限,传统的知识学习中,课堂是唯一的知识获取场所,学生在课堂上接受教师知识的传授,但互联网科技的发展,打通了学习时空的壁垒,形成了每时是学习之时、每处是学习之所,这种移动式学习的方式给予了学生极大的便利,也激发了学生对于学习的热情。其次是增强了鉴别的难度,网络上的信息庞杂是显著特点,有源自不同国家地区不同文化背景的教育信息,带来了很大的选择困扰,因此学习者需要进行筛选、评估、分析、整合,这是对学生提出的新的能力要求。

(四)师生沟通的影响

沟通要从心开始,这既是体现沟通的基础阶段,更是对于沟通最高程度的完美诠释。在当今信息高度发达的社会中,沟通的重要性不言而喻。教师的授课过程与学生

的学习过程，需要更高效的沟通媒介。互联网的普及给予了沟通更多的可能性。首先对于教师而言，课程授课的情况如何需要学生适时的反馈，借助网络进行反馈，教师就可以第一时间了解到，从而及时调整自身的授课的进度、方式等等，以便达到最佳的授课效果。其次是针对学生而言，在学习的过程中会遇到诸多的困难，无法及时找到突破口，这时就需要借助互联网将自身的学习困惑与教师进行沟通，从而找到问题的症结以便更好地进行知识的汲取。

二、"互联网+"环境下管理学的教学方法

（一）案例教学法

管理学是一项实践性极强的学科，案例教学法的教学方式是管理学特有属性的综合体现。同时案例教学法是一项极具技术性及难度较高的教学方式。在实际的教学中是针对企业管理进行实践研究的前提下，提出一个甚至几个管理问题，并对于管理问题出现的实际场景进行客观的描述，引领学生探索发现及剖析案例，从而通过不同种类阶段实际发生的案例，提升自身的理论知识水平，特别是实践运用能力。在"互联网+"的背景下，案例教学法会有质的飞跃，在明确教学目标、教学方案和案例选择的前提下，通过网络信息科技搭建虚拟场景，让课本上的实例跃然纸上，将教师和学生带入实际管理问题发生的场景中，事物发生的真实性得到增强，也提升了学生的参与度，从根本上带动了教育教学的发展。

（二）历史教学法

历史教学法是纵向进行研究教学，是研究管理学演变的过程，针对当代有极强的借鉴作用。历史法的作用体现如下：其一是通过对于现象的发展规律把握今后发展趋势；二是通过过往现象的因果联系更好地处理时下问题。历史法的一般步骤是对史料的搜集、鉴别与分析研究，其中在鉴别考证中有对于地点考证、作者考证、年代考证以及文献原型考证。借助"互联网+"管理，在实际的教学中教师要做好引导者，引领学生亲自动手进行鉴别考证，通过互联网技术做出各事项的具体考证，这样会节省大量的时间，之后再根据这些考证的素材，结合历史发生的时间、人物、地点及时代背景进行综合分析，在错综复杂的历史中厘清脉络，找出事件发生的原因并运用到当今的管理学之中。

（三）比较教学法

比较教学法是管理学研究教学的常见方法之一，始于20世纪70年代跨国公司的崛起，很多机构分布在不同国家不同地区，是为改善不同文化下的管理而诞生的。通过研究找出一般规律的相似性和特点的差异性。比较研究的教学法在教育教学中应用

广泛并拥有很高的价值。互联网推动下的比较教学法，在资料收集中具有卓越的贡献。因比较教学法中大量二手材料，材料的系统收集和整理是一项繁重的工作，这就需要运用互联网相关技术，对于需要的数据进行分项收集、集中整理及系统分析，根据材料的多重来源来确保真实性，同时由于比较研究是通过少量观测来探索多重关系的研究，因此运用互联网技术可以将出现的卡尔顿问题及等值性问题程度降到最低。

三、"互联网+"环境下管理学对于教师和学生的要求

（一）对于教师的要求

互联网的普及和发展对于教育事业帮助极大，特别是针对管理行业更是影响明显。现阶段互联网已经深入管理行业的各个环节，因此就需要教师不断提升自身的专业素养，从而去适应时代发展的需求。首先是掌握完整的管理学理论知识体系，体系是按照内在联系组成的统一整体，是人类对于自身及外在事物的认识发展。因此只有理论知识体系的牢固，才是进行教育教学发展的基石，才能使知识在传授的过程中更加的完整和透彻。其次是加强课程教学组织能力。当今的大学课堂上玩手机和打瞌睡现象有时发生，不仅对当事人造成一定影响，也会给周边同学及整体课堂环境造成不良的影响。同时管理学科的理论性较强且难以理解，因此教师要在实际的教学中，将学生的注意力和激情引导到课堂上，让知识点变得生动有趣。

（二）对于学生的要求

学生对于互联网的敏感程度是大于教师的，据一项调查显示，大学生每天花在互联网上的时间，75%为2~4小时，15%大于4个小时，10%为1~2小时，因此互联网已经成为当今学生获取信息的重要来源，因此在"互联网+"环境下学生要具备一定要求，要端正学习态度，要围绕教材与课堂为中心，深入自身的管理理论知识的认知，通过互联网进行管理学科的知识拓展，吸取不同文化背景下的先进管理理论知识，并大胆地在实践中进行应用。

四、互联网环境下的管理学教学取得的成绩

（一）计划制订

计划是为了实现目标而制订的今后一定时期内的方案途径，同时也要对内外部环境进行客观的分析，要本着实事求是的原则，切勿好高骛远。传统的教学计划是依据日常教学经验总结而来，但随着"互联网+"理念的普及，管理学教学计划变得更具科学性与前瞻性，据2017年年底一项调查显示，借助互联网科技进行教学计划的制订，教学效率提升了25%。

（二）预习阶段

预习是一种预先准备，是确保学生尽快进入学习的状态。要想更好地进行预习，就需要在读、写、练上下足功夫，学生在教材的预先学习中，要着重记录重点难点，以及自身无法理解之处，如此才能在课堂上提高注意力。互联网可以帮助学生预习达到理想的效果，在读、写、练三方面各自加强。据一所北方综合类高校显示，2016届管理学科学生运用互联网进行预习满意度为，特别满意75%，满意20%，其他5%。

（三）复习环节

复习是重复学习的过程，是针对过往知识的梳理，目的是为了巩固记忆。传统的复习环节是学生翻看课堂笔记，对于先前课程讲授知识的再度吸收。知识是一项系统工程，借助"互联网+"思维，会让复习环节更具系统性与针对性，目前诸多高校将"互联网+"复习模式进行卓有成效的推广，特别是在管理学中更是成绩斐然，成为教学效率提升的主要增长点。

（四）作业管理

作业是教学效果的直接体现，是考查每个学生现阶段知识掌握的重要手段。作业的形式有很多种，仅管理学科就有名词解释、理论分析题、案例分析题等，作业不能按时按要求完成是普遍存在的问题，但互联网介入教学体系中，逐步改善了这些弊端，特别是抄袭现象得到了很好的遏制。

管理学是一门科学，因有管理的发展规律，可以不断地在实践中总结经验；又是一门艺术，因管理的环境变化，需要不断分析环境找出解决的方法。"互联网+"管理学模式需要去适应调整并不断磨合，最终走出一条属于当今我国管理学科独特的教学体系。

第三节　国际学生的管理学教学

管理学是工商管理类专业的专业基础课。近年来，随着我国高等教育国际化建设的普及，许多高校开始招收如企业管理专业、市场营销专业、物流管理专业、人力资源管理专业的国际学生。各个相关高校开始开设面向上述国际学生的、用英语讲授的管理学课程（下文统称"管理学全英课"）。然而，在该类课程的教学实践中存在着一些问题。本节旨在对这类问题进行梳理和分析，进而提出相应的教学改进建议，以改善面向国际学生的管理学全英课的教学效果。

一、面向国际学生的管理学全英课的特点

（一）需包含我国的企业文化和企业管理特点

我国企业的类型与其他国家的企业类型具有一定的差别。总体来说，我国企业包括国有企业、集体所有制企业、联营企业、三资企业、私营企业多种类型。这类企业具备自身的运营特点，企业管理者只有充分了解这类企业的企业文化以及企业管理特点，才能确保这类企业在我国市场环境中顺利运营。大多数国际学生选择中国为留学国家是因为他们热爱中国和中国文化，有未来长期在中国，尤其是在就读高校所在的城市生活、工作和发展的打算。因此应在管理学全英课的教学中适度地融入我国的管理文化和各类企业的管理知识，从而帮助不熟悉中国国情的国际学生尽快了解中国以及所在城市的企业管理实践。这是面向国际学生的管理学全英课应该具备的特色之一。

（二）需包含国际主流的企业文化和企业管理特点

在全球经济一体化下的今天，任何国家、地区的企业都离不开与其他国家、其他地区的企业开展贸易合作。此外，各个国家、地区的企业的管理人才也必须在一定程度上进行互相交流和互相学习。因此任何国家、地区的企业管理者都需要对国际主流的企业文化和企业管理特点具备一定的了解。面向国际学生的管理学全英课应具有国际视野，其教学内容应包括国际主流的企业文化和企业管理知识。一方面，国际学生的文化背景各不相同，这样的教学内容安排有助于国际学生结合母国的文化更好地理解企业管理实践；另一方面，在全球一体化的今天，无论国际学生未来从事何种管理工作，都需要掌握国际主流企业管理知识，因此有必要了解不同文化下的企业管理实践。

二、面向国际学生的管理学全英课教学中的问题

（一）课程定位不正确

高校对各门课程的定位不仅会决定教师的授课重点、该门课程的考核重点，还会影响学生对该门课程的兴趣以及重视程度，从而影响到学生对该门课程所涉知识点的理解和掌握情况。因此，课程定位不正确将会对教师的教学工作、学生的学习造成极大的不良影响。有些高校将面向国际学生的管理学全英课简单视为完全用英语教授的管理学课程。这不仅忽视了大部分国际学生选择中国作为留学国家，是打算未来在中国发展，进而更希望能够学到中国企业的管理文化和管理特点的学习意愿；也错误理解了全英课教育不仅仅是将英语作为一种沟通媒介和交流工具，而更应该在通用的管理学理论知识的基础上面向中国学生多传输西方管理文化、面向国际学生多传输东方

管理文化，从而促进东、西方学生管理文化交流的教学本质。这既与有些高校的管理类专业的国际学生教育办学年限较短，相关经验累积不足有关；也与仅仅用英语直白翻译讲授多年的管理学知识对于教师而言操作起来更为简单易行有关。

（二）师资不足

授课教师是联系所学课程与学生的载体。授课教师的授课水平和授课能力对学生的课程学习效果起到了至关重要的作用。首先，随着面向国内学生的各类双语课、全英课的普及，大多数高校已经拥有了一定数量的具备英语授课能力的教师。然而国际学生并非完全来自母语为英语的国家，这对相关授课教师的口语发音以及英语听力等能力提出了更高的要求。其次，具备英语授课能力的教师未必拥有丰富的管理学教学经验，企业实践经历的缺乏更是导致其对跨国企业或者我国本土企业的管理实践以及管理文化知之甚少，故在教学时，难免会发生理论脱离实际的现象，从而导致既难以让国际学生充分掌握通用的管理学知识，又无法使国际学生充分体会我国企业以及跨国企业的特殊管理文化，从而影响管理学全英课的教学效果。

（三）教学重点模糊

由于每门课程涉及的知识量及知识体系十分庞大，而高校安排给每门课程的授课节数又十分有限，因此在有限的授课时间内科学、合理地安排授课重点，有助于学生在短期内迅速把握一门课程的主要知识脉络；而教学重点安排不合理、不明确则不利于学生系统、全面地把握所学课程。有些高校面向国际学生的管理学全英课侧重介绍管理学概念和原理；有的则侧重帮助学生了解国际企业的企业文化和企业管理实践；有的则鼓励学生创新，侧重探讨企业管理问题的解决方案。这主要和国际学生所在专业或所在教学单位的办学特点、课程授课教师的专业特长、国际学生的学习兴趣等密切相关。然而，这种不同高校的同一课程教学重点多元化的现象，也反映了面向国际学生的管理学全英课的教学不够规范、侧重点不够明确的问题，从而难以确保国际学生能够通过接受课程教育全面掌握相关管理知识、技能、文化，以及培养相关创新能力。

（四）教学形式单一

在课堂教学中，授课教师应采用尽可能丰富的授课形式，全方位刺激学生的听觉、视觉和感觉，加深学生对所学知识点的理解、认识和领悟，从而增强每门课程的授课效果。为了适应我国学生长期以来接受和习惯的学习方式，大多数高校教师采用的管理学课程授课方式以教师向学生单向传授系统的、全面的、大量的课程知识为主，对教材和课件的依赖性较强，且大多数学生在课堂上的参与感较低，互动和表达个人观点的机会较少，课堂活动仅仅停留在记笔记的层面。然而国际学生从小到大习惯的教学方式与我国学生不尽相同，他们更倾向于注重激发学生兴趣、以学生为主导、师生互动较多、理论讲授与实践活动并重的教学方式。因此，传统的、面向我国学生的管理学课程的单一教学方式不仅与管理学教学中既应该注重理论教育，又应该注重实践教育的教学要求不符；也与来自不同教学体制下的国际学生所习惯的学习方式不符。

（五）学生基础不同

学生针对每门功课已经掌握的知识点不同以及学生在阅读、理解等各方面学习能力上的差异也会对学习效果造成不同的影响。同一专业同一班级的国际学生通常存在多方面的差异。首先是英语基础的差异，尽管所有的国际学生都通过了就读高校的英语测试，具备一定的英语水平，但并非所有的国际学生都来自母语是英语的国家，学生在英语基础以及听、说、读、写、译等能力方面存在一定的差异。其次是人生经历的差异，有些国际学生有着一定的工作和企业管理经验，有些则因为父辈或家人在中国经商或者与中国企业有业务往来，而对中国文化甚至中国的企业管理文化有了一定的了解。最后是学习体制的差异，由于各国教育体制的不同，有些国际学生曾在母国接受过专业、系统的管理学课程教育，有些则没有。因此，同一班级的基础水平不同的国际学生，对高校开展管理学全英课教育提出了挑战。

三、面向国际学生的管理学全英课的教学改进措施

（一）正确定位课程

高校应正确理解面向国际学生的管理学全英课教学中的两个关键词："国际学生"和"全英课"。"国际学生"意味着该门课程的授课对象不同于面向国内学生的管理学全英课的授课对象，以及面向国内学生的管理学双语课的授课对象，该门课程的授课对象是未来可能在中国，尤其是在留学高校所在的城市生活、工作和发展的，而又对中国和留学高校所在城市的企业文化和企业管理特点极度缺乏了解的外国学生。故该门课程不仅应教授通用的管理学原理和知识，还应适度引入中国企业管理的案例，适度介绍符合中国企业特色的企业管理知识，以增进和加深授课对象对中国企业管理实践的了解。"全英课"不仅仅意味着英语将作为一种沟通媒介被教师和学生在课程的授课过程中使用，还意味着这门课的授课对象既可能是来自母语为英语的国家且较为了解国际企业文化及实践的国际学生，又可能是来自母语非英语的国家且对国际企业和中国企业文化及实践均不了解的国际学生。故教师在授课时不仅应注重讲授通用的管理学知识，还应结合授课对象的特点，补充相应的企业管理文化和实践知识。

（二）培育和丰富师资

高校应定期选派具备相关教学潜力的教师参加海外研修和培训，拓展其国际化水平和国际化意识，增进其掌握管理学全英课教学所必备的能力的机会。此外，高校还可以组建面向国际学生的管理学全英课教学团队，团队成员应该包括正在或即将承担

相关教学任务的老师，也应该包括不承担相关教学任务但管理学教学经验丰富或对跨国企业、我国企业管理实践有深入了解的老师。团队应该定期举办教研会议，鼓励团队成员分享教学经验、取长补短。此外，高校还可以选派相关教师前往跨国企业或本土企业的相关部门进行调研或培训，丰富其企业管理实践经验。另外，近年来，通过邀请管理经验丰富的企业家来高校开办讲座或与国际学生进行交流的企业家进课堂活动也可以成为高校丰富师资的方式之一。

（三）明确教学重点

高校应合理规划面向国际学生的管理学全英课的教学重点。鉴于该门课程本身的特点，以及授课对象的特点，该门课程的授课内容应该包含管理学理论知识、中国企业的企业文化和企业管理知识、国际企业的主流企业文化和企业管理知识，且这三类知识在授课内容中所占的比例依次递减。其中，教授管理学理论知识时应该全面、系统地介绍和管理学的计划、组织、领导、控制四大职能有关的知识，内容与面向中国学生的管理学课程的相关授课内容基本一致；中国企业的企业文化和企业管理知识可以分成几个专题进行讲解，可以讲解与各个专题相关的中国企业管理实际案例，引导学生进行思考和讨论，加深学生对相关知识的理解和掌握；国际企业的主流企业文化和企业管理知识也可以分成不同的专题授课，可以鼓励学生搜集和分析母国的相关企业管理案例。

（四）丰富教学形式

面向国际学生的管理学全英课的教学应充分考虑到国际学生的学习习惯和教育背景，以及管理学这门课本身的教学需要，丰富教学形式。针对大多数国际学生不适应我国以教师为中心的单向授课方式的情况，教师应转以授课对象为中心，增加案例讨论、小组讨论、小组报告等授课环节，增加学生的参与度，鼓励学生发表个人观点，激发学生对课程的兴趣。此外，由于目前全英教学、双语教学已经在我国高校普遍实施，教学单位也可以考虑将国际学生和实施全英教学或双语教学的中国学生进行合班授课，鼓励国际学生和中国学生组成学习小组，共同搜集案例，探讨、分析管理学问题，增进学生之间的交流，让学生在沟通中体会到多国文化和思维方式的碰撞对企业管理思维创新的促进作用。

（五）因材施教

由于同一个专业同一个班级的国际学生的英语水平、人生经历、学习体制各不相同，且不少高校的国际学生招收数量较少，有的班级甚至只招收了个位数的学生，故在面向国际学生的管理学全英课的授课中注重因材施教显得尤为重要。在课前的搜集资料和预习阶段，教师可根据学生的专长分配不同的学习任务，如要求英语水平相对较强的学生搜集西方企业管理案例，要求英语水平相对较弱的学生搜集母国企业管理案例；要求有工作经历的学生结合个人工作经历分析对所学内容的理解；要求缺乏工作经历的学生结合个人阅读的课外文献和资料分析对所学内容的理解等。此外，教师还可以将专长不同的学生组成学习小组，鼓励小组成员相互交流、互帮互助、取长补短。

由于面向国际学生的管理学全英课存在课程定位不正确、师资不足、教学重点模糊、教学形式单一、学生基础不同的问题，各高校有必要通过课程改革、师资改革、教学方式改革全面改善该门课程的教学效果。本节提出各高校可以通过正确定位课程、培育和丰富师资、明确教学重点、丰富教学形式、因材施教，以确保修读管理学全英课的国际学生能在掌握企业管理理论的同时，全面了解我国以及国际主流的企业管理文化、企业管理特点，以有效增进该门课程的教学效果。

第四节 管理学教学方法与应用

管理学是一门综合性的交叉学科，是系统研究管理活动的基本规律和一般方法的科学。管理的目的是让组织通过合理的资源配置，完成组织的目标，提高生产率。早在1987年，国家教委就要求把"管理学原理"作为普通高等学校本科经济管理专业的主干必修课列入教学计划。

但是长期以来，国内的管理学教育都是以理论知识的讲授为主，教学模式一般都是老师讲学生听，在讲课的过程中，又以理论上的条条框框为主，缺乏与实践的结合，培养出来的学生虽然理论知识丰富，但是却缺乏创新精神与实践能力。而随着时代的发展，这种传统的理论化教学模式已经不能满足社会上对管理类人才不断增长的需求，因此，在教学的过程中引进新的教学方法，让学生做到理论与实践的融合成为当下管理学教育发展的主要目标。

本节将根据文献检索搜集到的相关文献，加之笔者自己的教学经验，介绍几种较为有效的管理学教学方法。

一、管理学教学方法

（一）案例教学法

20世纪20年代，哈佛商学院倡导在教学中采用一种独特的教学方式，即案例教学法。该方法采用的案例都是来自商业管理实践中的真实事件，在课堂上让学生对案件进行讨论，获得了不错的成效。然而，直到20世纪80年代，这种教学方法才受到重视，而在国内则是到了1990年后才渐渐得到广泛应用。

以德鲁克为代表的"经验学派"认为，管理是经验的研究，使用案例或比较研究作为教学手段，能引出管理上的判断。在管理学的教学中，教师将实际的企业管理案例带入课堂，通过简单的案例阐述，让学生对案例有个大致的了解，进而基于课堂上讲述的管理学相关知识，让学生分析、讨论并最后得出结论。这个讨论是完全开放的，学生可以自由发言，提出完全不同的意见，教师在讨论的过程中给予学生适当指导，最后对案例进行总结和点评。案例教学模式能够让学生更积极地参与到课堂活动中，并能更好地理解、吸收和运用理论知识，提高分析问题、解决问题的能力。而在课堂讨论的过程中，更是能增强他们的沟通能力、人际交往能力、协调合作能力，而这也是管理学理论得到实际运用的一个表现。

在运用案例教学的过程中，需要注意几点：（1）选用适当的案例。管理学的案例千千万，而合适的经典的案例则需要教师精心挑选，案例选择的好坏直接影响到最终的学习结果。许多教师在教学中都是采用教材上列举的国外的案例，而由于国内外的文化背景等的差异，会导致学生对案例的理解并不透彻，这样的案例讨论可能就进行得不那么顺利。（2）适当调整考核机制。目前学校的考核多数仍是以期末考试为主，平时分所占比例不大。这一点可以学习国外的学校，将平时分的比例放大，包括学生参与课堂讨论的积极程度、发言的次数多少等。（3）教师要当好引导者的角色。在案例教学中，教师的主要角色不是给学生灌输这个案例就是好的或者坏的这样的印象，而是应当让学生参与讨论，充分思考，发表自己的意见，只要学生言之有理，就应该给予奖励。

（二）影视案例教学法

案例教学法和传统的灌输式理论教学方法相比，已经有不少优势。然而，在教学的过程中，仍然会存在一些问题。例如，阅读和理解案例的过程比较耗时；案例的情景感不强；案例的内容不够直观，学生的兴趣不大等等。因此，在此基础上，又出现了影视案例教学法。影视作品与纯文字作品相比，其形象更为直观生动，观众所获得的情境感也更为强烈，并且能够更快地加深对作品描述的事件的理解。

在影视案例教学法的应用中，教师播放一小段管理学相关视频，让学生参与到视频表述事件的讨论中，加深对理论知识的理解与运用。选取的视频是多种多样的。例如在讲授人力资源管理章节时，可以选取"2012美国大选第三场辩论中的女性就业歧视问题"（奥巴马 vs 罗姆尼）作为案例材料，让学生参与讨论女性就业歧视的现状与解决方案。讲述沟通章节时，可以选取网络搞笑片段"倒鸭子电话理赔"，让学生形象地了解沟通的重要性。讲述领导章节时，可以选择"90后霸道总裁余佳文"的采访片段，让学生认识并了解并不是所有的企业老总都是一个样。

在运用影视教学方法的过程中应注意以下几点：（1）选取的视频需要与课堂讲授的知识点紧密结合。应根据每次课讲授的知识点、重点的不同，选取相匹配的视频。

（2）视频的时长应该适中。未剪辑过的影视作品时长从几分钟到几小时不等，如果不剪辑就直接拿来在课堂上播放显然不合适。应选取影视作品中适合的部分播放，且一方面要注意时间不能过长，另一方面要注意不能剪掉相关的背景阐述部分。（3）尽量选择有趣的、能够吸引学生注意力的视频。表现同一个管理知识的视频有很多，其中不乏一些枯燥无味的，教师应从中精心挑选一些有趣的视频。这样在观看和讨论时，学生也会更积极。

（三）参与式教学法

为了让学生更好地学习和运用知识，还可以在教学中采用参与式教学方法。参与式教学法以学生为中心，采用灵活多样、直观形象的教学手段，鼓励学生积极参与到教学过程中，通过情景化的教学体验，让学生能够更加深刻地理解和掌握课堂上讲述的理论知识，并能在实践中运用所学知识，同时也能促进教师和学生之间的交流，获得更好的教学体验。

在课堂实践中，可以让学生通过角色扮演的方式，成立虚拟的公司，每个人分别扮演不同的角色，并通过任务的分配、实践，去学习和理解相关的理论知识。将学生分成几个小组，每一个小组即是一个公司，每个公司的员工根据自荐、讨论等方式推选出总经理、人事总监、财务总监、营销总监等职位。制定公司的组织图、标识、广告语、主营业务等。在课堂上向其他同学展示，最后由大家评选出最有影响力和号召力的公司。另外，在每一章的教学过程中分配给每个小组相应的任务，让学生更好地参与到管理学的学习当中。

在运用参与式教学方法的过程中应注意：（1）教师应明确自己的角色，开始是协调分组，之后是下达任务，最后是指导、点评。（2）这种参与式方法，在学生实践的过程中可能会出现一些意想不到的情况，教师应帮助学生及时解决，对于教师自身，也是一个不断学习不断提高的过程。（3）有些学生可能会表现得非常积极，有些学生可能比较沉默，不要歧视那些沉默的学生，要帮助他们更好地加入小组活动中，鼓励每位同学参与发言和讨论。

本节阐述了管理学教学中几种行之有效的方法，相较于传统的教学模式，这些新型的教学方法能够更好地让学生参与到学习中，能更好地理解和吸收课堂的理论知识，并能够提高学生的创新精神和实践能力。当然，这些方法都不能完全地代替理论教学。理论教学仍然是管理学教学的基础，是案例分析和参与学习的前提。本节旨在让管理学的教学能够更好地做到理论与实践的结合，培养出社会需要的人才。

第五节　基于项目的管理学教学

　　所谓项目教学法，就是在教学过程中以某个具体学习的项目为核心，在教学引导中，激发学生自主探究兴趣，让学生在实践探索中能够消化和吸收所学知识，促进学习发展。这一过程中，学生自主积极地参与知识建构，是以培养学习能力为目标的教学设计。在高校管理学教学中运用项目教学法，可以有效提升教学效果。本节分析了项目教学的注意事项，并提出了以项目教学为载体的教学优化策略。

一、基于项目的高校管理学教学注意事项

　　管理学是一门综合性的交叉学科，主要是通过研究合理配置人、财、物等因素，提高劳动效率，加强实践学习。在教学中，运用项目教学法提升教学效果，提高学生学习能力，要注意以下几点：

　　第一，在教学实践中，要处理好教与学的关系。项目教学法是以培养学生自主学习能力，提高教学效果为目标展开的教学设计。也就是说，在教学时，要激发学生主动学习的欲望，使其能在教师的引导下进行自主探究，培养独立探索新知识的能力，而不是被动学习。

　　第二，在课堂探究中，要注意启发引导。为了更好地提升管理学教学质量，在教学时要注意启发引导，启发学生独立思考，引导其进行自主实践，从而转化教学关系，培养学习能力。

　　第三，在课后总结阶段，要注意多元化点评。在实际教学中，每一个学生都是独立存在的个体，通过互相点评分析，可以指出学生的优缺点，促进共同进步，还可以构建和谐的师生、生生关系，提高教学效果。

二、基于项目的高校管理学教学开展策略

（一）利用项目教学，创设实践情境

　　在项目教学中，为提高管理学教学质量，教师要根据学生生活或学习中所熟悉的内容，确定学习内容，实现做中学、学中做，在实践情境中，为学以致用的教学目标提供良好的前提条件。例如，在管理学教学中，涉及市场营销、财务管理、人力资源、生产运营等各项内容，在具体管理过程中，落实项目教学法，可引导学生自由组建小组，以模拟公司为载体，让学生扮演不同的企业管理角色，组建管理团队，对企业具体实践中的经营活动进行模拟、表演，在感知管理经验全过程的基础上，提高学生对管理

流程的认识，强化管理技能，使其能够有效积累管理经验。在这一过程中，教师可以让学生小组将工作流程、工作内容、工作方法等进行管理设计，在具体实践中，讲解学习思路、学习方法。通过理论的深入与具体模拟探索，为实战锻炼提供良好的保证条件。

（二）利用项目教学，优化活动内容

在项目教学法的实施过程中，分项目设计、分组分工、制订计划、协作讨论、制作作品、汇报演示、总结点评等内容，要想让每一个环节得到切实有效的落实，就要优化活动内容，在各个阶段制订明确的教学计划，从而发挥教学引导的作用，提高学习效果。例如，在项目设计阶段，可以针对项目主题的制定，在所探索内容的范围内，组织学生进行问题分析和讨论学习，如在探索人员招聘主题内容时，要让学生对人员招聘计划、人员培训、人员配备等方面进行综合考量。在实际教学过程中，可以为其播放公司招聘的视频情境，在看的基础上，以项目教学为核心，组织学生进行小组合作，根据主题，分组分工，在合作的基础上，让学生思考：人员招聘的技巧是什么？人员招聘的原则是什么？人员面试实施分哪几个阶段？通过教学引导的深化，让学生自发进行项目探索学习，在完成主题研究的基础上，引导进行成果交流，以实践模拟、PPT 汇报、报告会等多种形式进行分析探讨，在项目教学深化中提高管理能力，化被动为主动，重视学习过程，落实人本教学理念。

（三）利用项目教学，设计科学评价

在管理学教学中，项目教学法主要是用来提升管理能力，展开教学实践。因此，在实践教学中，可以围绕项目核心，设计科学点评，对项目管理的思维、管理教学实践问题进行精准分析。例如，在管理学课程考核阶段，要以就业为目标进行教学引导，重视过程性评价和结果性评价，使考核评价方式多元化。为此，在实际点评中，可以让学生就项目策划、项目设计方案、项目主题内容、项目活动过程、项目问题、项目探索结果等内容进行综合展示，在多内容分析的基础上，组织项目活动小组进行组内自评、互评，然后开展小组点评，最后借助具体实施过程，上传校园网平台，联系社会管理人员进行科学点评，由教师进行总结反馈。在科学点评、项目教学法落实的基础上，以提高管理能力、管理节能为目标，进行教与学，促进学习方法，树立管理思维与意识，在点评中，让项目主题的实施更有意义、更有价值。

基于项目的高校管理学教学的开展，不仅可以加深学生对现实企业管理活动的认识，还可以通过教学活动提升学生的管理能力、管理技能。教师应该通过项目教学法，设计实践情境、优化活动内容、开展科学点评，落实以学生为本的教学理念，构建以学生为主体的课堂教学活动，达成教学目标，让学生学习管理学事半功倍。

第六章 管理学教学的组织

第一节 哲学视角下的管理学教学范式

一、西方教学范式研究

教学范式是指人们对教学活动及实践活动的一个综合性理解和最基础的判断。"范式自库恩"提出后被学界广泛接受并流行,在西方教学范式经历了"实证—诠释—实证"的三个变化过程。20世纪初,美国教育学家桑代克认为,学习者必须要有学习的欲望和兴趣,另外还需具备一定的素养和学习的能力并加以应用,应用中须通过强化刺激和反应使已形成的可变联结加以固化。也就是教师的传授首先要激发出学生的学习兴趣,进而通过练习达到教学的目的。现代解释学的开创者是20世纪的德国哲学家海德格尔,他将传统解释学从方法论和认识论性质的研究转变为本体论性质的研究,且将其转变成一种哲学。20世纪80年代后,以院校研究、校本管理等为代表的教育管理实证主义都可以归入实证主义研究的范畴。显然,传统行为主义学习理论关注的焦点在于提供教学,而当代学习理论认为除去简单的机械记忆外,学习活动都要求学习者主动建构意义,学生应该由教师的教授向认知结构和研究问题的方式转变。近年来美国的高校对人才的培养也渐渐从理论层面向实践层面过渡。美国高校对在不断探索新的教学范式的同时在课堂教学质量上的教师专业教学能力的提升也确保了高质量人才的培养。

二、管理学教学范式

美国心理学家布鲁纳曾经认为:"现代教学方法就是把教师的教和学生的学统一起来的方法。"其特点如下:双边性。主要是针对教师对信息的传递及对课堂整体的掌控,当然还包括学生的听讲、理解、观察和自修的配合。双部性。要求不仅要控制学生的外部表现,更要对学生的内部活动进行观察进而分析判断。确定表面与内心的统一。双型性。这就是模仿型和创造型。教学方法既要借助于学生的模仿,使学生获得现成的知识,又要借助于学生的创造活动,使学生获得"新"的知识。目前教师只注重教授,学生只是被动地接受,缺少独立探索知识能力和创造力,所以管理学的教学范式研究首先要改革教学观念,既要改革传统的质量关,又要改革传统的教学观。高水平的教学应该是能充分体现以学生为主体的启发式、参与式的教学,是注重培养对学生学习能力和创新能力提升的教学,是要求理论与实践紧密结合的教学。

三、目前管理学教学范式存在的问题

(一)"单边"现象

在管理学教学中首先应该是以解决教学任务为目的,师生进行共同活动,目前教学方法中普遍存在"单边"倒的现象,学生被动听课,训练的是求同思维,求异思维被大大扼杀,教师教授学生的往往都是定论。大多数学生发现问题、研究问题的意识和能力普遍较弱,这种现象的存在势必与高校培养创新型、研究型人才的目标相差甚远。教师应转变满堂灌的教授方式而让学生提出问题、思考问题、总结规律、解决问题,培养学生主动思考、自己解决问题的能力,增强他们的参与意识。

(二)"单部"现象

目前的教学方法中往往只注重学生活动的外部现象,但有时学生活动的外部表现尽管相同,可内部表现完全不同。针对这一现象应有的放矢安排在特定的环境中锻炼,增加其实践能力。在互动环节注意观察他们的思想动态,及时肯定并鼓励他们适应环境的变化,增强自信,培养参与热情,提升独立动手操作能力,以便更好地适应环境。必要时可以聘请管理学专家亲临指导。"外聘专家"作为校外实践教学的一种延伸,是课堂教学的补充。

(三)"单型"现象

现在的教学方法已经习惯于通过教师的讲解、演示和让学生进行模仿使学生掌握新知识,甚至"模仿"重于"创造"。模仿性学习是必要的,大学的学习要更加强调创新。很多学生创新性还远远不够,因此教师在课堂上可以引入具体的案例,分享管理者成功的经验、反思失败的教训来引起学生更深层次的思考。

四、对管理学教学范式研究的思考

(一)教学理念改革理念是先导

在教学理念上,应该注重以学生为本;在教学方式上应该向启发式转变,激发学生学习的主动性和积极性;在培养模式上,应该由单一型人才向复合型人才转变;在教学内容上,要注重教学内容与社会发展需求相契合;在教学要求上应该注重培养学生的学习能力、创新能力、实践能力。

（二）教学方法改革

管理学教学方法改进最根本的途径是教师对教学内容的深刻理解和把握，所以应该尽量寻找切合管理学教学内容的特点、实际背景。课堂中选用较为合理恰当的教学方法才能够达到事半功倍的效率。

（三）注重教学实践

管理学的理论源于实践，更要应用于实践，一切的管理理论都是为实践服务的，脱离实践的管理理论都是空中楼阁。我们在管理学教学实践中，尤其应该重视学生的实践教育，在课程设置的过程中，应该带领学生走入企业，深入经营管理实践，参与企业运营管理，使学生真正了解企业的运营方式和管理模式。高校的创新也离不开企业的支持，只有通过与企业密切合作，通过将创业项目投入市场转化成生产力，才能实现共赢。

第二节　管理学教学中的课堂氛围建设

管理学是工商管理类专业的本科生必修的专业基础课程。学生不仅应该通过学习该门课程掌握全面、系统的基础管理理论，还应该通过学习该门课程培养一定的基本管理能力。由于涉及企业的计划、组织、领导、控制四大模块的管理理论较为繁杂，全面掌握这一理论体系具有一定的难度；基本管理能力的培养又离不开学生将管理理论积极、主动地应用于各项管理实践中，所以良好的管理学课堂氛围是确保学生扎实管理学理论体系、培养基本管理能力的重要前提。因此，建立良好的课堂氛围是管理学教师普遍面对的重要课题。该研究旨在为管理学教学中的课堂氛围建设提出建议，以期改善该门课程的教学效果。

一、管理学课堂氛围建设的意义

（一）利于建立以学生为中心的教学模式

近年来，我国本科教育正在从以教师为中心的教学模式向以学生为中心的教学模式转变。以学生为中心的教学模式强调要让学生从教学活动中的被管理者转变成参与教学活动的主体，在教学活动的设计和开展中充分考虑学生的思想和诉求，从而充分激发学生的学习兴趣、满足学生的学习需求。

以学生为中心的教学模式的建设需要以良好的课堂氛围为支撑。本科课程的学习往往具有一定的难度和挑战性，部分学生在困难心理和学习惯性的作用下，更倾向于像中小学阶段一样被动接受教师单方面输出的知识。追求和谐创新、民主平等、互动参与、探索研究的课堂氛围则有利于最大限度地激发学生对课程的学习热情，促使学生积极、主动参与到各项课堂活动中，从而确保教学活动全面向以学生为中心的模式变革。

（二）利于改善管理学课程的教学效果

大多数大学本科生是年满18岁的成年人。成年人具备一系列不同于青少年的学习特点。例如，学习目标通常以解决实际工作问题或者实际生活问题为方向，学习方式倾向于团队经验共享式等。因此，鼓励学生将理论联系学习或者生活实践、鼓励学生以团队的方式开展小组讨论或者与其他学生分享个人观点的课堂氛围更适于成年人的学习特点。

此外，教学单位开设管理学课程的目的不是为了让学生在短期内记忆相关知识点，从而获取学分、顺利毕业。该门课程的开设目的是为了将管理类专业的本科生培养成掌握全面、系统的管理学理论知识，具备相应的基本管理能力的企业管理人才。因此，一种利于学生探究管理学理论本质、利于学生应用管理理论思考实践问题的课堂氛围更有助于实现管理学课程的开课目的，从而改善该门课程的教学效果。

二、管理学课堂氛围的常见问题

（一）课堂氛围过于平淡，学生参与感低

这是一种最为常见的课堂氛围，在这种氛围的课堂中，管理学教师基本按照教材和幻灯片单向地向学生灌输大量的管理学理论，学生只是机械地在课本上划重点，或者干脆走神。导致这种课堂氛围的原因通常有以下几点：首先，授课教师本身对管理学理论掌握不透彻，对教材之外的管理学名著、管理学案例掌握较少，不能在课堂上为学生提供丰富的、供学生讨论的教学素材。其次，授课教师的课堂管理经验不足，不知道应该如何组织学生开展小组讨论、小组报告、课堂辩论、课堂游戏等活动，从而不敢开展类似活动，或者即便开展了类似活动，活动效果也并不理想，没能成功营造学生积极互动的课堂氛围。最后，学生本身对管理学课程缺乏兴趣，尤其是当管理学作为一门面向非管理类专业的学生开设的必修课时，这一现象最为明显。在这种课堂氛围下，学生没有彼此分享观点、将管理学理论与实际案例结合起来进行思考、探究书本之外的更深层次的管理理论的机会。这会导致学生错误地认识管理学，将管理学误解为一本厚教材中的、难以记忆的、繁杂的知识点。甚至在某些极端情况下，可能会导致少数管理类专业的学生误认为该专业不适合自己，从而选择更换专业。

（二）课堂氛围过于严肃，学生有抵触心理

在这种氛围的课堂中，管理学教师既热衷于提出具有挑战性和难度的问题，又倾向于用严格的标准、严厉的态度应对学生的反馈。尽管高标准和严要求最终有助于学生打下扎实的管理学理论基础，但是在一定程度上可能对学生的学习兴趣和学习热情造成影响。导致这种课堂氛围的原因通常有以下几点：一方面，授课教师没有意识到从长期来看，学生的学习兴趣和学习热情是确保其在大学毕业后终身学习管理学的关键要素，而仅注重让学生在短期内快速掌握大量理论知识并迅速提升相关分析、思辨能力。另一方面，授课教师对每个学生的学习能力以及学习基础缺乏了解，以统一的高标准要求兴趣、专长、能力各异的学生，不能做到因材施教，与不同的学生沟通时也缺乏耐心。

少部分对管理学感兴趣并且学习能力强、自我要求高的学生可能不会受到这种课堂氛围的影响，甚至可能会偏好这种课堂氛围。然而大多数学习兴趣需要靠授课教师激发、学习能力需要靠授课教师鼓励和肯定才能提升、自我要求也较为适中的学生则不太适应这种课堂氛围。甚至在某些极端情况下，可能会导致部分学生对管理学产生抵触心理。

（三）课堂氛围过于活跃，未聚焦于课程

这是一种最为危险的课堂氛围。在这种氛围的课堂中，授课教师喜欢分享大量的企业管理案例以及相关视频，组织学生开展丰富的课堂游戏、课堂辩论、小组报告等活动，学生也往往乐在其中。然而每次课程结束后，学生只学到了与管理相关的少量的理论和知识。由于学生对该类授课教师的反馈和评价通常较为积极，容易导致教学单位、授课教师忽视这一课堂氛围中存在的问题。导致这种课堂氛围的原因通常有以下几点：一方面，授课教师本身人格魅力强、活动组织能力强，天然就能营造活泼欢乐的课堂氛围。另一方面，活泼欢乐的课堂氛围容易激发学生的学习兴趣和学习热情，学生的这一正面反馈更容易导致授课教师保持原有的授课模式。

尽管这种课堂氛围能够激发大多数学生对管理学的兴趣，但是可能误导学生认为管理学只是一些轻松、有趣的企业家小故事，从而忽视管理学理论的科学性和严密性，不能正确认识管理学的全貌。这不利于管理类专业的学生打下扎实的管理学理论基础。

三、管理学课堂氛围建设的建议

（一）高校层面的建议

高校可以通过设置以下机制，帮助管理学授课教师构建良好的课堂氛围。首先，高校可以设置选课机制，即规定授课教师的管理学课程能否在该学期顺利开课，取决

于选择该授课教师的管理学课程的学生数量是否达到了最低数量阈值。由于学生在选课时通常会参考上一届学长学姐的意见，选择课堂氛围和教学效果良好的老师，故为了避免因课堂氛围较差而不被学生选择，从而不能完成教学工作量，管理学授课教师有充足的动力提升自身教学能力，并会努力营造良好的课堂氛围。其次，高校可以设置相应的评价机制，如学生评教机制。高校可以要求每位学生必须在每学期末对授课教师的教学情况进行评分，并在互联网上匿名提交评价结果。尽管每位学生对授课教师的偏好不同，评价结果也极可能会受到学生个人主观意志的影响，但是评教分数较高的教师通常是受到大多数学生欢迎和认可的、课堂氛围较好的教师。再次，高校可以开展教师授课比赛等活动。通过邀请学生代表给参赛教师打分，并安排其他授课教师观摩比赛，让大多数授课教师可以有机会模仿、学习学生打分较高的授课榜样的授课方式，通过将榜样的授课方式和自身的授课方式进行比较，思考改进方法，从而改善课堂氛围及教学效果。最后，高校可以让教学单位建立管理学教学团队，并规定教学团队内的教师要针对课堂教学内容、课堂活动组织技巧等定期举行经验交流活动，从而为管理学授课教师提供相互学习、相互促进课堂氛围建设、相互促进教学效果提升的机会。

（二）教师层面的建议

管理学授课教师本人可以通过采取以下措施，改善管理学课程的授课氛围：首先，授课教师应积极、主动地向授课效果佳、课堂氛围好的榜样教师学习。可以通过观摩榜样教师的授课，观察其课程设计模式、课堂活动组织方式、与学生互动的模式等，并将其与自身授课模式进行对比，找到差距，并分析原因，从而制订改进计划。授课教师也可以邀请榜样教师旁听自己的课程，并请其指出自己在课堂氛围营造、课堂活动组织、与学生互动等方面的不足，从而有针对性地逐步改进。其次，授课教师应该积极参与管理学教学团队的教研活动。由于管理学课程教学中需要用到大量的企业管理案例、企业家小故事、管理学名著等课外教学素材，授课教师可以积极地与教学团队内的其他教师相互交流、分享教学素材，并探讨科学使用教学素材、调动学生讨论教学素材中包含的管理问题的积极性、活跃管理学课堂氛围的方法。再次，授课教师应积极主动地与学生沟通。授课教师可以要求学生在期中和期末时将对自己授课方式的评价以及改进建议等以匿名信的方式提交，并根据学生的反馈及时调整自身的授课方式；授课教师还可以将学生在期中和期末提交的反馈进行对比，分析自己在下半学期是否在课堂氛围营造等方面有所提升，并找出还需改进完善之处。最后，授课教师应注重培养自身的课堂管理能力。授课教师的授课能力不仅体现在知识讲解能力上，还体现在能否与学生积极互动、能否组织好各项课堂活动等的课堂管理能力上。授课教师应该多了解当代大学生的心理活动特点、群体行为特点，从而有助于自身更好地在课堂中带领学生开展各类教学活动，增进与学生之间的良性互动。

（三）学生层面的建议

尽管管理学课程的课堂氛围主要由授课教师营造，但是学生在课堂教学活动中的反应也会通过影响师生互动情况对课堂氛围造成影响。学生可以通过以下几种途径协助管理学授课教师建立良好的课堂氛围：首先，本着对自身学业负责的态度，学生应积极、主动地配合授课教师开展各项教学活动，对教师在课堂上的提问等应该做出积极的反馈，不宜在课堂上做与该门课程无关的事情。其次，学生可以在课后针对授课教师在授课过程中存在的不足与授课教师进行沟通。大多数授课教师，尤其是既希望提升教学效果又缺乏教学经验的新入职青年教师都会积极采纳学生的建议。

管理学理论体系的全面性和系统性增加了学生掌握管理学知识的难度；基本管理能力的培养也离不开学生积极、主动地将管理理论应用于各项管理活动实践中。因此良好的管理学课堂氛围是确保学生克服困难、扎实管理学理论知识基础，并积极将理论结合实践、培养基本管理能力的重要前提。为了建立良好的管理学课堂氛围，高校应该设置相应的选课机制、评价机制、比赛机制，并建立管理学教学团队；管理学授课教师应该主动学习榜样教师的授课模式、积极与教学团队内的其他教师交流、增进与学生的沟通，并努力培养自身的课堂管理能力；学生应该建立积极的学习态度，并与教师充分沟通。只有高校、管理学授课教师、学生三方共同努力，才能全面改善管理学课程的课堂氛围，最终提升管理学课程的教学效果。

第三节　管理学教学中的管理活动开展

管理学是管理类专业本科生的专业基础课程。管理类专业的学生能够通过学习管理学课程构建系统的管理理论框架、培养基础的管理能力，从而为后续学习战略管理、质量管理、生产运作管理等课程奠定基石。管理学是一门兼具科学性和艺术性的学科。科学性主要是指管理是有规律可循的，即管理学包含的一系列的管理理论可以应用于各类组织的各类管理活动中；艺术性主要是指管理学具有一定的实践性和灵活性，管理能力的培养与管理者的个体差异性、管理者所面临的管理实践的差异性密切相关。因此，为了让学生在掌握科学的管理理论的同时充分领略管理的艺术性，培养自身的基础管理能力，有必要在管理学教学中，组织学生开展既与管理学教学有关又与管理学理论有关的管理活动，让学生在巩固管理学理论的同时，有机会在该类管理活动中培养自身的管理能力，从而全面改善管理学课程的教学效果。

一、在管理学教学中开展管理活动的意义

（一）利于丰富课程的教学模式

教学单位开设管理学课程的初衷既是为了帮助管理类专业的学生构建必备的管理学理论知识体系，又是为了培养管理类专业的学生的基础管理能力。由教师单向输出知识、学生接受知识的传统、单一的教学模式已经不能满足管理学课程的教学需要。教学单位应该丰富教学模式，从过去以教师为中心的教学模式转变为以学生为中心的教学模式，鼓励学生积极参与到各项课堂内外的教学活动中，从而帮助学生深刻理解、掌握、应用所学的管理学理论、培养必备的基础管理能力。

在管理学教学中组织学生开展与课程教学相关的管理活动，比如让学生自由组成管理学学习小组，自行制订小组预习、复习计划，在组长的带领下自主分工、相互协作完成小组报告任务，并在学期末结合本学期所学的涉及计划、组织、领导、控制四大模块的管理理论，总结学习小组内与上述模块相关的各项管理活动的进展情况，并进行效果评价、提出改进建议等，有利于丰富管理学课程的教学模式，从而提高学生在管理学教学中的参与度、激发学生自主学习的热情与积极性。

（二）利于培养学生的管理能力

管理学是一门需要应用于实践的学科，管理类专业的学生不应停留在仅单纯掌握管理学理论，只会纸上谈兵，缺乏将这类知识应用于管理实践的能力的层面。由于管理学具有艺术性，管理能力的培养离不开个体结合自身特点、在管理实践活动中的摸索与探究。然而，由于管理学是管理类专业的学生在大学低年级就必须修读的一门专业基础课程，该年级段的学生通常缺乏社会实践经验，缺乏将管理理论应用于管理活动的机会。

在管理学教学中组织学生开展与课程教学相关的管理活动不仅能够为学生培养管理能力提供实践的机会，还能让学生一边学习管理学理论一边参与相关管理活动，有助于将管理理论与所面临的管理实践联系起来，既能应用管理理论指导管理实践活动，又能通过管理实践活动加深对管理理论的理解和掌握，从而培养和深化学生的基础管理能力。

二、管理学理论与相关管理能力培养要求

（一）计划理论与相关能力培养要求

计划是管理的四大职能之首，是一切管理活动顺利开展的前提条件。通过学习管理学，管理类专业的本科生应该掌握计划的类型与作用、计划的制订过程与制订方法、

计划的实施方法等知识点，并具备采用科学的方法、依靠科学的步骤成功制订并实施计划的基本能力。管理类专业的本科生不仅可以将这一能力应用于制订个人学习计划、个人求职计划，还可以将这一能力应用于制订社团活动计划、学生会活动计划。通过在实践中不断总结经验，或者是通过向管理学老师咨询在实践中遇到的相关问题，不断提高自身科学制订计划的能力。

（二）组织理论与相关能力培养要求

作为管理的四大职能之一，组织主要涉及组织结构设计、人员配备、组织文化建设等理论，其核心在于管理者应如何将工作分配给员工，并促使协作以共同实现组织目标。管理类专业的本科生不仅应掌握与组织有关的理论知识，还应该具备采用科学的方法组建团队、分配团队工作、促进团队协作的基本能力。管理类专业的本科生可以将这一能力应用于组织各类社团活动、学生会活动中。通过将管理学中的相关理论应用于实践，掌握与不同的个体分工协作、相互配合、共同实现团队目标的能力。培养这一能力并不一定要求学生必须在社团或者学生会中承担分配活动任务的工作，当学生站在任务分配者的角度应用管理学知识去思考相关问题时，学生的组织能力也可以得到提升。

（三）领导理论与相关能力培养要求

领导是管理的重要职能。通过学习管理学，管理类专业的本科生应该掌握领导的权力来源、领导者特质理论、领导者行为理论、领导者团队理论、情境领导模型、行为激励理论、过程激励理论、强化理论等相关知识点，并具备结合不同的管理实践，科学选用领导方法以及激励手段，激发团队成员的积极性，带领团队成员实现目标的基本能力。管理类专业的本科生可以将这一能力应用于激发共同参与各类社团活动、学生会活动的其他团队成员的积极性，从而共同高质量地完成活动目标中。培养这一能力并不一定要求学生必须在社团或者学生会中承担领导者的职位，当学生激励同为社团成员的其他学生一起努力完成社团活动，或者当学生站在社团领导者的角度去思考相关领导问题时，学生的领导能力一样可以得到锻炼和提升。

（四）控制理论与相关能力培养要求

控制是管理四大职能中的最后一项职能。控制是指管理者需要对员工实际工作的开展情况进行监督，通过将其与事先制订计划时建立的目标进行对比，找出两者间的偏差，并分析偏差产生的原因，从而采取纠偏行动，确保计划顺利实施的过程。管理类专业的本科生不仅应掌握与控制有关的理论知识，如控制的原则、方法和技术等；还应具备采用科学的方法衡量团队成员的绩效、分析实际绩效与目标之间的偏差的成因并纠偏的基本能力。管理类专业的本科生不仅可以将这一能力应用于调整个人学习计划、个人求职计划的实施情况与原计划之间的偏差，还能将这一能力应用于调整社团活动计划、学生会活动计划的实施情况与原计划之间的偏差。通过将相关管理理论应用于实践，充分领略控制职能对于各类管理活动的重要性，并培养自身的相关管理能力。

三、在管理学教学中开展管理活动的建议

（一）涉及计划理论的管理活动开展建议

管理学授课教师可以安排学生在学期初期和学期中期分别制订管理学上学期学习计划以及管理学下学期学习计划，并以作业的形式提交。由于计划是管理的四大职能之首，相关理论的学习会被安排在这学期初期，因此学生在制订上学期学习计划时还未学习计划理论，而在制订下学期学习计划时已经掌握了和计划有关的理论知识。因此，教师可以让学生将上学期学习计划与下学期学习计划进行对比，分析应用计划理论制订的学习计划的先进性，从而进一步巩固运用管理学的科学理论和方法制订计划的基本能力。

在开展这一活动时，授课教师需要向学生强调必须应用管理学课程中教授的计划理论知识制订下学期学习计划，必要时可以提出学生提交的学习计划必须包含的几个模块，比如应该包含学习目标陈述、学习目标与现有学习情况的差距分析、具有一定衔接性的周计划与月计划等，从而确保学生能够真正将计划理论应用于这一管理活动实践中，以切实提高自身制订计划的基本能力，而不是提交随意撰写的学习计划、简单地应付交差。

（二）涉及组织理论的管理活动开展建议

管理学授课教师可以让学生自由组建管理学学习团队，要求每一个团队自由选择某个企业的管理实践进行案例分析，在学期末进行小组报告。为了完成这一小组报告任务，各个团队的成员需要分工协作，有的同学负责搜集材料，有的同学负责讨论材料，有的同学负责制作幻灯片，有的同学负责上讲台报告小组讨论的结果。由于组织职能通常被安排在管理的计划职能之后讲解，因此管理学授课教师可以在学期中布置这一活动，要求学生应用课堂上学习的组织理论指导小组报告各项活动的展开，并撰写心得体会，分析组织理论的应用价值和意义，作为作业上交，从而进一步巩固学生的基本组织能力。

在开展这一活动时，授课教师对各小组报告的时长、内容和质量要有一定的要求。确保小组报告活动需要几位小组成员的通力合作和努力才能完成，而不是仅仅依靠一两名小组成员的简单付出就能完成。这样才能保证小组成员会依据组织理论开展相关的分工协作活动，切实提高学生的基本组织能力。在该项活动的进展过程中，授课教师应引导学生不仅应该注重分析自己在小组内的分工、协作情况，还应注重分析与自

己合作的其他小组成员在小组内的分工、合作情况，从而充分领略不同成员的相互配合对实现小组目标的重要性，进一步提升基本的组织能力。

（三）涉及领导理论的管理活动开展建议

管理学授课教师可以让学生以一个月为周期，轮流担任各自管理学学习团队的队长，带领团队成员完成教师每个月布置的小组学习任务。让学生轮流担任队长一方面可以为每位学生提供将领导理论应用于团队活动实践的机会，另一方面也方便都有过应用领导理论经验的学生彼此之间交流心得和体会，共同提升自身的基本领导能力。

在开展这一活动时，授课教师不宜过多地介入各个团队的活动中，让学生自由领导团队开展活动，给学生充分应用各种领导理论、各种激励理论的机会。授课教师可以提示学生采用不同的领导方法、不同的激励方法，并比较不同领导方法、不同激励方法的使用效果，并让学生结合个人特质选择适合自身的领导手段和激励手段，以切实提高学生的基本领导能力。

（四）涉及控制理论的管理活动开展建议

管理学授课教师可以让学生在学期中期和学期末期对照学期初期和学期中期制订的管理学上学期学习计划以及管理学下学期学习计划，检查各自计划的完成情况。对于计划中完成的部分分析顺利完成该部分的原因；对于计划中未完成的部分分析未顺利完成该部分的原因，并提出有效的弥补建议，从而培养学生的基本控制能力。

在开展这一活动时，授课教师应该强调学生需要应用至少两条在课堂上学习的控制理论比对学习计划的实际完成情况与计划之间的差异，分析导致这一差异的原因，并提出弥补建议。授课教师也可以鼓励学生分析自身制订的其他计划，如社团活动计划、学生会活动计划等的实际执行情况与计划本身的差异、分析差异的成因及弥补建议，从而帮助学生在领略计划职能与控制职能的关系的同时，全面培养基本的控制能力。

管理类专业的本科生不仅应该从管理学课程中学习全面、系统的管理学理论知识，还应该掌握各项基础的管理能力。为了帮助管理类专业的本科生培养基础管理能力，管理学授课教师有必要在管理学教学中开展与管理的计划理论、组织理论、领导理论、控制理论相关的管理活动，为学生培养相关的基础管理能力提供机会，从而改善管理学课程的教学效果，使学生不仅能从该门课程的学习中掌握全面、系统的管理学理论，还能养成将这类理论灵活应用于管理实践的基本能力。

第四节　创新创业视域下管理学教学

人类社会进入 21 世纪后，经济的高速发展依赖于人类对知识的追求和创造，而作为知识的创造者和知识的载体——人成为社会发展的核心要素，成为非常重要的战略性资源。然而，随着经济的发展、科技的进步，社会对新形势下的人才有了新的要求，作为社会所需人才培养的摇篮的高校面临着前所未有的挑战。纵观近 10 年大学毕业生的就业情况和社会对人才需求的变化，可以清楚地看到，自高校扩招以来，我国大学毕业生人数以成倍的速度增长，就业形势日益严峻。从经济学的供给与需求分析来看，大学毕业生对工作的需求远远超过市场现有的职位供给，需求供给严重失衡。然而就在这种就业形势下，用人方却一直苦于找不到合适的人才，归咎于大学生仅有的书面知识而缺乏实践能力和经验。国家教育事业发展"十三五"规划明确提出了高校要深化教育改革，培养具有创新创业精神和实践动手能力的人才培养目标，而管理学对于培养具有创新创业精神的应用型人才意义重大。据统计，全国大学 40% 以上设有管理学课程，管理学是一门实践性、应用性较强的学科，目的是为社会培养出优秀的管理方面的人才。然而，从目前对大学生就业状况和市场需求来看，管理学专业学生毕业后很难直接就业于自己所学专业所在行业，企业对管理者的要求已经远远超过了学生所学的理论，培养管理学专业的实用性人才是管理学教学中面临的关键问题，这让从事管理学教学的改革势在必行。

一、现阶段管理学教学中存在的问题分析

教师与学生在管理学教学中的角色定位偏差。在传统的教学方式中，教师多为教学的主体，起着主导性的作用。加之学时的限制，教师基本以理论知识的讲授为主，缺乏有针对性地对企业实践管理中出现的问题进行分析，学生在课堂上对管理学理论有了初步的了解，但是对这些理论在现实中的应用和对现实指导的意义都还非常模糊，绝大多数学生只是将这些理论生硬地记下了，对于理论的价值没有正确的思考，甚至学生在学习了一段时间后会有学无所用的感觉，在一定程度上削弱了学生对管理学学习的兴趣。因此，在管理学教学中呈现出教师讲、学生听的单纯课堂模式，学生始终处于被动的局面，教学中缺乏师生之间足够的互动，不能发挥学生的主观能动性，教学效果可见一斑。

教材的更新不能满足现实的需求。教材是教师讲课、传授知识的主要依据，也是学生学习知识的工具。因此，教材的内容决定了教学效用的大小。管理学是一门集理

论和实践于一体的学科，对于理论的阐释往往来自企业的一些实践，对理论的创新也来自实践的探索和发现，这意味着管理学的典型案例和基本理论是处在不断创新的环境之中，然而现实教学中，教材的选取相对单一，各种教材由于各种因素的制约，更新换代的速度也非常缓慢，有的教材多年来没有进行内容的更新，理论和内容相对陈旧，跟不上现实的需要，这使学生对教师教学的内容不感兴趣，认为理论离现实较远，不愿积极投入到教学中进行思考和学习，甚至有的学生感觉教师教授的内容都是空话、套路，对自己的现实指导性较弱，在课程的学习中，只是单纯地应付老师、应付考试，在调查学生学习的情况中，发现很多学生在学习完管理学这门课程后对管理学的精髓一无所知，缺乏管理学专业学生应有的基本知识素养和能力，这在一定程度上挫伤了教师和学生对本门学科学习的热情，造成一种学无所用的尴尬局面。

教学方法有限，教学效果甚微。随着教学要求的逐步提高，在管理学教学过程中，教师的讲授跳出了单纯的面对面讲授，辅以幻灯片、多媒体等教学技术手段。但是，由于各种因素的制约，教师对各种教学技术的应用还非常有限，幻灯片仅以抽象的理论为主，辅以少量的案例分析，缺乏用企业管理实践和案例来进行启发式教学，不能活跃学生的思维。在管理学中涉及的如计划编制方法、决策树和企业组织结构等，没有涉及现实企业相关情况视频资料来让学生直观地体验和感受，使得教师在教授的过程中非常吃力、学生学得非常辛苦，教学效果不明显，教与学严重脱节，教师与学生难以达成共鸣，进一步阻碍了学生对理论的有效应用。

管理学学科体系的建构还不完善。管理学是一门综合性的课程，课程涵盖管理学、经济学、社会学、社会心理学等各方面知识，由于该课程的实践性很强，需要根据具体的问题进行分析。然而，目前的管理学教学主要是经济、管理类学生的专业基础课，和其他学科的融合性不强，跨学科的实践教学也十分薄弱，学科的系统体系还未建构起来，横向与纵向的关联度还很低，管理学对于创新创业的思维训练及组织、领导、沟通等管理技能的培养和应用还十分有限。管理学在创新型人才培养中的作用还未能凸显。管理学在创新创业实践型人才培养中的作用还十分薄弱。

二、创新创业视域下管理学教学改革和创新的途径

利用"翻转课堂"等形式转变教师和学生在教学中的角色。正如社会学中对角色一词的阐述，教师和学生都肩负着不同的社会角色，然而在教学中，教师和学生的角色分工已不再是传统意义上的教师唱主角、学生配合的教学模式，应该给教师和学生在管理学教学中的角色以新的诠释。翻转式课堂是对传统课堂的颠覆，在一定程度上能有效发挥学生的积极性和主动性。一是教师应主动调整自己的角色，从单纯的知识传授逐渐向启发者角色转换，在讲授过程中，教师应利用各种可利用的机会激发学生

对知识的兴趣，让学生充分发挥主导作用来参与教学，发挥主观能动性。二是承担管理学教学的教师和学生应形成教学团队，充分发挥团队协作，从企业管理者的角度来研究管理学，教师要加强理论知识，不断更新理论，要学会与现实结合对学生的学习进行有效的辅导。学生要学会根据现实的一些案例和实践来对已学的理论进行深入的分析，对理论进行更为全面的诠释。三是教师要深入企业进行学习和实践锻炼，以企业人的角色来分析管理学理论，避免理论与实际的脱离，学生要深入企业实习，进行企业管理的经验反哺理论的学习和创新。

结合第二课堂、竞赛等途径拓宽实践教学的模式。实践教学在早年就被很多教育学家提出，但是，社会对管理人才需求的变化，对实践教学在新的形势下有了新的要求。新的教学实践模式需要打破传统单一的教学方式，紧密结合理论和实践，在理论知识学习的基础上以实践为主要辅助手段。在教学的过程中要建立学校和企业的合作机制，教师通过轮岗的方式到企业中去学习，参与企业的管理，轮岗结束后，带着在企业中的实践工作经验再回到课堂，把理论知识和实践经验结合起来，同时，学生也可以不定期到企业中去实习，感受企业管理的内涵，通过在企业中的实践活动灵活掌握所学知识，学会应用所学知识，真正做到学以致用，再次激发学生对学科学习的积极性，提高学生的综合素质和实践能力，更好地适应新形势下社会对专业人才的需求，增加学生在未来就业市场中竞争的筹码。同时，通过创新创业大赛、互联网＋大赛，工商管理类商科仿真大赛来实现实践教学模式的多样化。

采用MOOC、网络论坛、课堂游戏等手段多方位促进教学方法改革与创新。从目前的状况来看，管理学教学方法大都停滞在单纯的教与学这个环节，对教学方法进行改革和创新势在必行，对于在新形势下促进大学生就业、适应社会需求有着非常重要的意义。第一，教师更新课堂案例分析方法，要突出时代性、新颖性，对于理论的讲述要和现实接轨，案例的选取要能够反映理论和社会现象，要有较强的代表性，在讲授过程中要把案例教学和讨论教学有效结合起来，逐步培养学生用所学理论对案例分析的能力，然后采用讨论的方式，把各自的观点融入案例中进行对比、分析，完成思辨，加深对理论的理解。第二，在教学手段上，采用多媒体、视频等方式，把现阶段社会中关于管理方面的一些分析和评论给学生展示出来，提出一些前沿的内容让学生思考，与现实接洽。第三，应加强情景模拟教学。管理学是一门实践性很强的学科，而实践性是学生在学习中非常缺乏的能力。情景模拟教学法是教师给学生虚拟再现或者模拟事物发生或发展的过程以及环境，让学生通过情景模拟中的各种角色身临其境地发现问题、分析问题和解决问题。通过模拟，加深学生对教学内容的了解，提高自身对知识的认识和对实际问题的处理能力，为将来进入职场做必要的准备。第四，在教学中也可以辅以适当的游戏教学法，游戏教学法的特点在于寓教学于娱乐中，将知识的学习在游戏中实现，如对管理的几项职能通过游戏的方式给大家展示出来，让学生体会管理几大职能之间的相互关系，让管理学教学更加生动、形象，吸引学生的注意力、提高学生学习的兴趣、明确学习的方向。

逐步构建系统、全方位的管理学教学体系。管理学教学应辅之以其他的知识，管理学教学体系应构建以管理学为核心、其他知识和技能为支撑、创新创业意识培育为目标的教学体系。一是以管理学课程为基础，将管理学作为非经管专业的通识课程，拓展管理学的对象。二是以经济学、社会学和其他知识为支撑，建构管理学的知识体系。三是以创新创业为背景，以培养创新精神和提升创业意识为目标，完善学生的学识和创新意识。

总之，在新的社会需求下，要培养适应社会发展的实用性管理人才，做好管理学教学的改革和创新势在必行，新形势下，只有不断把人才培养与现实需求有效结合，才能培养出对社会、企业的有用人才，真正做到学以致用，实现就业需求和供给的平衡。

第五节　参与式教学法与管理学教学

大部分高等学院在很多专业中设立了管理学这一课程，并且把它作为基础课，所以每个学生都必须学习。教师不恰当的教学方式一方面影响了学生学习管理学及相关科目的兴趣，另一方面也阻碍了学生对这门课的了解。基于管理学的教学现状，必须进行教学改革以确保管理学的教学质量。结合管理学自身的特征，很多学者都提倡运用参与式的方法进行管理学的教学。参与式教学主要是教师构建学习框架，然后学生进行合作、讨论、实践，它强调教师和学生同等重要，主要是调动全体学生，让其主动参与到管理学的学习中。教师结合知识框架给出实际案例，让学生进行讨论，总结出一套较好的方案，最后教师对学生提出的方案进行点评讲解，在点评的过程中将课本中的知识渗透进去，让学生对这些理论知识有更深的理解和认识，同时案例的分析一方面可以让学生学会将理论知识运用到实际生活中，另一方面也让其享受到解决问题的成就感，激发学生对管理学的学习热情。为了使教师将参与式更好地运用到管理学的教学中，本节提出了一些思路和方法。

一、改变教学观念

只有教师改变教学观念，管理学的教学效果才能有所提高。传统的教学就是教师在讲台上讲授，学生在座位上听课，学生无法真正地参与到教学中，同时这种教学模式，学生基本上没有思考时间，严重限制了学生的思维。特别是有些教师感觉自己博学多识，讲课讲得很好，很乐意也很享受这种自己讲授的模式，最终导致的结果就是课上教师讲得自我陶醉，学生紧跟老师思路，课下回想知识就已经不记得教师所讲的内容了。这表明学生并没有真正参与到学习中，对教师课上讲的知识并没有彻底理解。而且还有很多教师是为了教学而教学，即仅仅讲授学校考试大纲要考的内容，且对于这部分内容也是照着课本上简单地进行讲解，并不关心学生有没有在学、在学的学生有没有学会等问题。而参与式教学不同，它是把学生的主动学习放在第一位，其次才是教师的讲授，让学生从传统的学会教师所讲的知识转变成自己主动学会课本知识，学生由先前的被动接受转变为现在的主动探究学习，教师也不再是一味地讲授，而是慢慢引导学生自己去思考，最终实现学生通过教师的指点，能自己领会所学的管理学知识，并实现运用课上学到的理论知识解决实际问题的目标。所以，引导学生思考是整个参与式教学的重中之重，教师可以通过提问的方式引导学生，比如：对待这个问题应该先处理哪个方面？理由是什么？解决这件事情需要哪些管理学的知识？这些知识之间存在怎样的联系？从哪个方向考虑更容易解决这件事情？具体步骤是什么？说出你用这种方法的理由。把这些问题联系起来就构成了解决问题的框架，学生通过教师提出的问题一步步地思考，最终实现运用课本上的理论知识解决实际生活中的管理问题，这种参与式的教学方式，以学生的参与为主体，贯穿整个课程，让学生体会到学习管理学的快乐和意义，真正地理解和认识管理学的知识，为以后相关学科的学习或者深入地了解管理学打下坚实的基础。

二、激发学生学习管理学的兴趣

无论做什么事情，只要有兴趣就会想尽一切办法去学习和探索。对于学习也是这样的，对有兴趣的知识或者授课方式，学生就会尽可能地集中所有的精力努力去听教师讲授的内容并且主动去学习，而传统的教学方式中教师在讲授管理学知识的时候并不会结合学生的实际生活，所以也就不能激发学生的好奇心，学生对此也就没多大兴趣。再加上教师通常都采取传统的教学方式，只是自己一味地在讲台上进行讲解，不关心学生在下边有没有听讲，这种枯燥乏味的教学模式很难引起学生学习管理学的欲望，最终导致教师讲教师的、学生玩学生的情况，这种管理学的教学方式是非常不可取的。对于学习，可以简单地分为三个层次，第一层是对知识有基本的了解；第二层是了解知识后有兴趣学习它，对它有喜爱度；第三层是享受学习这些知识带给自己的乐趣。当然大家都希望把教学目标提升到第三个层次，如果只是简单地了解知识，或者只是一时对其有兴趣，仅仅靠这两方面是不能使学生坚持学习管理学这门课程的。所以，教师应尽力提高管理学的教学水平，让学生尽可能地体会到学习管理学带给他们的乐趣，然后慢慢培养其学习这门课的兴趣，最后让学生爱上这门课，享受学习这门课带给他们的成就感和快乐感。

（一）倡导学生课上讨论

在传统的管理学教学中，只是教师一味地讲解，学生只需要听教师讲就可以了，这种教学模式完全是以教师为主体，根本没有考虑学生在学习中的重要性。这种教学方式很难激起学生学习管理学的兴趣，同时学生也没有可以思考的空间，不能真正地参与到学习中，导致其不能理解和掌握管理学的知识。但是教师在课堂上鼓励学生多讨论多交流，学生就可以参与到管理学的学习中，只有学生在课堂上多进行讨论，才能提高管理学的教学水平。

（二）启发学生学习

教师在讲课的时候不能总是自问自答，而应该在适当的时候提出一些问题，并且给学生留一些空余时间让其进行思考，慢慢启发学生去思考，打破传统教学的思维局限性，开拓学生的思维，同时也增强他们判断事物的能力。教师应该在管理学的教学中多进行提问，让学生自己去思考，对一些难点或者是学生容易混淆的知识点，教师再进行简单的讲解，这样才能够起到画龙点睛的作用。

（三）建议学生多提问问题

在学习中好问是非常关键的，它将直接关系到学生自身的学习效果。特别是当教师教的班级比较多、人数比较多的时候，再加上教师的精力本来就是有限的，教师很难了解到每一个学生的学习程度，也不知道学生对管理学学习过程中有哪些不理解的问题，所以只有学生在找教师问问题的时候，教师才能了解到学生有哪些知识不理解，从而给学生进行详细的讲解。由此看来教师应该提倡学生多问问题，营造一种学生爱问、多问的学习氛围。但通常情况下，有很大一部分教师在课堂上并不提倡学生多问问题，他们认为这会导致课堂秩序混乱，也会耽误整个管理学教学的进程，导致最后不能按照既定的时间结课。其实这种想法是不正确的，并没有达到管理学教学的真正目的，缺乏对教学的责任感。

（四）将理论知识运用到案例中去学习

把企业中的管理实践引入课堂中。教师将管理学的理论知识和企业中的实际管理案例结合在一起，提高学生学习的兴趣，让学生能够把课上学习的理论知识运用到实际的管理中，使其学会管理学在现实生活中的应用。教师应该安排好这两部分在整个课时中所占的比重，一般理论教学应该占总课时的 2/3，案例分析最少应该占总课时的 1/3。教师在进行理论教学的过程中应该侧重于课本的重点知识和难点知识的讲解，而案例分析的目的就是引导学生积极参与学习，将学生课上学到的理论知识进行升华，进而运用于实际中。

三、教师组织学生进行实践活动

管理学本身就与实际的企业管理有着紧密的联系，但它的理论性很强，学生只有通过必要的实践活动才能对课上的理论知识进行深入的理解和把握。过去很多高等院校对管理学的教学仅仅停留在理论教学的层面上，学生并没有真正地参与过关于管理学的实践活动。想要解决这一问题，就应该让管理学教师团体与企业相联系，即教师一方面在企业中有职位，另一方面也在学校进行教学，这样就可以为学生的管理学实践提供场所，教师可以找合适时间带领学生去企业进行实践活动，在企业的实际管理中找出其存在的问题，然后让学生在理论学习中找出解决的方法，进行实践与理论的交替学习，丰富学生的学习形式，激发他们的求知欲，从而不断进行学习和积累。为了确保学生能够参加管理实践活动，学校应与企业建立良好的关系。有些学校或者教师不能与企业建立联系的，也应该想其他办法进行解决，以确保学生实践活动的正常进行，让学生通过实践活动更直观地理解和掌握管理学知识，例如教师可以对学生进行分工，模式实际企业管理学的管理流程。在企业中参与实践活动和模拟管理流程都能够使学生学到的理论知识得到实际应用，这是实践的最大好处。其实不管是国家、学校还是班级、宿舍等都是需要进行管理的，只有对其进行合理有效的管理才能保证其正常的运行，教师也可以就地取材，进行模式管理流程，让每个学生都参与到管理学的学习中。

教师不应该再采用传统的方法进行管理学的教学，它太过于单一、乏味，学生缺乏思考空间，并且学生的思维受到局限，不能真正地参与到管理学的学习中。所以，应该进行教学改革，采用参与式的教学方式进行教学，以学生为主体，让学生多提问、多讨论，并适当地参加一些实践活动，让其真正参与到管理学的学习中，享受学习管理学的过程。

第七章 管理学教学的创新研究

第一节 翻转课堂与管理学教学

当前，从管理学教学实践来看，存在管理学的教学问题，诸如管理学的内容陈旧化等问题，使管理学教学质量不高。而管理学教学是基于网络教育的一种现代化教学方法，将其运用到管理学教学中，能够实现管理学教学的"翻转式"，为管理学教学革新源源不断地注入动力。因此，在管理学教学实施中，应重视翻转课堂的运用，以翻转课堂思维、方法，提升管理学教学质量，进而促进学生对管理学教学信息的有效性学习。

一、翻转课堂内涵

翻转课堂的实施，能够优化传统课堂教学模式，推进课堂教学与网络教学融合，提升教学开展价值性。翻转课堂教学的实施，提倡个体对知识的内涵及传授，使个体更好地理解、认知、实践知识。翻转课堂在教育中的具体实践，整合课前、课后、课中以及评价等教学部分，围绕课程教学信息，构建系统性的教学体制，通过理论传递、实践活动等教学环节，让学生深刻认知、实践、理解课程信息，达到教育实施的有效性。在管理学教学中，应推进管理学翻转课堂教学的实施，实现管理学教学创新模式，进而提升管理学教学质量。

二、翻转课堂的管理学教学实践路径

（一）管理学课前教学设计

管理学课前教学设计，也是管理学翻转课堂教学实施的重要因素。管理学的课前的翻转教学设计过程如下：首先，教师根据管理学教学信息内容，以管理学教学大纲为主，明确管理学教学目标，根据教学目标设计相关的教学活动。其次，教师根据管理学活动、教学大纲等模式，课前进行收集相关的管理学网络资源，包含微课管理学

资源以及慕课的管理学资源。构建学生学习任务单，将这些管理学教育资源以及学习任务单传递给学生，让学生按照任务单逐个完成学习任务，并且不断地提升自身课堂教学的把握能力，以此推进管理学的翻转课堂教学实施。最后，翻转课堂的实施，针对管理学的要素，学生的管理学课前活动，都应与网络教学衔接，使教师能够通过网络平台获取学生任务完成模式。教师立足于学生的管理学任务的完成实践信息，根据管理学大纲要求，设计管理学的翻转课堂的教学模式及活动，实现管理学的教学创新模式，进而增强管理学的教学质量。

（二）管理学课中教学设计

在管理学的翻转课堂实施中，管理学的课中教学设计与实施也是重点。在管理学的翻转课堂教学设计中，应推进管理学的课前与管理学课中教学衔接，以管理学的课前教学引领管理学课中教学开展，进而推动管理学的翻转课堂教学实施模式的衔接性。在管理学教学实施中，翻转课堂落实以管理学教学大纲为主，明确管理学教学目标，并通过问题解答帮助学生深化对管理学信息理解与认知。等学生全面掌握管理学信息内容之后，教师为学生开展实践的管理学活动。在管理学实践活动中，教师可以开展师生互动教学、生生互动教学等，以实践管理学内容，构建学习共同体活动模式，使学生能够获取管理学实践感悟、信息、能力等内容。在此讨论、实践的管理学教学开展中，教师可运用情境教学等教学手段，推进师生良性互动与交流。同时，在管理学翻转课堂践行中，需要重视管理学的课堂教学收尾工作。例如，以管理学的课堂教学总结为导向。教师引领学生进行管理学学习总结，立足于学习任务单，明确自身各项学习事项的进步与退步情况，增强学生对知识学习情况的理解，以便培养学生自我管理与学习能力。

（三）管理学课后教学设计

在将翻转课堂运用到管理学教学中，课后教学作为整个管理学的翻转课堂教学收尾工作，需要进行良好的管理学课后教学设计。在管理学的课后教学设计中，应根据管理学课前、管理学课中教学部分，开展课后教学模式，推进管理学的翻转课堂教学各个部分衔接，构建整体的管理学教学体制。在课后的管理学翻转课堂实施中，做好课后评价工作以及课后实践工作。例如，依托于网络平台，引领学生进行评价教学，学生展示自身任务学习单，学生对其他学生自主学习模式认知，能够通过学习任务单的认知，给予同学一定的评价。同时，在课后教学中，实践生活化的管理学活动，引领学生进行生活实践。

翻转课堂的管理学教学实践研究十分必要，推进新的教育管理融入管理学教学中，开展翻转课堂与管理学教学融合式教学，提升管理学教学质量，从而促进学生更好地学习、认知管理学教学信息。因此，在管理学教学中，应以翻转课堂为导向，搭建管理学教学的翻转课堂模式，实现管理学教学的"翻转式"，为管理学教学革新注入源源不断的动力，助力于学生管理学核心素养的培养。

第二节 DCL 模式与管理学教学

管理学是工商管理、商学等的重要基础学科之一，是一门专门研究管理实践规律、原则、方法与手段的科学。其与哲学、社会学、心理学、政治学、经济学、法学以及数学等都存在着密切的联系，具有综合性、科学性等特点。管理学的学科交叉性，使得管理学的理论和原理较为抽象，难以被学生接受和吸收。因此，如何简洁地将管理学理论进行提炼，如何将抽象理论与管理实践相融合，提高课程教学效率和提高学生的接受度，是管理学教学改革的出发点和着眼点。有鉴于此，我们将 DCL 模式引入管理学教学中，并总结阐述 DCL 模式在管理学课程中的必要性和如何应用，对管理学教学改革具有现实意义。

当前，管理学是诸多高等院校众多专业的必修基础课程，其理论较为抽象，而其实践性却又很强。当下，管理学教学模式中还存在一些问题，其主要表现在：

侧重理论知识，实践知识讲解较为薄弱：教师在讲授过程中往往表现出虚拟情境构建上的缺失，导致学生被动地接受尚未完全理解的理论知识。

互动较少：师生之间在课堂上交流较少，学生的主动性未充分开发，课堂活跃度不高。

教学内容与社会需求难以紧密结合：现行方法多以理论教学为主，难以从社会实际需求和实践角度提升综合运用知识的能力。

因此，有必要对管理学的传统教学手段进行改革和创新，引入先进教学模型，以社会实际和就业需求为导向，提高学生的学习效率、知识掌握度和运用能力，培养应用型管理人才。

一、DCL 教学模式简介

DCL（Design Centered Learning）教学模式由荷兰埃因霍温科技大学的 Wynand Wijnen 教授所开发，其本质是"以设计为中心的学习"。其实施过程中，教师将教学内容融入独立的教学个案中，学生从中提炼出需要解决的问题并找出相应的解决方法。参与的学生，可以是一个，也可以是由多人组成的学习小组。整个过程由教师监督，教师发挥支持者和引导者的作用，培养学生的参与意识及合作、总结和归纳能力。

DCL 教学模式改变了传统以知识传授为主的思路，以社会实际和就业需求为导向，围绕知识点编制个案，把所学知识和实践需求联系起来，让学生在实际个案中找寻关键问题和解决对策。在 DCL 执行过程中，教师依然是学习的推动者、引导者，同时以学生为中心，提倡自主认知、探索学习、团队互助。

二、DCL 教学模式在管理学教学中的应用

教学个案的设计。DCL 是以设计为中心的学习，其核心和起点集中于个案的设计上。个案设计的优劣直接关系到教学效果。所设计的教学个案不仅含有管理学的知识点，特别是较为抽象、难以理解的关键点，同时要有现实的、典型的、有意义的个案情境。这就要求教师必须努力钻研管理学教材，并且根据社会实际、就业需求、行业焦点等设计个案，调动学生的积极性、激发学生的求知欲。在学生自主学习或者学习小组进行学习时，其应主动收集资料；围绕个案，结合教材，调动学生的积极性，充分发挥其主观能动性，鼓励其进行相互讨论、分析、论证，从而更好地分析个案，提炼知识点，了解其背景和应用范围，找寻解决对策，使个案成为学生学习的推进剂。

有鉴于此，我院管理学课程在教学中设计了 3~5 个个案：（1）中国现代管理思想中的传承和发展；（2）效益和绩效的追求；（3）人文精神与企业管理；（4）企业组织和领导力；（5）企业创新。

学习小组的组建。DCL 学习过程多以小组形式进行，根据学生以往相关课程的学习表现、基础知识水平等，采取双向选择原则，确定学习小组，每组 6~8 人为宜，并推选一名学生作为组长，其负责考勤，分配组内成员的学习任务，并把全部结果报给教师。

分工和成果展示。学习小组经民主讨论后，选择个案。采取小组合作和自主学习相结合的方式，围绕个案，进行背景资料分析、文献检索和研究。小组成员在汇总所有资料后，充分讨论、沟通，得出一致的结论。最后，在课堂上将所有成果一一展示。此方案不仅为学生提供了展示自我的机会和平台，也锻炼了学生的思维能力、表达能力和分析能力。

教师评价。DCL 教学模式的评价由过程评价和终结评价两部分组成，所占比率分别为 40% 和 60%。过程评价由学习小组组长根据组内成员的出勤、主动发言次数、发言内容的批判性、文献检索能力等部分综合给出；终结评价由任课教师给出，其依据主要是每组最终成果的完整性、创新性以及关键知识点的掌握度。

实践证实，DCL 教学模式能够极大地调动学生在管理学课堂上的积极性、主动性，使学生更加扎实地掌握管理学的基本理论、关键知识点。同时，学生的语言表达、文献检索等综合素质也得到了培养和锻炼。

综上所述，DCL 教学模式在管理学教学实践中效果显著，深受学生的认可和喜爱。

笔者认为，DCL 教学模式的引入，不仅有利于将管理学中较为抽象的理论内容生动化、真实化、情景化，使得学生更易理解和接受，也有利于培养学生的综合素质。DCL 教学模式对管理学课程的改革具有重大的现实意义，在培养应用型、创新型管理人才方面具有指导意义。

第三节　双主模式与管理学教学

2018 年 6 月，教育部部长陈宝生在"新时代全国高等学校本科教育工作会议"上，明确要求高校要"坚持以本为本，推进四个回归"。在当今高等教育已经由规模扩张阶段进入注重质量和内涵发展阶段的情况下，如何以多种方式满足多样化需求，根据新时代学生的特点应用现代教育技术丰富教学形式、提高教学和育人效果，是亟待解决的问题。课堂教学是高校教书育人的主阵地，也是高等教育质量提升和内涵发展的核心抓手。作为经管类专业的学科平台课，管理学目前在国内高校普遍得以开设。应用型本科高校立足于社会经济发展，为地方或产业、行业培养相应的人才，是高等教育体系的核心构成部分。在当前形势下，以教育理论为指导对应用型本科层面的管理学教学进行系统的探讨，是一个具有现实意义的重要课题。

一、管理学教学中的"双主模式"

长期以来，我国的人文社科教育沿袭着"教师主体论"的思路进行，即以教师为中心的教学模式，这对于教学的组织与掌控以及已有知识的传播，都是非常适合的。到了 21 世纪初，翻转教学模式被提出后，"学生主体论"逐渐占据主导地位。随着"互联网+"的兴起，慕课、微课等有利于翻转课堂功效发挥的教学模式和手段得到了大规模的应用。在这种态势下，翻转教学模式被过分地进行了解读。在高校教学中，互联网的辅助角色和学生的主体角色也出现了向主导角色过渡的趋势。

在应用型本科高校中，管理学作为学科基础课，在传授基础知识和理论的过程中，着重培养学生应用管理理论解决实际问题的分析能力。管理学课程实践性强的特征，决定了其具有"不精确性"和"非良构问题占据主导地位"的特点。当今"00 后"大学生具有思维活跃、自我意识较强的群体特征，以及移动互联网时代在线精品课程与视频等信息资源获取的便捷性，也决定了不适合重回传统"满堂灌"的教学模式。与此同时，管理学课程普遍在高校低年级中开设，学生经历、阅历以及管理学基本概念和理论了解较少，对教学目的、教学重点的掌控也是无从谈起，难以在规定的时间内独立完成管理学知识的建构和迁移。同时，应用型本科层面学生的学习主动性和积极性并非很强，网络教学资源又呈现出多层次多元化，这种情况决定了"学生主体论"也是不适合的。综上所述，在应用型本科层面，管理学教学秉承教师为主导、学生为主体的"双主模式"，更具现实意义。

二、首要教学原理契合了管理学"双主模式"的教学需求

首要教学原理即五星教学模式，是Merrill融合了行为主义、认知主义和建构主义等各种观点的教学设计理论。它不是对以往教学理论和模型的否定，而是以解决问题为导向兼收并蓄整合了多种教学原理共通的成分，整合了包括重复性和创造性问题、良构和非良构问题的解决方案、学习情景创设以及教学过程互动模型等理论。首要教学原理整合了诸多教学设计理论的处方性设计，从不同问题的解决需求出发，体现于激活旧知、示证新知、尝试应用和融会贯通四个教学环节，以此来提升教学效率。

应用型本科层面的管理学课程，既有基本概念和基本理论等良构问题的讲授与解析，也有满意方案不唯一的非良构问题的探讨。后者更注重于已有理论知识的应用，是提升学生问题分析能力的重点教学环节。首要教学原理融合的诸多教学原理的共通成分，契合了管理学教学"双主模式"的需求。管理学相关理论并非深不可测，按照首要教学原理的思路，大学生所见、所闻、所感、所做可以与管理学教学有机结合起来，辅之以学习情景的创设，从而在问题导向的指引下顺利完成管理学的教学。

三、双主模式下的管理学教学设计

（一）教学目的与内容的系统解构

首要教学原理聚焦于问题解决，这就要求教学尽量贴近现实生活，管理学由于课程属性的原因而在问题导向与贴近生活方面具备优越的先天条件。

国内管理学教材版本众多，专科、本科、硕士、博士等不同层次的教材侧重点差异较大。对于应用型本科来讲，在掌握管理理论内容的基础上将其应用于现实管理问题的分析，是教学大纲中的教学重点。与此相对应，考核方案中非标准化题目应该居于主导地位。按照管理学课程体系对教学内容进行解析，将不同模块致力于解决的问题梳理出一个有机的问题体系，围绕该体系设计相应的理论和实践教学内容，就是首要教学原理聚焦问题解决的具体落实，也是管理学教学中教师主导角色的集中体现。

（二）教学情景的协助建构

通过在现实世界中经历和感受来学习的效果是良好的，但管理学教学无法像理工科学习那样通过实验室中的操作来实现"干中学"。首要教学原理主张协助学生建构情景以激活旧知实现向新知的迁移，教师扮演着引导者和服务者角色。应用型本科学生

对于管理学相关内容的理解已经处于非零起点，这对于通过学习情景建构来实施旧知激活环节是极为有利的。

在激活旧知环节，教师协助学生建构学习情景可以从以下几点入手：一是从日常学校生活中的常见事项中提取素材，这样的学习情景来源于学生校园生活，建构情景激活旧知较为简单，例如程序性决策和非程序性决策问题与学生校园学习生活经历紧密关联；二是与富有感染力的社会热点问题相联系，即抛锚式教学，例如企业社会责任与一些明星的捐款事件的分析；三是与实业界的当下新闻相联系，通过案例背景的阐释与分析，弥补学生旧知的不足同时引起其对企业界时事的关注，例如激励理论与华为对应届毕业生高薪招聘的联系等。在协助学生建构学习情景的时候，语言、文字、视频等多种手段可以交叉使用。

（三）管理学思维的示范引导

管理学教学内容以非良构问题居多，这一点有别于高中阶段的诸多课程，需要学生改变思维方式。低年级应用型本科学生，正处于这一思维转变过程当中。在教学目的与内容建构和激活旧知的基础上，教师通过示证新知来对学生进行管理学课程学习的示范和引导，对知识进行系统化。教师与学生的"主导—主体"角色，在这一环节体现最为明显，并不否定教师对知识传授的合理性。

在示证新知过程中，学生对教师观点的异议与教师的解析示范可以交互进行，激发学生主动参与将会更好地强化示范引导的效果，避免全面知识灌输的局面。管理学融科学性与艺术性于一体，对于诸多非良构性问题，其解答方法、路径与结论并非唯一，甚至大相径庭都是非常正常的。例如对于具有外部性的企业决策进行案例分析，政府管理者、企业投资者、管理者、员工、受外部性影响的居民等利益相关者，由于立场的不同而产生不同的决策方案，管理决策、管理环境、社会责任等不同理论内容都可以成为案例分析的着眼点。多视角多维度的示证新知，引导学生全面系统地探讨非良构问题，有利于学生应用管理理论分析现实问题能力的提升。

（四）理论应用能力的实践检验

"实践是检验真理的唯一标准"，学生要检验自己的理论应用能力，必须通过实践的检验。尝试应用是检验学生应用管理学理论，解释、分析和解决现实问题能力的重要环节，是学生发挥主体作用的阶段。在尝试应用阶段，教师便于了解学生对新知应用水平，发挥自身的辅助作用。

考虑课时等因素限制，尝试应用环节可以在时间安排和任务形式上予以灵活处理。在时间安排上，采取课堂讨论与课下作业相结合；在任务形式上，采用小组作业和个体作业相结合；在辅导安排上，实施不同题目针对不同批次学生进行。通过尝试应用的进行，教师对学生应用能力水平将会有比较全面的把握，再辅之以课堂点评与小结，将会起到应用实践促进学习效果的作用。

（五）理论应用能力的升华与拓展

融会贯通作为应用型本科管理学教学的最后环节，考查学生应用管理学理论分析和解决实践问题的深度和广度。理论应用能力的升华与拓展，是对学生举一反三能力的考验，需要教师起到四两拨千斤的点拨作用。

融会贯通环节既是对课堂学习的凝练，也是对管理学不同知识点之间有机联系的挖掘，体现于管理学课程阶段性模块结束后的小结、综合性题目的尝试应用、期末复习的系统总结、管理学课程学习结束之后其他理论或实践学习中的拓展应用等。也就是说，管理学学习不仅是为了获得课程学分本身的需要，更是经管类专业的学习基础，甚至对学生毕业实习和毕业后的工作都能够起到指导作用。学生的主体作用是毋庸置疑的，需要对管理学理论应用能力的升华与拓展情况进行反思、总结、交流，如果失去主动性则会将管理学课程学习变成"读死书"。

鉴于应用型本科的高校定位，教师为主导学生为主体的"双主模式"是非常适合管理学教学的。在首要教学原理指导下，进行课程设计梳理具有提升管理学教学效能的价值。

"教学有法，教无定法，贵在得法"。应用型本科层面的学生，由于来源和经历的差异，在激活旧知环节会存在不小的差异，这就需要教师通过课上课下频繁互动来加强对学生旧知的了解。其他三个环节依赖于教师的专业水准，与具体专业的结合也需要任课教师进行灵活把握。此外，学生学习的主动性也在很大程度上决定着管理学课程学习的水准。可以说，管理学教学的探讨永远在路上。

第四节 课程思政与管理学教学

作为高校思想政治教育工作的新理念新模式，"课程思政"日益成为各方高度关注的理论和实践问题。本节拟以公共管理类专业课程管理学教学改革为例，探索"课程思政"的实现路径。

一、高校"课程思政"的时代价值

党的十八大以来，以习近平同志为核心的党中央高度重视高校思想政治教育工作，提出了一系列新论述、新要求。在全国高校思想政治教育工作会议上，习近平总书记强调，要用好课堂教学这个主渠道，思想政治理论课要坚持在改进中加强，提升思想政治教育亲和力和针对性，满足学生成长发展需求和期待，其他各门课都要守好一段渠、种好责任田，使各类课程与思想政治理论课同向同行，形成协同效应。习近平总书记这一重要论述，推动了高校立德树人从思想政治理论课为主渠道向所有课程为主渠道的历史性转变，实现了从思想政治理论课单一课程育人向所有课程思政育人的方法论转变，为新时期高校开展思想政治教育工作指明了努力方向，提供了根本依据。

（一）"课程思政"是体现社会主义办学思想的必然要求

我国是中国共产党领导的社会主义国家，我们的教育必须把培养社会主义建设者和接班人作为首要任务，培养一代又一代拥护中国共产党领导和社会主义制度、立志为中国特色社会主义事业奋斗终生的有用人才。要实现这一培养目标，单纯依靠原来的思政课程教育显然难以达到要求。一方面，思政课程毕竟课时有限；另一方面，专业课教师如果缺乏这样的自觉，往往容易消解思政课程的效果。因此，高校要明确所有课程的育人要素和责任，推动每一位专业课教师制定开展"课程思政"教学设计，做到课程门门有思政、教师人人讲育人。这就要求必须把思想政治教育贯穿人才培养全过程，充分挖掘各类课程和教育方式中包含的思政教育资源，让学生通过学习，增长见识，明辨是非，塑造品格，努力成为德、智、体、美、劳全面发展的社会主义建设者和接班人。

（二）"课程思政"是落实立德树人根本任务的基本途径

培养什么人、怎么培养人、为谁培养人是教育的根本问题。立德树人成绩也是检验高校一切工作的根本标准。大学课堂是知识育人的场所，同时也是道德育人和价值育人的场所。纯粹的知识能够教，但情感、态度、价值观等形而上的道理只能由教师身体力行去示范、去感化。在这方面，专业课教师肩负着重要的责任。落实立德树人根本任务，必须将价值塑造、知识传授和能力培养三者融为一体、不可割裂。全面推进课程思政建设，就是要寓价值观引导于知识传授和能力培养之中，帮助学生塑造正确的世界观、人生观、价值观。实践也证明，对学生人格、意志、情操影响较大的往往是某一专业课的教师。当前，随着各种思潮的传播特别是网络传播，一些错误的思想很容易"蛊惑"学生。越是在这种情况下，越要重视每科教师、每门课程对学生思想政治教育的重要作用。要发挥好每位教师的育人作用，构建全面覆盖、类型丰富、层次递进、相互支撑的"课程思政"体系，引导学生树立正确的世界观、人生观、价值观，以更好地践行立德树人的要求。

（三）"课程思政"是汇聚思想政治教育合力的应然选择

教学活动是高校最基本、最经常、最大量的活动，课堂也必然是大学育人的主阵地。《教师法》总则规定，教师是履行教育教学职责的专业人员，承担教书育人、培养社会主义建设者和接班人、提高民族素质的使命。教师应当忠诚于人民的教育事业。《教师法》第八条对教师应当履行的义务做了具体说明，其中就包括思想品德教育和促进学生在品德、智力、体质等方面全面发展。这就要求所有课堂都要具备育人功能，所有教师都要发挥育人作用。目前，多数教师都能意识到思想政治工作的重要性，但是从行动维度来看，还有部分高校教师对思想政治教育重视不够，或者说就如何在专业课教学过程中开展思想政治教育的办法、路径还不多。提倡"课程思政"，就是要纠正这一偏差、补齐这个短板，解决好专业教育与思政教育"两张皮"的问题，进一步使各类课程与思想政治课程同向同行，守好渠、种好田，构筑起全员全程全方位育人的整体格局。

二、管理学"课程思政"教学改革的探索

教育部《高等学校课程思政建设指导纲要》对专业教育课程体现思想教育的总体要求：根据不同学科专业的特色和优势，深入研究不同专业的育人目标，深度挖掘提炼专业知识体系中所包含的思想价值和精神内涵，科学合理拓展专业课程的广度、深度和温度，从课程所涉专业、行业、国家、国际、文化、历史等角度，增加课程的知识性、人文性，提升引领性、时代性和开放性。

管理学是研究人类管理活动一般规律的科学，是一门科学性与艺术性有机结合的学问。可以说，在所有科学特别是社会科学中，管理学是与实践联系最为密切的。因此，从某种意义上讲，在管理学教学中更应该积极主动体现思想政治理论教育，更好地发挥隐性思政教育春风化雨的作用。在具体的实践路径中，要多结合有关学校和教师的探索，总体而言，有以下路径：

（一）注重讲好传统故事

学习和研究管理学离不开历史思维。管理学作为一门独立科学的出现虽然只有近百年的时间，但是管理思想却和人类历史一样悠久深远。从某种意义上讲，中国人耳熟能详的传说，如黄帝创设制度、尧舜禹举贤禅让、大禹治水等，都包含着管理学的萌芽。自夏商以来数千年的文明史，浩如烟海的文史资料中更是有很多关于管理的智慧，比如顺道无为、重人求和、预谋慎战、依法治理等。事实上，无论是儒家的《论语》、道家的《道德经》，还是法家的《韩非子》、兵家的《孙子兵法》，都有许多经典论述和案例与管理学相联系。因此，在管理学教学中，既要注重西方管理学研究方法、研究范式和理论的教学，也要注重和中国传统文化相结合，增强学生的民族认同感、国家自豪感。在实践中，我们也感受到用"中国话"讲管理，学生比较容易理解，同时也不妨碍学生对西方经典理论的吸收和借鉴。以陈传明领衔编写的马克思主义理论研究和建设重点工作教材《管理学》为例，全书除了绪论外，分为总论、决策、组织、领导、控制、创新等，其中许多篇章都能在中国传统文化中找到经典的论述，能对理论进行解释印证的事例更是不胜枚举。在管理学教学中，如果能适时把管理学中的基础知识

点与中国传统相结合，自然会在潜移默化中加强育人的效果。比如在讲授决策过程与影响因素这一章节时，要是能和《孙子兵法》中的"主不可怒而兴师，将不可愠而致战"的论述结合起来讲授，一方面会让学生深刻认识到环境、组织的历史、决策者特点、组织文化等因素对决策的影响，另一方面会让学生在潜移默化中感受到中国传统文化的魅力，更进一步加强他们的文化自信。比如在讲授激励理论的过程中，固然要重点讲授马斯洛的需要层次论、赫茨伯格的双因素论、麦克利兰的成就需要理论，但也可以从刘备使用诸葛亮等事例中感悟"信任激励"的力量。

（二）注重用好革命史资源

学习和研究管理学要以马克思主义为基本指导，这是我们的教育宗旨所决定的。辩证唯物主义和历史唯物主义是马克思主义最根本的世界观和方法论，管理实践的描述、管理问题的分析、管理理论的抽象、管理演化的预测都应自觉体现辩证唯物主义和历史唯物主义的精神。中国共产党作为马克思列宁主义指导下建立的政党，自成立以来走过百年的历程，风风雨雨、由小到大的经历本身就为党孕育出宝贵的管理经验。如管理学很多章节都对应党不同的组织管理经验、社会主义核心价值观，并且体现了十九大以及之后的重要会议要求。例如，在讲述"计划"章节的内容时，可以针对党从"一五"期间直到"十三五"期间，坚持计划和规划取得的成就和得失，可以从习近平总书记对"十四五"规划编制的重视等入手，帮助学生加深对"计划"的理解。如在"控制"单元中，可以结合中央八项规定精神及其实施细则对中国政风、社风、民风的影响来阐述制度控制的作用机理。如在"组织"单元中，可以导入"支部建在连上"这一典型案例，便于学生了解组织设计的重要价值。在"人员配备"单元，可以结合毛泽东主席在解放战争时期运筹帷幄，指挥三大战役时选择将领的案例，以及我们党在抗美援朝、创办特区等方面调兵遣将、因事择人等来诠释用人的艺术。这样做一方面可以增强专业教学的生动性、趣味性，另一方面可以加强党史教育，潜移默化地使学生受到思想政治教育的熏陶。

（三）注重当代社会实践育人

教育部《高等学校课程思政建设指导纲要》要求结合专业特点分类推进"课程思政"建设，特别指出管理学类专业课程要在课程教学中坚持以马克思主义为指导，加快构建中国特色哲学社会科学学科体系、学术体系、话语体系。要帮助学生了解相关专业和行业领域的国家战略、法律法规和相关政策，引导学生深入社会实践、关注现实问题，培育学生经世济民、诚信服务、德法兼修的职业素养。因此，在管理学等学科知识讲授中，要特别注意引导学生深入了解社会，让学生走出"象牙塔"，走进基层、走近群众，在实践中让学生感受知识的魅力。如厦门大学公共事务学院公共管理学课程团队在讲授时，注重以案例为线，将实地现场调研、案例开发、学术研究、课堂教学以及教材建设相串联，从实践中提炼理论案例，再反哺于课堂教学，通过案例扮演、案例分析、案例启发，让专业课堂"动起来"、让教师科研"活起来"、让学科建设"强起来"，收到了良好的教学效果。基于"课程思政"的考虑，在选择案例时还要突出思想价值和精神内涵。如讲授"目标管理"时，可以结合习近平总书记亲自指挥的脱贫攻坚战，领略习近平总书记高超的管理艺术，坚定不移地抓脱贫目标管理的做法。比如习近平总书记在指挥脱贫攻坚时，从2015年起每年都有针对性地开座谈会，充分听取各方意见，及时完善政策，党中央、国务院与22个扶贫任务省份签订军令状，严格考核、强化督查，传导压力、推动落实，这些生动的实例一定会给学生深刻触动。

（四）注重激发学生内生动力

管理学是研究如何组织和协调人类活动，以提高稀缺资源利用效率、增加人类福利的科学。管理学的知识与每个学生都密切相关。"课程思政"的一个重要方面是认真挖掘专业课程中蕴藏的思政元素，将思政元素融入日常的专业人才培养中，立足学科特色确立专业课程目标和各类课程群的育人目标，从而在日常专业教学中实现知识传授与价值引领的相得益彰。比如人生规划其实也是一个自我管理的过程，结合管理学课程内容，可以给学生布置相关作业，增强学生的互动体验，使其更准确地理解课程内容。如制订计划这一主题，可以要求学生结合时间管理法制订课余时间安排计划，详细到小时，让学生体会时间管理的重要性，还可以结合课堂内容安排学生设计职业生涯规划等。这样做有利于加深学生对专业知识的理解，也有助于他们做到学用结合、学思结合，让学生具备自我管理的能力，从而实现育人的最佳效果。

三、管理学"课程思政"教育改革的展望

课程思政的建设路径，既包括制度、理念等宏观层面，也包括教材、课程等微观层面，落实到具体实践中，则有协同共创、校内校外联动、理论实务交融等不同的方式方法。从一般意义上来讲，管理学与其他基础课一样，都必须注重课堂育人、全员育人的理念渗透，把"课程思政"与思政课程紧密结合起来，实现春风化雨、润物无声，最终达到培养社会主义合格接班人的目的。

（一）实现立德与树人有机结合

思政课教师主讲的"思政课程"与专业课教师主导的"课程思政"二者有机结合、效用相互配合，有助于形成同向同行、共同发力的大思政格局，从而引导学生把爱国情、强国志、报国行统一起来，融入血脉。对管理学的教学，无论是从学校、教研室还是教师层面，都必须自觉树牢既立德又树人、既育人又育才的意识，注重发挥管理学课程的思想政治教育功能。在课堂教学中特别要注意的是，管理学的主体内容是西方学者总结的话语体系，虽然经过我们的改造，特别是马克思主义理论研究与建设工程教

材的修正与阐发，但话语体系毕竟是西方的。在讲授这些内容时，既要持公允、开放的态度，尊重和认可普遍的管理学原理，鼓励学生大量扩展阅读西方管理学经典著作。但也要注意不能盲目做中西方比较，而是要善用学生喜爱的新话语、新平台、新方式，有意识地从中国思想史、革命史及火热的社会实践中挖掘素材，从而既很好地实现管理学教学大纲规定的知识传授的要求，又能给学生以思想政治的鲜活教育，引导学生坚定文化自信，做到既立德又树人、既育才又育人。

（二）实现显性教育与隐性教育的有机结合

高校思想政治教育中的隐性教育往往涉及文化层面、校园环境、物质层面、管理制度层面和教育教学过程中的互动交流环节。课程思政的隐性教育主要指的是通过各种专业课程、专业课堂和教学方式中包含的思想政治教育资源进行的教育教学活动，实现思想和价值引领，实现立德树人的目的。要达到这一目的，基础是课程和课堂，关键是教师和学生，重心是院系和教研室。要用好课堂主渠道，在教育教学过程中发挥教师主导、学生主体的作用，结合专业和课程特色，联系实际，有的放矢开展工作。落实习近平总书记在学校思想政治理论课教师座谈会上提出的要求，完善课程体系，解决好各类课程和思政课相互配合的问题。对于管理学教学而言，当前要紧的是要集思广益，修订教学大纲，提升教材的质量。进行教学改革，要找准"契合点"，以无缝对接和有机互融的方式，建立思想政治教育与管理学课程之间的内在契合关系，立足管理学科的特殊视野、理论和方法，创新管理学课程话语体系，实现专业授课中知识传授与价值引导的有机统一。同时，课程资源的开发以不影响课程自身的知识图谱、逻辑体系和内在有机结构为前提，并基于课程特色和学校特色进行辅助读物开发、延展资料开发，如基于学科的思想政治教育影音资料的开发、基于课程实践基地和平台的思想政治教育资源的开发等。这样才能充分体现出课程思政隐性教育与思政课程显性教育所具有的目标追求一致性、教育教学方式接近性和教育教学效果互补性，以利于构建学校思想政治教育同向同行的课程生态共同体，在立德树人、培育时代新人上实现相互促进、相互补充、相辅相成、相得益彰。

（三）实现思政课程教师与专业课程教师有机结合

全国高校思想政治工作会议强调的全程育人、全方位育人，其前提就是全员参与、全员育人。思政课教师要对学生进行政治理论的教育，引导学生树立坚定的理想信念，树立正确的世界观、人生观和价值观，认知、认同和践行社会主义核心价值观，养成独立人格、优良品质和良好心智，要给学生传授系统的科学理论知识。专业课教师也需要结合不同学科专业特点，引导学生学好专业知识、掌握专业本领，拓展多方面的能力，全面成长成才。要组建多学科背景互相支撑、良性互动的课程教学团队，通过教师之间的"同向同行、协同育人"来保障课程之间的"同向同行、协同效应"。要推动专业课教师和思政课教师的合作交流,增强思政课程的科学性、吸引性。特别是管理学,在授课时要注重培育学生的独立思考能力、创新创业创造精神、文化素质、人文与科学精神、协作精神、沟通和交流的能力,引导学生学会做人、学会做事、学会管理。要完善对教学、教师的评价体系,形成鲜明的思政课程与"课程思政"并重的导向,引导各科教师自觉把立德与育人落实到言传身教、落实到日常、落实到课堂。

第五节 管理人才培养与管理学教学

在企业的经营实践中,不仅管理类专业毕业的人才可能从事企业管理工作,非管理类专业毕业的人才也可能在未来的职业生涯中从事企业管理工作。因此,我国不少高校面向管理类专业、非管理类专业的本科生开设了管理学课程。由于管理学既是一门科学也是一门艺术,企业的管理人才既需要将管理学作为一门严肃的学科,熟练地掌握与计划、组织、领导、控制职能相关的管理学理论,又要学会灵活地将管理学理论应用于企业管理实践,能够结合企业所处的具体环境、具体发展阶段,对企业管理手段和方法进行创新。因此,企业迫切需要具备创新思维以及创新能力的创新型管理人才。如何帮助学生在建立全面、系统的管理学知识体系的基础上,培养学生的管理创新能力,为社会输送创新型企业管理人才,是当今高校普遍面临的重要课题。本研究旨在为致力于培养创新型管理人才的管理学课程教学改革提出建议,以期改善该门课程的教学效果。

一、基于创新型管理人才培养的管理学教学改革的意义

(一)有利于培养符合新时代企业管理需要的人才

近年来,信息技术的迅速发展以及人工智能的大力普及推动了各行各业的迅速发展,企业之间的竞争呈现出日益激烈的趋势。在这一情形下,企业迫切需要对自身的生产方式、服务方式以及管理手段和方法进行创新,以确保能够在不断变化的经营环境中生存和发展。此外,随着近年来人们生活水平、消费水平的提高,人们对于产品和服务的需求日益多元化。新时代企业所处的外部环境的种种变化,大大刺激了企业对创新型管理人才的需求。这就要求高校在培养企业管理人才时,一方面要注重培养人才对企业内、外部经营环境变化的识别、判断、分析能力,另一方面要注重培养人才针对企业现阶段的内、外部经营环境的特点,对企业的管理手段和方法进行创新的能力。

（二）有利于促进管理学教学

高校面向管理类专业、非管理类专业的本科生开设管理学课程，旨在培养能够满足当代企业管理需要的创新型管理人才。一方面，由于面向管理类专业、非管理类专业的本科生的管理学课程通常被安排在大学低年级开设，而大学低年级的本科生的企业实习经历、社会实践经验通常都比较匮乏，因此学生既难以结合企业管理实践理解抽象的管理学概念与理论，也难以掌握将经典的管理学原理灵活地、创新性地应用于企业管理实践的方法。另一方面，由于企业所处的宏观经营环境、微观经营环境以及企业自身都处于不断的发展和变化中。因此，企业管理人才既不能简单地将管理学理论照搬用于企业的管理实践中，也不能忽视企业内、外部环境的变化，一成不变地采用某一种管理手段。这就要求高校注重培养管理类人才的管理创新能力，使其能够在未来的职业生涯中，根据所学的管理学理论知识制定符合企业所处具体经营环境、具体发展阶段的管理方法。

二、基于创新型管理人才培养的管理学教学改革建议

（一）注重讲授管理创新理论

管理学授课教师的授课内容需要包含对企业管理创新知识的讲解。综合国内外的主流管理学教材，学习管理学课程的学生需要掌握的企业管理创新知识主要包括企业管理创新的基本内涵与作用、企业管理创新的主要类型与内容、企业管理创新的过程等。管理学授课教师在讲授相关知识时，不仅应该注重结合相关教材介绍并分析相关的概念、理论与方法，还应该注重结合相关的企业管理创新案例进行讲解。

此外，管理学授课教师在安排授课内容时，应该注意处理好企业管理创新知识与管理理论发展史，管理的计划、组织、领导、控制四大职能等其他知识之间的关系。首先，应该注意到学生只有在熟练地掌握与管理学史、管理的四大职能相关的基础管理知识的前提下，才能进一步地了解和掌握与企业管理创新相关的知识，因此有必要在讲授企业管理创新知识之前，充分讲授其他的管理学基础知识。其次，应该注意到学生不能只是机械地掌握管理学的基础知识，还需要知道应该如何根据企业环境的变化、企业发展阶段的演变对企业管理的手段和方法进行创新，因此有必要对企业管理创新理论进行充分的讲解，相关授课内容所占的比重不宜太小。最后，应该结合授课对象的具体专业对企业管理创新的具体授课内容进行调整。由于我国很多高校不仅管理类专业学生的培养方案中包含管理学课程，许多非管理类专业学生的培养方案中也包含管理学课程，因此，面向管理类专业学生讲授的企业管理创新知识的比重应该超过面向非管理类专业学生的讲授内容。

（二）注重培养学生的创新思维

管理类与非管理类专业的本科生学习管理学课程的目的除了掌握相关的知识点之外，还包括运用相关的理论和方法解决企业管理问题。由于企业的运营涉及产品与服务的研发与设计、生产与提供、营销等多个环节，相关工作人员从属于企业的研发、生产、销售等多个部门，因此大多数企业管理问题属于涉及多个环节、多个部门的复杂性问题。这就要求学习管理学课程的学生不仅应该熟练掌握管理学的基本概念与原理，还应该具备创新性地运用相关知识点，思考能够解决复杂的企业管理问题的管理方式与方法的能力。因此管理学授课教师的授课重点不仅应该包含对相关概念与原理的讲解，还应该包含对学生创新思维的培养。

管理创新思维的培养主要包括以下几个步骤：（1）引导学生系统性地分析企业管理问题，面对一个具体的企业管理问题，学生应该明确该问题涉及企业的哪些经营环节、哪些具体部门，引发该问题的根本原因是什么。（2）引导学生分析解决该问题会涉及哪些管理学原理，面对一个具体的企业管理问题，学生在明确该问题引发原因的基础上，应该首先分析该问题涉及计划、组织、领导、控制四大管理职能中的哪些职能，再尝试找出适合解决该问题的具体的管理学原理。（3）引导学生结合相关管理学原理思考具体的企业管理新方法，面对一个具体的企业管理问题，学生在明确问题涉及的管理学原理的基础上，应该能够结合企业的具体经营实践，创新性地提出适用于解决该企业的管理问题的具体方法。为了培养学生的管理创新思维，管理学教师在授课时应该多组织学生开展小组讨论、小组报告等活动。参加这类活动的学生相互探讨，有利于产生不同视角的观点的碰撞，从而催生创新性的企业管理方法。

（三）注重结合最新管理实践

随着企业所处的宏观环境、微观环境的不断变化，企业管理实践中的新问题不断涌现，这就要求企业管理人才能够根据经营环境以及企业自身的变化，不断地对企业的管理方式与方法进行创新，使之与企业在每个阶段面临的经营管理问题相匹配。为了满足企业对创新型管理人才的需求，管理学授课教师需要在授课时将管理学理论与最新的企业管理实践相融合，引导学生思考符合企业管理实践的新型管理方法。

管理学授课教师可以从以下几个方面着手，将最新的企业管理实践融入课程教学中：（1）尽量使用包含最新企业管理案例的教材或者教辅资料，讲授课程时围绕相关案例对管理学理论进行讲解。（2）组织学生开展小组报告、小组讨论等活动时，要求学生搜集本土企业的最新企业管理实例，并要求学生围绕相关内容展开讨论与分析。（3）将科研工作与教学工作相结合，深入本土企业进行调研，撰写科研、教研案例，并将其应用到课堂教学中。（4）邀请本地企业家到高校举办讲座、论坛等活动，介绍并分享相关的企业管理经验，让学生了解本地企业的最新经营与管理实践。

未来的企业管理人才既需要掌握与计划、组织、领导、控制四大管理职能相关的基本管理理论，又需要学会灵活地、创新性地将管理理论应用于具体的企业管理实践中。因此，高校需要对管理学教学进行改革，在帮助学生建立健全管理学理论知识体系框架的基础上，培养学生的管理创新能力。为了培养创新型企业管理人才，管理学授课教师应该在确保学生能够熟练地掌握基础的管理学理论的前提下，注重对相关管理创新理论进行讲解。管理学授课教师应该引导学生系统性、创新性地分析企业管理问题，注重培养学生的管理创新思维。管理学授课教师还应该多整理、搜集、讲解、分析最新的企业管理案例，引导学生基于最新的企业管理实践对管理手段和方式进行创新。

第六节　微时代下高等院校管理学教学

高等院校的教学目的是为社会培养应用型人才，因而高等院校课程设置应以岗位需求、满足经济发展为出发点与落脚点，管理学课程不仅要让学生掌握相关的管理学基础理论知识，而且也要在一定程度上提升学生在管理方面的能力。信息时代的发展让高等院校的管理学教学变得更加系统化、完整化，但是从当前高等院校管理学教学情况来看，高等院校在信息化时代下的教学模式还存在很大的局限性，无法有效提升管理学课堂教学质量。因此，对微时代下高等院校管理学教学模式的创新策略进行深入的分析研究是十分有必要的，具有很强的现实意义。

一、高等院校管理学教学中存在的问题

（一）教材设置存在明显的局限性

从当前高等院校管理学教材选用情况来看，基本上都是搬用普通高等院校的教材，这些教材几乎都是根据国外的教材编写而成，虽然教材内容结构相对完整，内容也比较充实，其中也不乏很多的案例展示，但是值得注意的一点是，教材中所展示的案例几乎都是基于国外企业的经营实践，缺少适用性，与我国的管理情况有很大的出入，其实际应用价值大打折扣。这样一来，教材内容就变成了简单枯燥的理论罗列与解析，学生课堂学习的兴趣不高，无法真正有效提升教学质量。

（二）教学模式单一，无法满足学生的实际需求

从当前高等院校管理学教学方式应用情况来看，教学方式以讲授法最为常用，案例分析法、体验式教学及讨论法的应用并不常见或不到位，导致学生课堂学习过程中无法从中获取到实质性的知识。必须明确的一点是，管理学不仅是一门科学，更是一

门艺术。从科学角度来说，日常教学过程中教师要向学生全面讲授教材中的理论知识让学生掌握，帮助学生获得知识；从艺术角度来说，管理学的很多知识均来自实践生活，没有实践就没有所谓的艺术。因此，在实际的管理学教学过程中，高等院校教师要根据教学大纲与学生的学习需求，对现有的教学模式进行完善和创新，借助互联网技术创新教学模式，为学生创设更加自由、更加有趣的课堂环境，激发学生的学习兴趣。

（三）实训教学课程设置不足

高等院校培养人才以技术型和复合型人才为主，因而实训教学是十分有必要的，在高等院校学生培养计划中，对实训课程安排做出了相应的要求，要求实训课程必须占到教学课程的一半及以上。但是从实际情况来看，高等院校实训课程设置依然存在不足，执行力度远远不够。

二、微时代下高等院校管理学教学所面临的挑战

（一）学生所面临的挑战

从学生角度来看，高等院校管理学教学所面临的挑战具体体现在以下几方面：互联网时代，高等院校乃至各类院校的大学生均沉迷于手机上网，以社交、网络游戏、看视频、网络购物等为主，如果利用手机进行学习活动，首先需要解决转移注意力的问题，这是一大难点；管理学是一门重在实践、重在应用的社会学科，管理学的相关知识会随着社会经济的发展而不断更新，但是网络时代的数据信息良莠不齐，这要求学生具有信息获取、信息分析、信息加工的能力，从目前情况看，当代高等院校大学生这方面的能力还有很大的提升空间；互联网时代打破了传统教学活动的时间限制与空间限制，如何在微时代背景下，将高等院校学生的碎片化时间集合起来加以利用是一大难点，同时如何提升学生的时间管理意识也显得尤为重要。

（二）高等院校教师所面临的挑战

微时代下，以手机为载体的各类传播媒介广泛出现，对教师的教学设计能力与课堂组织能力提出了新的要求，很多任课教师平时并不会主动去接触各类的网络传播平台，如何将课本知识转化为网络数据信息对他们来说是一大难点。需要明确的一点是，信息时代的发展虽然可以让课堂知识由课堂提前到课堂前，知识点的获取方式也很便利，但是学生无法独立建立有效、科学的知识体系结构，无法形成系统的知识脉络，学到的也是零碎、浅层的理论知识。因此，在这种情况下，教师如何把握学生学习特点，借助信息技术开展教学活动变得尤为重要，这要求任课教师要不断提升自身的教学设计水平，具备课堂组织能力。

三、微时代下高等院校管理学教学模式的创新策略

（一）进一步引入互联网思维，贯穿于教学全程中

具体来说，需要做好以下几点工作：教师要转变传统的教学观念，对于管理学教学过程中存在的不足之处加以优化和完善，打破传统的教学思维，融入互联网思维；根据学生的学习特点、管理学教学大纲及教学任务，利用互联网思维创新新型的教学模式，发挥互联网技术的作用与优势，让互联网技术可以为课堂教学服务，并且要避免出现形式大于实质的情况；鉴于微时代背景下，学生获取信息资源的途径众多，教师可以开通管理学课程公众号等自媒体平台，将日常教学中的优秀管理学项目进行发布，为学生创设多样的学习途径，同时对学生的阅读点击率进行统计。

（二）丰富管理学课程网络教学资源

微时代下，学生可以接触到更多的信息，因而如何进一步丰富管理学课程网络教学资源是摆在高等院校管理学教学前的一大难题。鉴于"互联网+"时代的快速发展，要想进一步优化管理学教学模式，不仅要依托于网络课程教学平台，更要对当前的网络教学资源进行优化和丰富，建立与管理学教学相关的专业教学资源库，重点以教学案例、课件、课程标准、实训项目及管理故事等为主。在教材选择上，要尽量选用包含微课程教学资源的"互联网+"创新型教材，充分考虑学生的学习需求，充分为学生服务，以期提升教学质量。

（三）立足于教学需求，做好角色转变

微时代的管理学教学模式必然会发生改变，首先改变的就是师生角色，信息时代让学生的学习主体地位更加凸显，教师逐渐成为课堂教学的引导者，学生的主观能动性得到了极大的提升，可以在教师的指导下进行独立学习，学习参与度明显提升。同时，师生之间的交流也更加的频繁和深入，人才培养质量也得到了很大程度的提升。另外，微时代下的管理学学习打破了时间和空间的限制，所构建的"互联网+"教师模式可以将传统45分钟的课堂教学拓展为课前、课中、课后三个环节。在课前，教师可以利用云端课等课程教学向学生布置相关的学习任务，并上传教学资源供学生自主学习，同时还可以通过教学平台对学生的学习质量进行监控和评价；课中教师可以对学生学习过程中的重点知识和难点知识进行解析，并与学生进行积极有效的沟通交流，为下阶段的教学工作提供意见；课后教师可以为学生布置相关的巩固练习与延伸训练，重点增强学生的实践应用能力。

（四）加强实践教学力度

　　管理学教学过程中需要重视学生实践能力的培养，将创新型管理人才、创新能力纳入管理学课程教学质量评估体系中。具体来说，在教学过程中，教师可以利用网络平台，将学生分成多个小组，并组建虚拟的临时企业，以实际的创业项目为载体要求学生进行独立思考与学习，让学生扮演企业中的相关角色，并学会利用自己的知识结构去处理企业运营过程中的难点，履行自己的岗位职责。另外，为了增强学习的趣味性，教师还可以将具体的学习任务设置成通关游戏的方式，鼓励各个学习小组相互进行竞赛，让学习活动变得更加富有实践性，更贴合企业管理实情，不仅可以有效增强学生管理知识的掌握度，也可以培养学生的创新能力。

　　综上所述，微时代下，高等院校管理学教学迎来了新的机遇与挑战，高等院校可以借助微时代，建设优秀的课程教学团队，打造适用高等院校学生的"品牌"课程，进一步促进高等院校管理学教学模式的完善。

参考文献

[1] 王国泽. 微时代高校思想政治工作话语建设的现实际遇及策略研究[D]. 重庆：西南大学, 2019.

[2] 王雨菲. 微时代视阈下大学生理想信念教育路径研究[D]. 西安：西安石油大学, 2019.

[3] 张芸. 新疆体育高职在微时代环境下创建就业指导工作路径研究[J]. 当代体育科技, 2016, 10(36)：166-167.

[4] 李倩. "微时代"高校思政工作的挑战及对策分析[J]. 科技资讯, 2018, 7(13)：215-216.

[5] 张卫丹, 王新鑫, 王洪, 等. 微时代大学生创业研究[J]. 科技资讯, 2018, 19(10)：165-166.

[6] 蔡佳钰. 新媒体时代高校"微思政"模式构建与实践研究[J]. 山东农业工程学院学报, 2020, 37(4)：125-127.

[7] 陈晓敏. 新时代下管理会计人才培养探讨[J]. 中外企业家, 2019(14)：141-142.

[8] 高媛, 纪晶华. 管理会计人才的培养方式探析[J]. 黑龙江科学, 2019(11)：1126-1127.

[9] 刘颖. "互联网+"背景下高职院校管理会计教学改革研究[J]. 环球市场信导报, 2018(10)：164-165.

[10] 邓凌峰, 彭俊英. "互联网+"时代下会计人才培养模式探析[J]. 经营管理者, 2017(23)：169.

[11] 吴夏妮. 管理会计人才培养困境及解决措施研究[J]. 经济研究导刊, 2017(29)：84-85.

[12] 赵泽虎. 高校管理科学化与管理队伍专业化[J]. 现代教育, 2004, (4)：7-9.

[13] 李学娜. 高校管理干部队伍建设的政策机制缺陷及对策[J]. 中国高教研究, 2005, (4)：44-45.

[14] 张立. 对高校管理干部建设的思考[J]. 中国高教研究, 2005(4)：33-34.

[15] 赵久林, 魏进平, 林艳书. 对高校管理队伍稳定问题的思考[J]. 中国高教研

究 2004，（5）：44-48.

[16] 郭剑波董俊梅．当前高校管理干部队伍存在的问题及其对策 [J]．高教论坛，2005，（4）：2-11.

[17] 丁烈云．基于流程再造的高校管理改革探析 [J]．中国高等教育，2008，（19）．

[18] 吴摄天．新时期高校行政管理改革探究 [J]．中国管理信息化 2019，22（1）：217-219.

[19] 徐婷．高校行政管理改革现状与创新思路分析 [J]．艺术科技，2018，31（11）：242.

[20] 李鑫．探究新形势下高校行政管理体制创新 [J]．科技资讯，2019，17（31）：189-190.

[21] 胡晓静．新时期高校行政管理改革与创新研究 [J]．智库时代，2019（51）：257-258.

[22] 殷歌，刘春丽．我国高校行政管理的现状与改革探索 [J]．教育现代化，2019，6（95）：239-240.